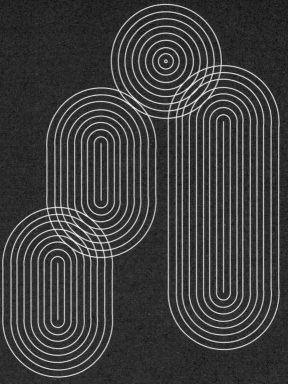

Pouvoir et Espace

Pouvoir et Espace

by Michel Foucault

«Pouvoirs et stratégies», n° 218, *Dits et écrits*
© Éditions Gallimard, 1994

«Précisions sur le pouvoir. Réponses à certaines critiques»,
n° 238 in Dits et Écrits © Éditions Gallimard, 1994

«Les mailles du pouvoir», n° 297, *Dits et écrits*
© Éditions Gallimard, 1994

«Questions à Michel Foucault sur la géographie»,
n° 169, *Dits et écrits* © Éditions Gallimard, 1994

«Des questions de Michel Foucault à Hérodote»,
n° 178, *Dits et écrits* © Éditions Gallimard, 1994

«À propos de la prison d'Attica», n° 137, *Dits et écrits*
© Éditions Gallimard, 1994

«La politique de la santé au XVIIIe siècle», n° 257, *Dits et écrits*
© Éditions Gallimard, 1994

«L'œil du pouvoir», n° 195, *Dits et écrits* © Éditions Gallimard,
1994 in Bentham (J.), *Le panoptique* © Belfond, Paris, 1977, pp. 9~31

권력과 공간

Pouvoir et Espace

미셸 푸코 이상길 편역 문학과지성사

옮긴이 이상길

연세대학교 신문방송학과 및 같은 과 대학원을 졸업한 뒤 프랑스 파리5대학에서
사회학 박사학위를 받았으며, 파리1대학에서 철학과 DEA 과정을 수료했다.
현재 연세대학교 커뮤니케이션 대학원 교수로 재직 중이다.
지은 책으로『아틀라스의 발―포스트식민 상황에서 부르디외 읽기』
『상징 권력과 문화―부르디외의 이론과 비평』『책장을 번지다, 예술을
읽다』(공저),『라디오, 연극, 키네마―식민지 지식인 최승일의 삶과 생각』등이,
옮긴 책으로『근대의 사회적 상상』『헤테로토피아』『성찰적 사회학으로의 초대』
『사회학자와 역사학자』(공역),『랭스로 되돌아가다』『푸코―그의 사유, 그의
인격』『권력과 공간』등이 있다.

채석장

권력과 공간

제1판 제1쇄 2023년 12월 11일
제1판 제3쇄 2024년 9월 30일

지은이 미셸 푸코
옮긴이 이상길
펴낸이 이광호
주간 이근혜
편집 김현주 최대연 홍근철
마케팅 이가은 최지애 허황 남미리 맹정현
제작 강병석
펴낸곳 ㈜문학과지성사
등록번호 제1993-000098호
주소 04034 서울 마포구 잔다리로7길 18 (서교동 377-20)
전화 02)338-7224
팩스 02)323-4180(편집) 02)338-7221(영업)
대표메일 moonji@moonji.com
저작권 문의 copyright@moonji.com
홈페이지 www.moonji.com

ISBN 978-89-320-4239-8 93160

차례

1부
권력이란 무엇인가

권력의 그물코[1]

우리는 권력 개념에 대한 분석을 수행하고자 합니다. 본
능instinct을 억압répression에 대립시키는 본능과 문화라는 프
로이트의 도식을 잘 에둘러 가려고 시도한 사람이 제가 처음
은 아닙니다. 정신분석학파 전체는 이미 수십 년 전부터 본능
대 문화, 본능 대 억압이라는 프로이트의 도식을 수정하고 정
교하게 만들려고 노력해왔습니다. 저는 멜라니 클라인Melanie
Klein, 도널드 위니콧Donald Winnicott, 자크 라캉Jacques Lacan
등과 같은 영미권과 프랑스어권 정신분석학자들을 참조하고
있습니다만, 이들은 억압이 주어진 본능의 게임을 통제하려
고 하는 차후의 이차적 메커니즘이라기보다는, 근본적으로
본능 메커니즘의 일부이거나, 아니면 적어도 어떤 과정, 즉

1   이 강연문은 [푸코가 1976년 브라질의 바이아Bahia 대학교
     철학과에서 한 강연을 정리한 것으로] 두 번에 걸쳐 간행되었다.
     앞부분은 『바르바리Barbárie』 1981년 4호에, 뒷부분은
     1982년 5호에 게재되었다. 여기에는 강연문 전문을 수록했다.
     원 서지사항은 다음과 같다. "As malhas do poder"(1부, trad., P.
     W. Prado Jr.), Barbárie, n. 4, été 1981, pp. 23~27. "As malhas do
     poder"(2부, trad., P. W. Prado Jr.), Barbárie, n. 5, été 1982, pp.
     34~42. [『말과 글 1954~1988 Dits et écrits 1954-1988』의 텍스트 n.
     297과 n. 315.]

성 본능이 이를 통해 발전하고 전개되며 충동pulsion으로 구성되는 과정이라는 점을 보여주고자 했습니다.

프로이트의 **본능**Trieb 개념은, 억압이 금지의 법을 부과하는 단순한 자연적 소여, 자연스러운 생물학적 메커니즘으로 해석될 수 없습니다. 정신분석학자들에 의하면, 본능에는 이미 억압이 깊숙이 침투해 있습니다. 필요, 거세, 결핍, 금지, 법은 그것들을 통해 욕망이 성적 욕망으로 구성되게끔 하는 요소들입니다. 이는 프로이트가 19세기 말에 구상했던 것과 같은 원초적 성 본능 개념의 변형을 함축합니다. 그러므로 우리는 본능을 자연적으로 주어진 것이 아니라, 신체와 법 사이, 신체와 사람들을 제어하는 문화 메커니즘 사이에서 진작부터 작동해온 정교화 작업, 복잡한 게임 전체로 생각해야 합니다.

따라서 정신분석학자들이 본능에 대한 새로운 관념, 혹은 본능, 충동, 욕망에 대한 새로운 개념을 전면화하는 방식으로 문제를 상당히 이동시켰다고 볼 수 있습니다. 그럼에도 그들이 이 정교화 작업에서 욕망의 개념을 변화시킬지는 몰라도 권력의 개념은 절대로 변화시키지 않는다는 것이 제겐 당황스럽고, 어딘가 불충분해 보입니다. 정신분석학자들은 언제나 권력의 기의記意, 권력을 구성하는 핵심은 여전히 금지, 법, '아니오'라고 말하기, 나아가 '~해서는 안 된다'의 정식이라고 간주합니다. 그들에게 권력은 본질적으로 '~해서는 안 된다'라고 말하는 것입니다. 제가 보기에 이것은—금방 다시 이야기할 테지만—권력에 대한 법적이고 형식적인 개념화로서, 완전히 불충분한 개념화입니다. 서구 사회에서 권력과 섹슈얼리티 간에 정립된 관계들을 더 잘 이해할 수 있도록 하는, 권력에 대한 또 다른 개념을 정교화할 필요가 있다는 것입니다. 저는 권력 분석을 어떤 방향에서 더 잘 발전시킬 수 있는지 보여주려고 합니다. 그러한 분석은 단순히 권력에 대한 부정적이고 법적인 개념이 아닌, 권력의 테크놀로지라는 개념을 바탕으로 할 것입니다.

우리는 정신분석학자, 심리학자, 사회학자 들 사이에서 종종 다음과 같은 개념화를 발견합니다. 권력은 본질적으로 규칙, 법, 금지이고, 허용된 것과 금지된 것의 경계를 표시한다고요. 저는 권력에 대한 이러한 개념화가 19세기 말 민족학에 의해 기민하게 정식화되어 광범위하게 발전해나갔다고 생각합니다. 민족학은 언제나 우리와는 다른 사회에서의 권력 체계를 규칙들의 체계로서 탐지하려고 노력했습니다. 그리고 우리 사회와 거기서 권력이 행사되는 방식에 대해 숙고하려고 할 때는 근본적으로 법적인 개념화로부터 출발합니다. 권력은 어디에 있는가, 누가 권력을 쥐고 있는가, 권력을 지배하는 규칙은 무엇인가, 권력이 사회체corps social 위에 구축한 법률lois[2] 체계는 무엇인가.

그러니까 우리는 우리 사회를 대상으로는 항상 법적인

권력 사회학을 수행하고, 우리와 다른 사회를 연구할 때는 근본적으로 규칙의 민족학, 금지의 민족학을 수행합니다. 예를 들어 뒤르켐Emile Durkheim에서 레비-스트로스Claude Lévi-Strauss에 이르기까지의 민족학 연구에서 항상 다시 등장하고 끊임없이 정교화된 문제가 무엇이었는지 봅시다. 금지의 문제, 무엇보다도 근친상간의 금지라는 문제였습니다. 그리고 근친상간 금지라는 이 모태, 이 핵심으로부터 우리는 체계의 일반적인 기능작용을 이해하려고 시도했습니다. 권력에 대한 새로운 관점들이 나타나는 것을 보기 위해서는 최근까지

2   〔옮긴이〕 이 책에서 'lois'는 '법' '법률' '법규' '법칙' 등으로, 'droit'는 '법' '권리' 등으로 옮겼다. 불가피한 경우, 두 단어 모두 '법'으로 옮기기도 했는데, 이는 원어의 차이를 드러내는 적절한 번역어가 우리말에 없어서이기도 하지만, 푸코 또한 두 단어의 뉘앙스를 엄밀히 구별해 썼다고 보기 어렵다고 판단될 때 그렇게 했다. 그럼에도 프랑스어에서 '법'을 뜻하는 'droit'와 'lois'의 의미상 차이를 설명해둘 필요가 있을 것이다. 'droit'는 인간관계를 질서 짓는 공식적·규범적 규칙들의 총체를 가리킨다. 이는 법률, 명령, 헌장, 약관 등 다양한 객관적 형식 속에 나타나는 넓은 의미의 '법'이라고 할 수 있다. 'droit'는 이러한 법 형식이 개개인에게 공적으로 허용하고 보장하는 활동과 권한을 가리킬 때 '권리'로 옮길 수 있다. 한편 'lois'는 객관적 법droit objectif의 대표적인 형식으로서, 집합의지에서 비롯하고 공권력에 의해 강제성을 부여받는 일반적·비개인적 규칙 전체를 가리킨다. 이는 좁은 의미에서 입법권력이 제정한 법규들을 뜻하고, 따라서 행정권력의 명령, 시행령 등과 구분된다. 한마디로 'droit'가 법의 원칙적·추상적 차원을 부각하는 용어라면, 'lois'는 구체적·현실적 존재 양식을 지시하는 용어인 셈이다.

기다려야 했습니다. 엄밀한 마르크스주의적 관점이든 고전적 마르크스주의와는 거리가 먼 관점이든 말입니다. 어쨌든 거기에서 우리는, 클라스트르의 작업과 더불어, 예를 들자면 테크놀로지로서의 권력이라는 완전히 새로운 개념화가 출현하는 것을 봅니다.[3] 이러한 개념화는 뒤르켐 이래 레비-스트로스에 이르기까지 민족학을 깊숙이 지배했던 규칙과 금지의 우위 내지 특권으로부터 벗어나려고 합니다.

어쨌든 제가 제기하고 싶은 질문은 다음과 같습니다. 우리 사회, 일반적으로 서구 사회는 권력을 왜 그렇게 제한적이고 빈약하고 부정적인 방식으로 개념화해왔는가? 왜 우리는 권력을 항상 법률로, 금지로 개념화하는가? 이러한 특권은 왜 생겨났는가? 물론 우리는 그것이 칸트의 영향 때문이라고 말할 수도 있을 것입니다. 그는 최종 심급에서 도덕 법칙과 '~해서는 안 된다,' 그리고 '해야 한다'/'해서는 안 된다'의 대립쌍이 심층에서 인간 행위에 대한 모든 규제의 모태가 된다고 생각했습니다. 그러나 솔직히 말해서 칸트의 영향력이라 설명하는 것은 전적으로 불충분합니다. 문제는 칸트가 정말 그러한 영향력을 가졌는지, 그리고 그것이 왜 그렇게 강력했

3   다음의 저작에 실린 피에르 클라스트르의 글들을 참조하라.
P. Clastres, *La Société contre l'État. Recherche d'anthropologie politique*, Paris, Éditions de Minuit, coll. «Critique», 1974. 〔피에르 클라스트르, 『국가에 대항하는 사회—정치인류학 논고』, 홍성흡 옮김, 이학사, 2005.〕

는지를 아는 것입니다. 프랑스 제3공화국 초기 희미한 사회주의적 성향을 지닌 철학자였던 뒤르켐이 사회 내 권력의 메커니즘을 분석할 때 칸트에게 이런 식으로 의존할 수 있었던 이유는 무엇일까요?

전 그 이유를 대략 다음과 같이 분석할 수 있다고 생각합니다. 기본적으로 서구에서는 중세 이후에 확립된 거대한 체계가 봉건 권력, 아니 봉건 권력들이라고 말하는 게 낫겠군요, 봉권 권력들을 희생시키면서 군주제 권력의 성장을 매개하는 방식으로 발전했습니다. 그런데 봉건 권력들과 군주제 권력 사이의 이러한 투쟁에서 법droit은 언제나 봉건 사회에 특유한 제도, 관습, 규정, 관계와 소속 형태에 맞서는 군주제 권력의 도구였습니다. 이에 대한 두 가지 간단한 예를 보여드리겠습니다. 한편으로, 서구에서 군주제 권력은 사법 제도를 발전시키고 거기에 의존하면서 발달했습니다. 사적인 분쟁의 오래된 해결책은 내전을 통해서 법률들을 갖춘 재판소 체제로 대체되기에 이르렀습니다. 재판소는 개인 간의 분쟁을 자체적으로 해결할 가능성을 실상 군주제 권력에게 넘겨주었습니다. 마찬가지로 13~14세기 서구에 다시 나타난 로마법은 군주제가 봉건 권력들을 희생시키면서 스스로의 권력 형태와 메커니즘을 규정하기 위해 가용할 수 있는 가공할 만한 수단이었습니다. 달리 말하자면, 유럽에서 국가의 성장은 부분적으로 법적 사유의 발전에 힘입었거나, 아니면 어쨌든 그러한 발전을 도구로 활용했습니다. 군주제 권력, 국가 권력은 무엇보다도 법 속에서 표상됩니다.

그런데 부르주아지는 왕권의 발전과 봉건 제도의 약화 및 쇠퇴에서 큰 이득을 얻는 동시에 자기 계급의 사회적 발흥을 보장할 경제적 거래에 형식을 부여하는 이 법 체계를 발전시키는 데 이해관계가 걸려 있었습니다. 그런 식으로 법적 어휘와 형식은 부르주아지와 군주제에 공통된 권력의 표상 체계가 되었습니다. 부르주아지와 군주제는 중세 말부터 18세기에 이르기까지 점차 권력의 형식을 확립하는 데 성공했는데, 그것은 법적 어휘를 자신의 담론이자 언어로서 갖추었고 스스로를 그렇게 표상했습니다. 그리고 부르주아지가 마침내 군주제 권력을 제거했을 때, 그들은 바로 이 법 담론—하지만 그것은 군주제의 담론이었지요—을 군주제 자체에 대항해 되돌려주는 식으로 사용함으로써 그렇게 했습니다.

간단히 한 가지 예를 들어보지요. 루소는 국가 이론을 제시하면서 주권자, 그러나 여기서 주권자는 집합적 주권자, 사회체로서의 주권자, 더 정확히는 주권자로서의 사회체를 이야기하는 것인데요, 그것이 어떻게 사적 권리의 양도와 이전, 그리고 금지 법률lois de prohibition의 구성 과정에서 태어났는지 보여주고자 시도했습니다. 그러한 금지 법률은 개개인이 인정해야만 하는 것인데, 그가 주권자의 일원인 한, 또 그 자신이 주권자인 한 법률을 부과하는 사람은 바로 자기 자신이기 때문입니다. 결과적으로 군주제 비판에 쓰인 이러한 이론적 메커니즘, 이 이론적 도구는 군주제 자체에 의해 확립된 법의 도구이기도 했습니다. 다시 말해, 서구에는 법/권리와 법률 체계 외에는 권력의 표상과 정식화, 분석을 위한 체계가 없었습니다. 제 생각에는 결국 바로 그런 이유에서 우리가 최근까지 법률, 규칙, 주권자, 권력 위임 등의 기초적이고 근본적인 용어들을 이용하는 것 외에는 권력 분석의 다른 가능성을 갖지 못한 것이 아닌가 합니다. 우리가 더 이상 권력의 표상이 아니라 권력의 실제 기능작용에 대한 분석을 진행하고자 한다면, 이제 권력에 대한 법적 개념화, 즉 법률과 주권자, 규칙과 금지에 기초한 권력의 개념화에서 벗어나야 합니다.

권력을 그 긍정적인 메커니즘 속에서 분석하려면 어떻게 해야 할까요? 여러 텍스트에서 이러한 유형의 분석을 위한 기본 요소를 발견할 수 있습니다. 우리는 실상 부르주아 권력의 위대한 이론가였던 18세기 말 19세기 초의 영국 철학자 벤담에게서 그러한 것들을 찾아볼 수 있을 것입니다. 또한 분명 마르크스에게서도, 특히 『자본론』 제2권에서 그것들을 찾을 수 있습니다. 거기서 발견할 수 있는 몇몇 요소를 저는 긍정적 메커니즘 속에서의 권력 분석에 이용하려 합니다.

요컨대, 『자본론』 제2권에서 우리가 찾을 수 있는 것은 우선 **단일한** 권력*un pouvoir*이 존재하는 것이 아니라 복수의 권력이 존재한다는 것입니다.[4] 권력들이란 예를 들어 작업장, 군대, 노예제 지역의 농지 또는 예속 관계가 있는 사유지에서 국지적으로 작동하는 지배 형식들, 종속 형식들formes de sujétion을 의미합니다. 이것들은 모두 고유한 작동 방식과 절차 및 기술을 지니는 국지적, 지역적 형태의 권력입니다. 권력의 형태들은 모두 이질적입니다. 그러므로 우리가 권력 분석을 하고자 한다면 권력 일반에 대해서는 말할 수 없고, 복

4   K. Marx, Buch II : "Der Zirkulationsprozess des Kapitals," *Das Kapital. Kritik der politischen Ökonomie*, Hambourg, O. Meissner, 1867 (livre II : "Le procès de circulation du capital," *Le Capital. Critique de l'économie politique*, trad., E. Cogniot, C. Cohen-Solal et G. Badia, Paris, Éditions sociales, 1976, vol. II). 〔카를 마르크스, 「자본의 순환」『자본론 2─정치경제학비판』, 김수행 옮김, 비봉출판사, 2015.〕 〔옮긴이〕 이 부분과 뒷부분에 나오는『자본론』 2권에 대한 푸코의 참조에는 약간의 혼동이 있다. 그의 언급과 『말과 글』편집진의 각주와 달리, 실제 해당 내용은『자본론』의 2권이 아니라 1권 2책에 들어 있기 때문이다. 푸코는『자본론』 1권(실제로는 1권 1책)이 자본의 기원을 논한다면, 2권(실제로는 1권 2책)은 자본주의의 역사와 계보, 권력 구조와 제도의 발전을 다루고 있으며, 『자본론』에서 자신에게 영감을 준 부분은 바로 후자라고 말한다. 『자본론』1권 2책은 「기계와 대공업」 「자본주의적 축적의 일반법칙」「이른바 시초축적」과 같은 장에서 유럽 자본주의의 형성과 발전 과정에 대한 역사적인 분석을 제시하는데, 푸코의 말은 이 부분을 가리키고 있는 것으로 보인다. 이러한 맥락에서 푸코는 규율권력 개념이 내적으로 마르크스의 저작과 연결되어 있다고 주장한다. 참고로『자본론』2권은 자본의 유통과 순환을 분석한다. C. Gordon & P. Patton, "Considerations on Marxism, Phenomenology and Power—Interview with Michel Foucault, Recorded on April 3rd, 1978," *Foucault Studies*, 14, 2012, pp. 100~101.

수의 권력들에 대해서만 말해야 하며 그것들을 역사적·지리적 특수성 속에서 국지화하려 애써야 합니다.

사회는 오로지 하나의 권력만 행사되는 단일체가 아닙니다. 실제로는 상이한 권력들이 병치, 연결, 결집, 위계를 이루고 있으며, 각각의 권력은 그럼에도 나름의 특수성을 유지합니다. 예를 들어, 마르크스는 고용주가 작업장에서 행사하는 사실상의 권력pouvoir de fait이 사회의 나머지 부분에 존재하는 법적 형식의 권력에 대해, 특수한 동시에 상대적 자율성을 띠며 어떤 면에서는 불가침이라고 강하게 주장합니다. 그러니까 권력의 영역들régions이 존재한다는 것이죠. 사회는 상이한 권력들의 군도입니다.

둘째, 이러한 권력들은 단순히 일종의 원초적 중심 권력의 파생물이나 결과물로 이해될 수 없으며, 그래서도 안 될 것 같습니다. 그로티우스Grotius, 푸펜도르프Pufendorf, 루소와 같은 법철학자들의 도식은 '태초에 사회는 없었는데, 주권이라는 구심점이 출현한 순간부터 사회가 나타났다. 그 구심점이 사회체를 조직했으며, 일련의 국지적·지역적 권력을 가능하게 했'고 말합니다. 마르크스는 암묵적으로 이 도식을 인정하지 않습니다. 그는 반대로 사유지, 노예제, 작업장 및 군대와 같은, 초창기의 시원적인 소규모 권력 영역들에서 어떻게 거대한 국가기구들appareils d'État이 점차 형성될 수 있었는지를 보여줍니다. 특수한 지역적 권력들이 일차적으로 나타나며, 국가의 단위는 실상 부차적입니다.

셋째, 이러한 특수한 지역적 권력들의 가장 중요한 기능은 금지하는 것, 방해하는 것, '해서는 안 된다'고 말하는 것이 결코 아닙니다. 이러한 국지적·지역적 권력들의 근본적·핵심적·항구적인 기능은 사실 효율과 능률의 생산자, 어떤 생산물의 생산자가 되는 것입니다. 예를 들어, 마르크스는 군대와 작업장에서의 규율discipline 문제에 대한 탁월한 분석을 제시했습니다. 군대의 규율에 대해 제가 행하는 분석은 마르크스 저작에 나와 있는 것은 아니지만, 그야 아무래도 상관없겠지요. 16세기 말, 17세기 초에서 18세기 말까지 군대에서 무슨 일이 벌어졌을까요? 전반적으로 엄청난 변화가 일어났습니다. 이전까지 군대가 한 명의 지휘관을 중심으로 어느 정도 교체 가능한 개인들의 소규모 부대들로 구성되어 있었다면, 이제 그것은 일군의 중간급 지휘관, 부사관, 기술자 들이 있는 거대한 피라미드형 단위로 대체되었습니다. 무엇보다도 이는 상당히 빠르고 조준 가능한 소총이라는 기술적 발견 때문이었습니다.

이때부터 군대는 더 이상 상호 교체 가능한 인자들로 구성된 복수의 개별적 소단위 형식으로 다루어질 수 없었습니다. 군대가 효율적이기 위해서는, 또 소총을 최상으로 활용하기 위해서는, 각 개인이 넓게 펼쳐진 전선에서 제자리를 잡을 수 있고, 흐트러짐 없이 동시에 정렬할 수 있도록 잘 훈련되어야 했습니다. 규율의 문제는 부사관들과 함께 새로운 권력기술, 그리고 상사, 하사 등 부사관들의 꽉 짜인 위계 구조를 이끌어냈습니다. 이렇게 해서 군대는 아주 복잡한 위계서열의 단위로서 다루어질 수 있게 되었습니다. 각각이 특수한 지위와 역할을 갖는 전체 단위에서 개인들의 수행성이 최대치가 되는 조직이 된 것이죠.

금지와는 완전히 무관하게 작동하는 새로운 권력 절차 덕분에 군사적 수행력은 매우 훌륭했습니다. 물론 그러한 권력 절차가 이것저것을 금지하게 만들기도 했지만, 그 목적은 '해서는 안 된다'라고 말하는 것이 결코 아니었으며, 군대에서 더 나은 수행력, 더 나은 산물, 더 나은 생산성을 얻는 것이었습니다. 죽음을 생산해내는 것이 군대라 한다면, 바로 그것을 이 새로운 권력기술이 개량, 아니 더 나은 표현으로는, 보장해주었습니다. 그것은 절대로 금지가 아니었습니다.

우리는 작업장에서의 규율에 대해 같은 말을 할 수 있습니다. 그것은 17세기와 18세기에 형성되기 시작했지요. 동업조합 유형의 소규모 작업장이 일군의 노동자로 구성된 대규모 작업장—수백 명 단위—으로 대체되면서, 분업을 실시하고 노동자들의 동작을 감시하는 동시에 통괄해야만 했습니다. 분업은 이 새로운 작업장에 규율이 발명되어야 하는 이유였습니다. 그러나 역으로 우리는 이 작업장 규율이 분업이 자리 잡을 수 있는 조건이었다고 말할 수 있습니다. 이 작업장 규율이 없었다면, 그러니까 위계서열, 감시 활동, 작업반장의 출현, 시간 측정을 통한 동작의 통제가 없었다면 분업을 달성할 수 없었을 것입니다.

마지막, 네번째로 중요한 발상은 이러한 권력 메커니즘, 이러한 권력 절차를 기술로 간주해야 한다는 것입니다. 다시 말해, 이 권력 절차는 창안되고 개량되고 끊임없이 발전합니다. 권력, 아니 권력들의 진정한 테크놀로지가 존재하며, 그것에는 고유한 역사가 있습니다. 여기서 우리는 다시 한번, 『자본론』 제2권의 행간에서 작업장과 공장에서 행사되는 권력 테크놀로지의 역사에 대한 분석이나 대략의 분석적 스케치를 쉽게 발견할 수 있습니다. 그러므로 저는 이러한 중요한 지표들을 따라가며, 섹슈얼리티와 관련해 사법적 관점이 아닌 테크놀로지의 관점에서 권력을 고찰하려 시도할 것입니다.

우리가 국가기구에 특권을 부여해 권력을 분석한다면, 권력을 보수保守 메커니즘으로 여기며 분석한다면, 권력을 법적인 상부구조로 간주한다면, 이는 근본적으로 권력을 법적 사실로 파악하는 부르주아 사상의 고전적 주제를 다시 채택하는 데 지나지 않게 될 것입니다. 국가기구, 보수 기능, 법적 상부구조를 특권화하는 것은 마르크스를 '루소화'하는 것입니다. 즉 마르크스를 권력에 대한 사법적·부르주아적 이론 안에 다시 기입하는 것이지요. 국가기구, 보수 심급, 법적 상부구조로 권력을 보는, 마르크스주의적이라고 가정된 개념화가 19세기 말 유럽 사회민주주의에서 발견되는 것이 놀라운 일은 아닙니다. 거기서 관건은 바로 부르주아지의 법 체계 내부에서 마르크스를 어떻게 작동시킬지 아는 것이었기 때문입니다. 그러므로 제가 하고 싶은 일은, 『자본론』 제2권에서 발견되는 것을 재검토하고 국가기구, 권력의 재생산 기능, 법적 상부구조의 특성에 부여된 특권들에 관해 이후에 추가되고 다시 쓰인 모든 것에 거리를 두면서 서양에서 권력들의 역사를 쓰는 것, 특히나 섹슈얼리티에 투여된 권력들의 역사를 쓰는 것이 어떻게 가능한지 보는 데 있습니다.[5]

그렇다면 우리는 섹슈얼리티와 관련된 권력 메커니즘들의 역사를 어떻게 이러한 방법론적 원리에서 출발해 써내려갈 수 있을까요? 매우 도식적이기는 하지만, 다음과 같이 말할 수 있을 듯합니다. 군주제가 중세 말부터 성공적으로 조직한 권력 체계는 자본주의의 발전에 두 가지 면에서 주요한 지장을 초래했습니다. 첫째, 사회체에서 행사되는 정치권력은 매우 불연속적인 권력이었습니다. 그물코가 너무나 큰 나머지, 무수한 사물, 요소, 행동 및 과정이 권력의 통제를 벗어났습니다. 아주 구체적인 예로, 18세기 말까지 유럽 전역에서 밀수품이 얼마나 중요했는지 생각해봅시다. 우리는 다른 경

---

5   1981년 [『바르바리*Barbárie*』에] 실린 강연문 1부의 끝.

제적 흐름 못지않게 중요한 엄청난 규모의 경제적 흐름, 권력으로부터 완전히 벗어난 흐름이 있었다는 사실을 압니다. 더욱이 그것은 사람들이 존재하기 위한 조건 가운데 하나였습니다. 해상 해적질이 없었다면 상업은 작동하지 못했을 것이고 사람들도 먹고살 수 없었을 것입니다. 즉 무법성illégalisme은 삶의 조건 가운데 하나인 동시에, 권력에서 빠져나가 권력이 통제할 수 없는 무언가가 있음을 의미합니다. 따라서 어떤 면에서 통제 바깥에 머물러 있는 다양한 메커니즘과 경제적 과정은 원자적인 방식의 지속적이고 정확한 권력 유형의 확립을 요구했습니다. 포괄적이면서도 공백이 있는 권력에서 지속적이고 원자적이며 개별화하는 권력으로의 이행이지요. 집단 전체에 대한 포괄적인 통제 대신, 개개인에 대해 그의 존재, 신체, 행동 차원에서 통제가 이루어질 수 있다는 것입니다.

군주제 내에서 작동했던 권력 메커니즘의 두번째 큰 단점은 지나치게 비용이 많이 들었다는 것입니다. 그 이유는 바로 권력의 기능—권력을 구성하는 것—이 무엇보다도 과세 권력, 즉 무언가를 징세할 권리와 힘을 갖는다는 데 있었기 때문입니다. 예를 들어, 성직자가 농부의 수확물에 대한 세금 또는 십일조를 징수하는 식으로, 영주, 왕권, 성직자를 위한 이런저런 비율의 의무적인 징수가 그러한 권력의 핵심이었습니다. 따라서 권력은 근본적으로 세리稅吏이자 약탈자였습니다. 이러한 범위 안에서 권력은 항상 경제적 사취를 수행했고, 결과적으로 경제적 흐름을 촉진하고 자극하기는커녕 끊임없이 방해하고 제동을 걸었습니다. 이로부터 다음과 같은 두번째 관심사, 두번째 필요성이 생겨납니다. 사물과 사람을 가장 미세한 부분까지 통제하는 동시에, 사회에 비용 부담을 주지도 않고 본질상 약탈하지도 않는 권력 메커니즘, 경제적 과정과 같은 방향으로 행사되는 권력 메커니즘을 찾는 것입니다.

저는 〔군주제 권력의 단점들을 극복하려는〕 이 두 가지 목표를 통해 우리가 서구의 권력 테크놀로지에서 일어난 거대한 변화를 대략적으로 이해할 수 있다고 믿습니다. 우리는 다소 초보적인 수준의 마르크스주의 정신에 동조해, 위대한 발명은 모두가 알다시피 증기 기관이라거나 그와 같은 유형의 여타 발명품이었다고 습관적으로 이야기합니다. 그것들이 매우 중요했던 것은 사실이지만, 그것들만큼 중요한 일련의 다른 기술적 창안이 있었고, 이러한 창안이야말로 최종 심급에서 다른 발명품들의 작동 조건이었습니다. 정치 테크놀로지의 경우가 그렇습니다. 17세기와 18세기에 걸쳐 권력 형식의 측면에서 새로운 창안이 넘쳐났습니다. 결과적으로 그것은 산업기술의 역사일 뿐만 아니라 정치기술의 역사이기도 합니다. 제가 생각하기엔 정치 테크놀로지가 특히 17세기와 18세기에 발전했으며, 그 창안물들을 크게 두 항목으

1부 권력이란 무엇인가

로 묶어볼 수 있을 듯합니다. 왜냐하면 저는 그것들이 두 가지 다른 방향으로 발전해왔다고 생각하기 때문입니다. 한편으로는 '규율'이라고 이름 붙일 수 있는 테크놀로지가 있습니다. 규율은 기본적으로 사회체 내의 가장 미세한 요소까지 통제하는 권력의 메커니즘이며, 이를 통해 우리는 사회적 원자 그 자체, 즉 개인들에 도달합니다. 권력의 개별화 기술이지요. 개인을 어떻게 감시할 것인가, 그의 품행, 행동, 능력을 어떻게 통제할 것인가, 그의 수행력을 어떻게 강화할 것인가, 그의 역량을 어떻게 배가할 것인가, 그를 어떻게 가장 유용한 위치에 배치할 것인가, 이것이 바로 제가 말하는 규율입니다.

저는 조금 전에 군대에서 나타난 규율의 사례를 인용했습니다. 이 사례는 중요하다 하겠는데, 여기서 규율이라는 엄청난 발견이 거의 처음으로 이루어지고 발전해나갔기 때문입니다. 게다가 그것은 비교적 빠르게 조준 가능한 소총이라는 기술-산업적 층위의 또 다른 발명과 관련되어 있습니다. 이러한 계기로부터 우리는 다음과 같이 말할 수 있게 되었습니다. 군인은 더 이상 무작위 교체가 불가능해졌다고, 순전한 육탄전용 병사가 아니게 되었다고, [적을] 타격할 수 있는 단순한 개인에 머물지 않게 되었다고 말입니다. 좋은 군인이 되려면 사격을 할 줄 알아야 하므로, 훈련 과정을 거쳐야 했습니다. 병사는 이동하는 방법, 자신의 동작을 다른 병사의 동작에 맞춰 조율하는 방법 또한 알고 있어야 했습니다. 한마디로, 병사는 능숙해져야 했고, 따라서 귀중해져야 했습니다. 그리고 그가 귀중할수록 그를 보존해야만 했습니다. 그를 보존해야만 할수록, 전투에서 그의 생명을 지킬 수 있는 기술을 가르쳐야 할 필요성이 커졌습니다. 그리고 기술을 더 많이 배울수록, 학습 기간이 길수록 그는 더 귀중해졌습니다. 우리는 군대의 조련dressage 기술에서 일종의 급작스러운 도약을 보게 됩니다. 이는 대부분의 시간을 훈련으로 보냈던 그 유명한 프로이센의 프리드리히 2세 군대에서 정점에 달했습니다. 프로이센 규율의 모델인 프로이센 군대는, 어느 정도까지는 다른 규율들의 모델이 되었는데, 병사의 신체 규율을 최대치로 강화하고 정교하게 완성했다고 할 수 있습니다.

이 새로운 규율 테크놀로지가 나타나는 또 다른 지점은 교육입니다. 처음에는 콜레주collèges〔중등학교〕에서, 그다음에는 에콜 프리메르écoles primaires〔초등학교〕에서 우리는 개인들이 다중 속에서 개인화되는 규율 방법들이 출현하는 것을 보게 됩니다. 콜레주에는 수십 혹은 수백, 때로는 수천 명의 학생들이 한데 모이게 되는데, 이때 일대일의 스승과 제자 사이에서만 존재할 수 있는 〔학교에 가지 않는 귀족·부호 자제의〕 가정교사의 권력보다 훨씬 비용 부담이 적은 권력을 학생들에게 행사하는 문제가 떠오릅니다. 그곳에서는 한 명의 선생이 수십 명의 학생을 가르쳐야 하지요. 따라서 학생이 이렇게 다수라 하더라도 권력의 개별화, 지속적인 통제, 매

순간의 감시가 필요합니다. 이로 인해 어떤 인물이 등장합니다. 콜레주에서 공부한 사람이라면 모두 잘 아는 이 감독관은 피라미드상으로는 군대의 하급 장교에 해당하지요. 마찬가지로 정량화된 성적, 시험, 경시대회가 등장했고, 이는 결과적으로 학생 개개인을 선생의 눈 아래, 혹은 각자에게 부여되는 평가와 자격 속에 정확하게 위치하도록 분류할 수 있는 가능성을 빚어냅니다.

한 예로, 여러분이 제 앞에서 어떻게 열을 지어 앉아 있는지 보십시오. 여러분에게는 자연스러워 보일지도 모르지만, 이런 식의 배열이 문명의 역사에서 비교적 최근의 것이라는 점을 상기할 가치가 있습니다. 19세기 초까지만 하더라도 여전히 학교에서 학생들이 강의하는 교사 주변에 무리 지어 서서 수업을 듣는 모습을 찾아볼 수 있었습니다. 그리고 이것은 물론 교사가 실질적으로 그리고 개별적으로 학생들을 감독할 수 없었다는 것을 의미합니다. 〔전체로서의〕 학생 집단이 있고, 교사가 있는 것이지요. 요즘에 여러분은 이렇게 나란히 열 지어 앉아 있고, 교수의 시선은 한 명 한 명을 개별화할 수 있고, 그들이 출석했는지, 무엇을 하는지, 꿈을 꾸고 있는 건지 하품을 하고 있는 건지 알기 위해 호명할 수도 있습니다. 하찮은 것들이지만, 매우 중요한 세목들이기도 한데요, 권력이 행사되는 일련의 층위에 이 새로운 권력 메커니즘이 투여될 수 있고 작동할 수 있었던 것은 결국 이러한 소소한 기술들 속에서이기 때문입니다. 군대와 콜레주에서 일어났던 일을 우리는 19세기의 작업장에서도 똑같이 볼 수 있었습니다. 나는 이를 권력의 개별화 테크놀로지technologie individualisante du pouvoir라고 부를 것입니다. 이러한 권력은 근본적으로 개인을 그 신체와 행동의 차원까지 겨냥합니다. 그것은 개인을 면밀한 분석의 대상으로 삼는 해부학, 거칠게 말해 일종의 정치 해부학, 해부정치입니다.

자, 이것이 17세기와 18세기에 등장한 권력 테크놀로지의 한 계열입니다. 조금 더 나중인 18세기 후반에 출현한 또 다른 계열의 권력 테크놀로지가 있습니다. 그것은 특히 영국에서 발전했습니다(프랑스로서는 부끄러운 일이지만, 그 최초의 테크놀로지는 주로 프랑스, 그리고 독일에서 개발되었다는 점을 말해두어야겠습니다). 이 테크놀로지들은 개인들을 개인으로서가 아니라, 반대로 인구로 대상화해 겨냥합니다. 달리 말하면, 18세기는 다음과 같은 중대한 사실을 발견했습니다. 권력이 단순히 신민들에게만 행사되는 게 아니라는 것을요. 한편에 주권자〔군주〕가 있고 다른 한편에 신민들이 있다는 테제는 군주제에 근본적인 것이었습니다. 이제 우리는 권력이 행사되는 대상이 인구라는 점을 발견합니다. 그렇다면 인구는 무엇을 의미할까요? 그것은 단순히 수많은 인간의 집합을 의미하는 것이 아니라, 생물학적 법칙과 과정을 거치고 그에 의해 제어되고 지배당하는 생명체들을 의미합

1부 권력이란 무엇인가

니다. 인구에는 출생률, 사망률이 있고, 연령 곡선, 피라미드형 연령 분포, 기대 수명, 건강 상태가 있습니다. 인구는 소멸하거나 반대로 성장할 수 있습니다.

그런데 이 모든 것이 18세기에 발견되기 시작했던 것입니다. 그러면서 신민에 대한, 더 정확히는 개인에 대한 권력 관계가 단순히 권력이 신민으로부터 재화, 부, 그리고 궁극적으로 그 몸과 피를 사취하게끔 하는 종속 형식이어야 하는 것은 아니라는 점을 간파했습니다. 권력은, 일종의 생물학적 실체를 이룬다는 것을 고려할 수밖에 없는 개인들에게 행사되어야 한다는 것이지요. 만일 우리가 인구를 재화와 부, 그리고 다른 개인들을 생산하기 위한 생산 기계로서 정확히 활용하려고 한다면 말입니다. 인구의 발견은 개인 및 훈육 가능한 신체의 발견과 더불어 권력 테크놀로지의 또 다른 거대한 중핵이 되었고, 이를 둘러싸고 서구의 정치적 절차는 큰 전환을 겪게 됩니다. 이 시점에 제가 조금 전 언급한 해부정치에 대립하는, 이른바 생명정치bio-politique가 창안되었습니다. 바로 이 시점에 주거, 도시의 생활 조건, 공중 위생, 출생률과 사망률 간 균형 조절 같은 문제들이 출현하고, 출산 장려라든지 인구 흐름, 이주와 인구 증가율을 어떻게 조절할 것인가에 대한 지식의 문제가 부상하게 된 것이죠. 그리고 이로부터 통계를 포함한 일련의 관찰기술은 물론, 인구 조절을 담당하는 각종 대규모 행정·경제·정치 기구들이 등장합니다. 권력 테크놀로지에는 두 가지 대혁명이 있었습니다. 규율의 발견과 조절régulation의 발견, 해부정치의 고도화와 생명정치의 고도화가 그것입니다.

　18세기 이후로 생명은 이제 권력의 대상이 되었습니다. 생명과 신체. 예전에는 신민, 법적 신민들sujets juridiques만이 존재했고, 그들은 재산뿐 아니라 더 나아가 생명까지도 박탈할 수 있는 대상이었지요. 이제 신체와 인구가 있습니다. 권력은 더 이상 법적인 것이기를 그치고, 물질주의적인 matérialiste 것이 되었지요. 신체와 생명이라는 실제적인 것들을 다루어야만 하게 된 것입니다. 생명은 권력의 영역으로 들어갔습니다. 이는 아마도 인간 사회의 역사상 가장 결정적인 이행 가운데 한 가지일 것입니다. 그리고 우리는 이 시점에서부터, 즉 18세기에서부터 어떻게 성이 완전히 핵심적인 부속품 가운데 하나로 떠오르게 되었는지를 분명히 깨닫게 됩니다. 성이라는 것이 실상 개별적인 신체 규율과 인구 조절의 연결 지점에 아주 정확하게 위치하기 때문입니다. 성에서부터 개인들에 대한 감시가 확보될 수 있었습니다. 이제 우리는 왜 18세기에, 하필 콜레주에서, 청소년들의 섹슈얼리티가 어떻게 의학적·도덕적인 문제, 그리고 가장 중요하다고 할 만한 정치적 문제가 되었는지를 이해할 수 있습니다. 섹슈얼리티에 대한 이러한 통제—라는 핑계—를 통해 학생과 청소년들을 평생 그리고 매 순간, 심지어 잠자는 동안에도 감시할 수 있기 때문입니다. 따라서 성은 계속해서 '규율화'의 도구가 되며, 앞에서 말씀드린 해부정치의 필수 요소 중 하나가 됩니다. 그러나 다른 한편으로 성은 인구의 재생산을 보장합니다. 성, 성정치와 함께 우리는 출생률과 사망률의 관계를 변화시킬 수 있습니다. 어쨌거나 성정치는 19세기에 매우 중요해진 전체 생명정치 안에 통합되기에 이릅니다. 성은 해부정치와 생명정치의 접점에, 규율과 조절의 교차점에 있습니다. 바로 이러한 기능 속에서 성은 19세기 말에 사회를 생산기계machine de production로 만들기 위한 가장 중요한 정치적 부속품이 되었던 것입니다.

*

푸코: 질문 있으신가요?

청중: 권력은 감옥에서 어떤 식의 생산성을 도모하나요?

푸코: 긴 이야기가 될 텐데요, 억압적 감옥, 형벌로서의 감옥이라 부를 만한 실질적인 감옥 체계는 18세기 말에야 뒤늦게 정립되었습니다. 18세기 말 이전에 감옥에 수감되는 것은 법적 처벌이 아니었습니다. 예외적인 경우가 아니고서는 사람들을 처벌하기 위해서가 아니라, 재판을 하기 전에 단지 붙잡

아놓기 위해 감금했지요. 그런데 억압 체계로서의 감옥이 창조되었습니다. 감옥이 범죄자들의 교화 체계가 될 것이라는 주장과 더불어서 말이죠. 군대 및 학교 식의 순치domestication 과정에 힘입어 범법자를 감옥에 수감시킨 이후 법에 복종하는 인간으로 변화시킬 수 있다는 뜻이었습니다. 그러니까 감옥에서의 복역을 통한 순종적 개인의 생산을 추구했던 것입니다.

그런데 이미 감옥 체계 초창기부터 결코 이러한 결과가 나타나지 않았으며, 엄밀히 말하자면 정반대의 결과를 낳는다는 점이 밝혀졌습니다. 개인이 감옥에 더 오래 있으면 있을수록 교화에서 멀어지고 범죄자가 될 가능성은 더 커진다는 것입니다. 생산성은 고사하고 오히려 마이너스였습니다. 그렇다면 통상 감옥 체계는 사라져야 했을 것입니다. 그런데 그것은 살아남았고, 지속되었습니다. 사람들에게 감옥 대신 무엇이 있어야 하는지 질문하면, 누구도 답을 내놓지 못했습니다.

왜 감옥은 이러한 반反생산성에도 불구하고 남아 있었을까요? 저는 사실 그것이 범죄자들을 생산했으며, 범죄délinquance가 우리 사회에서 모종의 정치경제적 유용성을 지니기 때문이라고 대답하겠습니다. 우리는 범죄의 정치경제적 유용성을 어렵지 않게 폭로할 수 있습니다. 우선 범죄자가 많을수록 더 많은 범죄가 생길 것입니다. 범죄가 더 많아질수록 인구 내에 더 많은 공포가 있을 테고, 더 많은 공포가 있을 수록 치안 통제 체계는 훨씬 더 수용할 만한 것이 되고 심지어 바람직한 것이 될 테지요. 내부에 이 작은 위험이 영구히 존재한다는 것은 통제 체계를 수용 가능하게 하는 조건들 가운데 하나입니다. 이는 세계 모든 국가의 신문, 라디오, 텔레비전이 왜 아무런 예외도 없이, 매일 새롭다는 듯이, 범죄 뉴스에 그렇게나 많은 공간을 할애하는지 설명해줍니다. 1830년 이래 세계 모든 나라에서 범죄의 증가를 테마로 한 캠페인이 발전해왔습니다. 전혀 증명된 적 없는 사실인데 말이죠. 하지만 범죄가 증가한다는 가정과 그 위협은 다양한 통제를 용인하게 만드는 요인입니다.

이것이 전부가 아닙니다. 범죄는 경제적으로도 유용하지요. 자본주의적 이윤에 기입되어 있지만 범죄를 경유해 이루어지는 수익성 높은 암거래가 얼마나 많은지 보십시오. 성매매가 그러한데, 유럽의 모든 국가에서(브라질의 사정도 마찬가지인지는 잘 모릅니다) 성매매의 통제는 알선책이라고 불리는 일을 하는 사람들에 의해 이루어집니다. 전부 전과자인 이들은 성적 쾌락에서 거두어들인 이윤을 숙박업 같은 경제 회로로, 그리고 은행 계좌로 끌어가는 기능을 합니다. 성매매는 인구 집단의 성적 쾌락에 비용이 들도록 만들었고, 그것의 관리는 성적 쾌락에 대한 이윤이 특정한 회로들로 향해 가도록 만들었습니다. 무기 밀매나 마약 밀매 등 이런저런 이유로 사회에서 직접적·합법적으로 실행될 수 없는 모든 일련의 안거래는 범죄를 통하게 되며, 범죄는 이런 식으로 그러한 암거래들을 보장합니다.

여기에 범죄가 19세기, 그리고 20세기까지도 일련의 정치공작을 위해 대거 활용되었다는 점을 덧붙일 수 있겠죠. 파업을 깨부순다든지, 노동조합에 잠입한다든지, 정당 지도자을 위한 인력이나 경호원 역할을 한다든지 하는 식으로, 떳떳한 것에서 그렇지 못한 것에 이르기까지 다양하게 말입니다. 제가 여기서 말하는 것은 정확히 프랑스의 사례인데요, 프랑스 정당들은 모두 포스터 붙이는 사람에서부터 (고함을 지르고 파괴하는) 싸움꾼에 이르기까지, 전과자들로 이루어진 인력을 보유하고 있습니다. 이처럼 우리는 범죄를 기반으로 작동하는 일련의 정치·경제 제도를 가지고 있고, 그런 점에서 전문 범죄자를 제조하는 감옥은 유용성과 생산성을 지니는 셈입니다.[6]

청중: 우선 당신을 직접 뵙고 강연을 듣고 저작을 다시 읽게 되어 정말 기쁘다는 말씀을 드리고 싶습니다. 제 질문은 모두 도미니크 르쿠르가 당신에게 제기한 비판에 바탕을 두고

---

6   〔옮긴이〕감옥의 정치경제적 기능에 관한 푸코의 사유는 1976년 3월 몬트리올대학교 강연에서 한층 상세하게 개진되었다. 미셸 푸코, 『감옥의 대안』, 이진희 옮김, 시공사, 2023 참조.

있습니다. 그는 당신이 한 발을 더 앞으로 내디딘다면 지식의
고고학자이기를 그치고, 역사유물론에 빠져버릴 것이라고
주장했는데요, 바로 그게 제 질문의 핵심입니다.[7]

그리고 저는 당신이 역사유물론자와 정신분석학자 들
이 스스로에 대해, 또 그들 입장의 과학성에 대해 확신을 가
질 수 없다고 주장한 이유를 알고 싶습니다. 제가 놀란 것은
포르투갈어에는 없는 [무의식적] **억압**refoulement과 [의식적]
진압répression[8]의 차이에 관해 숱하게 읽었었는데, 당신이 **진
압**을 **억압**과 구분하지 않은 채 이야기하기 시작했다는 점이
었습니다.[9] 그것이 제 첫번째 놀라움이었습니다. 두번째 놀

7   질문자는 도미니크 르쿠르의 논문 「지식의 고고학에 관하여」를
      참조하고 있다. D. Lecourt "Sur l'archéologie du savoir," *La Pensée*, n.
      152, août 1970, pp. 69~87. 다음의 책에 재수록되었다. D. Lecourt,
      Pour une critique de l'épistémologie, Paris, Maspero, coll. «Théories»,
      1972, pp. 98~183. [도미니크 르쿠르, 『맑스주의와 프랑스 인식론』,
      박기순 옮김, 중원문화, 1996.]
8   원문에 프랑스어로 표기.
9   [옮긴이] 프랑스에서 편집한 『정신분석 사전*Vocabulaire de la
      Psychanalyse*』(PUF, 1967)에 따르면, 프로이트 정신분석학의
      용어인 'Unterdrückung'과 'Verdrängung'을 프랑스어로는 각각
      'répression'과 'refoulement'으로 번역한다. 『정신분석 사전』의
      우리말 옮긴이는 이를 각각 '진압'과 '억압'이라고 옮겼다(참고로,
      두 용어는 우리말로 별 구분 없이 모두 '억압'으로 옮겨지기도
      한다). 진압은 "넓은 의미에서 불쾌하거나 반갑지 않은
      내용─관념, 정동 등─을 의식으로부터 제거하려는 심리작용"을
      가리키며, 억압은 "욕동과 결부된 표상을 주체가 무의식 속으로
      내몰거나 그 안에 머물게 하려는 심리작용"을 뜻한다. 진압의

라움은 당신이 군대에서의 규율에 근거해 사회적인 것의 해부학을 시도하는 과정에서 오늘날 브라질 변호사들과 동일한 용어를 사용했다는 것입니다. 최근 살바도르에서 진행된 브라질변호사협회O.A.B.[10] 총회에서 변호사들은 자기들의 사법적 기능을 규정하기 위해 '보상하다compenser'와 '규율하다discipliner'라는 단어를 많이 활용했습니다. 희한하게도 권력에 관해 말하기 위해 당신 역시 같은 용어, 동일한 법적 언어를 이용합니다. 제 질문은 혹시 당신이 권력의 환상 속에서 자본주의 사회의 외양을 한 담론, 법률가들이 쓰기 시작한 담론에 빠져들지 않았나 하는 것입니다. 주식회사의 새로운 법률은 독점을 규제하기 위한 도구로서 제시됩니다. 그런데 그것이 실제로 표상하는 것은 법률가들이 의도한 것과는 무관한 결정 논리, 즉 자본 재생산의 필연성에 복종하는 아주 섬세한 고도의 기술적 도구입니다. 이런 의미에서 당신이 테크놀로지와 규율 사이에 변증법을 구축하면서도 동일한 용어

특수한 형태라 할 수 있는 억압은 프로이트 정신분석학에서 무의식 구성의 기원을 이루는 보편적 심리 과정으로 여겨진다. 장 라플랑슈·장 베르트랑 퐁탈리스, 『정신분석 사전』, 임진수 옮김, 열린책들, 2005 참조. 푸코가 강연 부분에서는 'répression'을 'refoulement'과의 대비 없이 쓰고 있다고 판단해 일반적인 용어인 '억압'으로 옮겼으나, 질의 응답 부분에서는 정신분석학적 개념들의 차이를 의식하며 논하고 있기에 'répression'은 '진압,' 'refoulement'은 '억압'으로 다르게 옮겼다.

10   Orden dos Advogados do Brasil의 약어.

를 활용하는 것이 저를 놀라게 했습니다. 마지막으로 당신이 인구를 사회 분석의 요소로 삼음으로써 마르크스가 리카도David Ricardo를 비판한 시기 이전으로 되돌아가는 것에 놀랐습니다.

푸코: 토론 시간이 얼마 남지 않았네요. 어쨌든 내일 오후 3시 반부터 다시 모이기로 했으니 이 중요한 질문들에 대해 지금보다 제대로 길게 토론할 수 있을 것입니다. 두 가지 질문에 대해서 간단히 답변할 테니, 나머지는 내일 다시 질문해주시면 좋겠습니다. 괜찮으시죠? 제 제안에 동의하시나요? 그럼 질문의 전반적인 주제를 봅시다. 르쿠르와 역사유물론 문제에 관해서는 내일 이야기하기로 하고, 두 가지 다른 질문에 대해서는 제가 오늘 오전에 강조한 내용과 관련이 있으니 당신 말씀이 맞을 겁니다. 먼저 저는 **억압**refoulement[11]에 관해 말하지 않았습니다. 저는 진압, 금지, 법loi에 관해 이야기했지요. 시간이 제한되어 있다 보니 불가피하게 간략하고 암시적으로 말할 수밖에 없습니다. 프로이트의 사유는 사실 제가 여기서 제시한 이미지보다 훨씬 더 미묘하지요. 대략적으로 말하면, 억압 개념을 둘러싸고 라이히Wilhelm Reich와 라이히주의자들, 마르쿠제Herbert Marcuse 등의 부류와 훨씬 더 정신

---

11   원문에 프랑스어로 표기.

분석학에 충실한 부류, 이를테면 멜라니 클라인이라든지 라캉 같은 이들 사이에 논쟁이 벌어졌지요. 억압을 결정하는 심급이 현실 원칙으로 부과되어 억압을 직접적으로 촉발하는 모종의 사회적 실재라고 주장함으로써, 억압 개념이 진압의 사회적 메커니즘에 대한 분석에 이용될 수 있기 때문입니다. 일반적으로는 라이히식 분석을 수정한 마르쿠제의 개념인 과잉진압sur-répression[12]이라는 용어로 알려져 있습니다. 다른 한편에는 억압 개념을 재해석하며 다음과 같이 주장하는 라캉주의자들이 있습니다. 그것이 전부가 아니며, 프로이트가 억압에 관해 말할 때 염두에 둔 것은 진압이 아닌 욕망의 구성에 절대적인 어떤 메커니즘이라고 말입니다. 라캉에 따르면, 프로이트에게 억압되지 않은 욕망은 없습니다. 욕망은 억압되었기 때문에 욕망으로서 존재하고, 욕망을 구성하는 것은 법이기 때문입니다. 따라서 그는 법 개념으로부터 억압 개념을 끌어냅니다.

결과적으로 진압에 의거한 해석과 법에 의거한 해석 두

---

12   포르투갈어 원문의 표현을 따르면 잉여진압mais-repressão. H. Marcuse, *Eros and Civilization. A Philosophical Inquiry into Freud*, Londres, Routledge et Paul Keagan, 1956 (*Éros et Civilisation. Contribution á Freud*, trad., J.-G. Nény et B. Fraenkel, Paris, Éd. de Minuit, coll. «Arguments», 1963). [헤르베르트 마르쿠제, 『에로스와 문명―프로이트 이론의 철학적 연구』, 김인환 옮김, 나남, 2004. 한국어 번역본에서는 과잉억압이라고 번역했다.]

가지가 있는 셈인데, 이것들은 완전히 상이한 두 가지 현상 혹은 과정을 기술합니다. 프로이트의 억압 개념은 텍스트에 따라 서로 다른 두 가지 방향에서 쓰일 수 있습니다. 프로이트 해석의 난해함을 피하기 위해서 저는 진압에 관해서만 이야기했습니다. 섹슈얼리티의 역사가들이 진압 외에 다른 개념은 전혀 이용하지 않았기 때문입니다. 여기에는 아주 단순한 이유가 있습니다. 진압 개념이 억압을 결정하는 사회의 윤곽을 드러내기 때문입니다. 따라서 우리는 진압 개념으로부터 억압의 역사를 써 내려갈 수는 있겠지만, 금지 개념—어떤 면에서 모든 사회에서 어느 정도 동형성을 띠는—으로부터는 섹슈얼리티의 역사를 쓸 수 없을 것입니다. 바로 이런 이유에서 전 억압 개념을 회피하면서 진압에 관해서만 말했던 것입니다.

두번째로, 저는 변호사들이 '규율'이라는 단어를 사용한다는 이야기에 매우 놀랐습니다. '보상하다'라는 단어의 경우엔, 제가 한 번밖에 쓴 일이 없고요. 이러한 문제와 관련해 다음과 같이 말해두고자 합니다. 이른바 생명권력 혹은 해부정치의 출현 이래 우리는 더 이상 법률적이기를 그친 사회에서 살고 있습니다. 법률 사회는 군주제 사회였습니다. 17세기에서 18세기에 이르기까지 유럽 사회는 기본적으로 법이 가장 근본적인 쟁점을 구성하는 법률 사회였습니다. 사람들은 법을 위해 투쟁했고, 법을 위해 혁명을 일으켰습니다. 의회,

법 제도, 법전, 재판소를 갖춘 법률 사회를 자처한 사회들에 19세기부터 아주 판이한 권력 메커니즘이 침투해 들어왔는데, 그것은 법적 형식에 복종하지 않고, 법이 아닌 규범을 근본 원리로 삼으며, 재판소, 법, 사법기구가 아닌 의학, 사회 통제, 정신의학, 심리학을 도구로 취했습니다. 이제 우리는 규율의 세계, 조절의 세계에서 살고 있습니다. 우리는 아직 법의 세계 안에 있다고 믿지만, 또 다른 권력 유형이 더 이상 법률적이지 않은 중계 지점들을 매개로 구성되고 있는 중입니다. 따라서 당신이 변호사들의 입에서 '규율'이라는 단어를 발견한 것도 지극히 당연하다 하겠는데요, 한 가지 구체적인 사항과 관련해서 규범화 사회가 어떻게 〔…〕[13] 법률 사회를 자리 잡게 하는 동시에 기능하지 못하게 만드는지 보는 것은 흥미로운 일입니다.

형법 체계에서 무슨 일이 벌어지는지 봅시다. 저는 브라질이 어떤지는 모릅니다만, 독일, 프랑스, 영국 같은 유럽 국가들의 경우에는 형사재판소에서 재판을 받으면서 의학이나 정신의학, 심리학 전문가의 손을 거치지 않는 중범죄자가 거의 없을 뿐만 아니라 머지않아 단 한 명도 없게 될 것입니다. 범죄의 핵심이 단지 법의 위반이 아니라, 〔정상〕규범에서의 일탈인 사회를 우리가 살아가고 있기 때문입니다. 형법 제도

---

13   브라질 텍스트에 녹취록의 공백으로 표시된 부분.

와 관련해서는 여러분도 잘 아시다시피, 이제 그것은 신경증, 탈선, 공격성, 충동 같은 용어로만 논의됩니다. 따라서 규율, 규범화에 대해 말하면서 제가 법적 구도에 다시 빠져든 것이 아닙니다. 반대로 법을 다루는 사람들, 법률가들이 규율과 규범화의 어휘를 쓰지 않을 수 없게 된 것입니다. 브라질변호사협회의 총회에서 규율을 논한다는 것은 제가 법률적 개념화로 회귀했다는 게 아니라 제 말이 맞다는 점을 확인시켜줍니다. 그들이 입장을 옮겨 간 것이지요.

청중: 당신은 지식과 권력의 관계를 어떻게 보시는지요? 성도착을 촉발하는 것은 권력 테크놀로지일까요, 아니면 인간 내부에 존재하는 자연적·생물학적 무질서 상태일까요?

푸코: 두번째 질문, 그러니까 이 테크놀로지의 발전을 초래하는 것, 설명하는 것에 관해서라면, 저는 그것이 생물학적 발전이라고 말할 수 있다고 믿지 않습니다. 저는 그 정반대, 즉 권력 테크놀로지의 변모가 어떻게 자본주의 발전의 확실한 일부를 이루는지를 보여주려고 시도했습니다. 그러한 변모가 자본주의 발전의 일부라는 말은 다음과 같은 의미에서입니다. 한편으로는 자본주의 발전이 이러한 테크놀로지의 이행을 필요하게 만들었고, 다른 한편으로는 이행이 자본주의 발전을 가능하게 만들었다는 것입니다. 어떤 면에서 서로

맞물린 두 가지 추세가 지속적으로 연루된 셈이지요.

자, 다른 질문은 쾌락과 권력이 함께 갈 때 권력 관계가 […][14]는 사실과 관련된 것인데요, 중요한 문제입니다. 제가 간략히 말씀드리고 싶은 점은 바로 그것이 우리 사회에 안착한 [권력] 메커니즘을 특징짓는다는 것입니다. 또 바로 그것 때문에 우리는 권력의 기능이 단순히 금지나 방해에 있다고 말할 수 없습니다. 만일 권력의 기능이 그저 금지일 뿐이라고 인정한다면, 우리는 "자, 우리는 스스로를 권력과 동일시합니다"라고 말할 수 있게 해주는 여러 메커니즘을 창안해내지 않으면 안 됩니다―라캉도, 다른 사람들도 그렇게 해야겠지요. 아니면 권력과 마조히즘적 관계가 구축되어 우리를 금지시키는 그것을 우리가 사랑하게 된다고 말해야 할 것입니다. 반대로 권력의 주된 기능이 금지가 아니라 생산에, 쾌락의 생산에 있다고 본다면, 이제 우리가 어떻게 권력에 복종하는지, 그리고 그 복종 속에서 반드시 마조히즘적이지만은 않은 쾌락을 발견하는지 이해할 수 있게 될 것입니다. 이와 관련해 어린이의 사례가 유용합니다. 제가 보기에 19세기 부르주아 가족에게 어린이의 섹슈얼리티를 근본적인 문제로 만든 방식은 가족, 부모, 아이들에 대한 수많은 통제를 촉발하고 가능하게 하는 동시에 일련의 새로운 쾌락을 창출했습니다. 아

14   녹취록의 공백.

이를 감시하는 부모의 쾌락이라든지, 부모에 맞서 혹은 부모와 더불어 자신의 섹슈얼리티로 게임을 벌이는 아이의 쾌락 같은, 어린이의 신체를 둘러싼 완전히 새로운 쾌락의 경제가 그것입니다. 우리는 부모가 마조히즘을 통해 스스로를 법과 동일시했다고 말할 필요가 없습니다…

청중: 지식과 권력의 관계에 대해 제기된 질문에 대해서는 답하지 않으셨습니다. 당신이 당신의 지식을 통해 행사하고 있는 권력에 대해서도요.

푸코: 질문을 일깨워주셔서 감사합니다. 사실 이 질문은 제기되어야만 하는 것이지요. 제 생각으로는—어쨌거나 제가 수행한 분석의 의미가 거기에 있다 하겠는데, 여러분은 그 영감의 원천을 아실 겁니다—권력 관계는 한편에 권력을 가진 사람들이 있고 다른 편에 그러지 못한 사람들이 있다는 식의 다소 도식적인 방식으로 고려되어서는 안 됩니다. 다시 말하지만, 강단 마르크스주의의 경우에는 지배 계급 대 피지배 계급, 지배 담론 대 피지배 담론 같은 대립을 자주 이용합니다. 그런데 무엇보다도 이러한 이원론은 마르크스에게서는 결코 나타나지 않습니다. 오히려 그것은 고비노[15] 같은 반동적이

---

15   〔옮긴이〕아르튀르 드 고비노Arthur de Gobineau(1816~82)는
       유사 과학적 인종주의를 주창한 19세기 프랑스의 외교관이자

고 인종주의적인 사상가들에게서 찾아볼 수 있습니다. 그들은 사회가 언제나 지배하는 계급과 지배당하는 계급 둘로 나누어져 있다고 가정했습니다. 여러분은 여러 사상가들에게서 이러한 논리를 발견할 수 있겠지만, 마르크스에게서는 절대로 그럴 수 없을 것입니다. 사실 마르크스는 그런 식의 주장을 하기에는 너무 영리한 사람이었기 때문입니다. 그는 한쪽에는 〔권력을 가진〕 소수, 다른 쪽에는 〔권력을 못 가진〕 다수가 있는 것이 아니며, 권력 관계는 결코 마침점이 없기에 견고성을 지닌다는 것을 아주 잘 알고 있었습니다. 권력 관계는 모든 곳을 지나갑니다. 노동 계급은 권력 관계를 중계하고, 권력을 행사합니다. 여자 대학생이라는 사실로 인해, 질문자는 이미 모종의 권력 상황에 편입되어 있습니다. 교수로서 저 역시도 어떤 권력 상황 안에 있습니다. 저는 여성이 아닌 남성이라는 이유로 모종의 권력 상황 안에 있으며, 질문자는 여성이기 때문에 역시 그렇습니다. 〔상황의 성격이〕 동일하진 않지만, 우리는 모두 그러한 상황 속에 있는 것이지요. 어떤 지식을 가진 누군가에 대해 우리는 "당신은 권력을 행사합니다"라고 말할 수 있습니다. 그런데 그 수준에만 머무른다면 그것은 어리석은 비판이 될 테지요. 사실 흥미로운 것은 한 집단, 계급, 사회 안에서 권력의 그물코들이 어떻게 기

작가로, 『인종 불평등론*Essai sur l'inégalité des races humaines*』을 썼다.

능하는지, 권력의 그물망 내에서 각자가 어떤 위치에 놓이는지, 어떻게 권력을 새로운 방식으로 행사하고 유지하고 영향을 미치는지 아는 일입니다.

권력과 전략[1]

랑시에르: 감금enfermement에 대한 비판을 새로운 자유주의 néolibéralismes나 새로운 민중주의néopopulismes의 핵심어로 삼는 데는 일종의 뒤집힌 논리가 있는 것은 아닐까요?[2]

1   "Pouvoirs et stratégies"(entretien avec J. Rancière), *Les révoltes logiques*, n. 4, hiver 1977, pp. 89~97. 〔『말과 글』의 텍스트 n. 218.〕

2   〔옮긴이〕 정확한 경위는 알 수 없지만, 이 인터뷰의 영역본에는 첫번째 질문이 다음과 같이 나와 있다. 질문의 의미를 좀더 명확히 이해하는 데 도움이 된다고 판단해 여기 그대로 옮겨놓는다. "당신의 책『광기의 역사』는 피넬Pinel의 광인 '해방'이 지니는 허상적인 성격을 폭로하며 끝을 맺습니다. 또한『임상의학의 탄생』은 인도주의 의학과 '이해의 머리 없는 현상학들'에 대하여 경멸을 쏟아내면서 시작합니다. 그렇지만 여전히 좌파와 포스트-좌파 계열의 논조에는 '감금'을 기꺼이 권력의 효능과 억압적 성격에 대한 요약으로 간주하는 경향이 만연해 있어, 미셸 푸코 당신을 욕망과 주변성의 즐거운 해방을 예고한 일종의 새로운 피넬로 되돌려놓고 있습니다. 감금이라는 동일한 테마는 지배 메커니즘의 분석을 권력과 민중the plebs 사이의 순전히 외적인 관계 도식으로 환원하는 데에도 쓰입니다. '고전주의 이성/감금=마르크스주의/굴라크'라는 등식을 설정하면서 말이죠. 감금에 대한 비판을 새로운 자유주의나 새로운 민중주의의 핵심어로 삼는 데는 일종의 뒤집힌 논리가 있는 것은 아닐까요?" 랑시에르가 명시하고 있지는 않지만, 이 질문은 앙드레 글뤽스만의『화덕과 식인귀—국가, 마르크스주의, 강제수용소의 관계에 관한 에세이*La Cuisinière et le Mangeur*

푸코: 사실 저는 굴라크[3]와 감금renfermenment을 동일선에 놓는 식의 활용법에 대해 우려가 있습니다. 그러한 활용법은 이렇게 말합니다―우리에게는 모두 우리의 굴라크가 있다. 그것은 우리 집에, 우리 도시에, 우리 병원에, 우리 감옥에 있다. 그것은 여기 우리의 머릿속에 있다. 제가 우려하는 것은 '체

d'hommes. Essai sur les rapports entre l'État, le marxisme et les camps de concentration』(1975)를 겨냥한 것으로 보인다. 이 저작에서 글뤽스만은 (푸코가 논한) 17세기 서구의 대감금이 고전주의 이성의 산물로서 절대주의 국가와 부르주아 질서를 정초했다면, 20세기 소련에서의 대감금은 마르크스주의의 산물로서 전체주의 국가와 볼셰비키 질서를 정초했다고 주장한다. 러시아 혁명은 국가에 온기를 돌게 해줄 '화덕'을 기대했던 이들을, 굴라크라는 차갑고 야만적인 '식인귀'에게 데려다 놓았다는 것이다. 글뤽스만은 또 마르크스주의에 내재하는 '과학주의'와 '엘리트주의'가 민중을 무지와 비이성, 미성숙의 존재로 여기면서 국가 지배를 정당화하는 한편, 수용소 현실과 민중의 저항을 제대로 직시하지 못하게 만든다고 신랄하게 비판한다. 랑시에르가 질문에서 언급하는 새로운 자유주의와 새로운 민중주의는 이러한 입장을 염두에 둔 듯하다.

3　〔옮긴이〕굴라크는 구소련의 정치범수용소이자, 사회주의권 국가들에서 노동교화소의 유래가 된 기관이다. 러시아 내전 때부터 운영되었으나, 정교한 조직적 탄압은 스탈린 정권 시기부터 시작되었다. 최근의 연구는 굴라크 수감자는 2천만 명, 사망자는 4백만 명에 달하는 것으로 추산한다. 작가 알렉산드르 솔제니친은 굴라크에 수감되었던 경험을 바탕으로 1973년부터 1978년까지 『수용소 군도』를 썼고, 그것이 발단이 되어 결국 소련에서 추방되었다.

계적인 규탄'을 핑계로 이것저것 다 뒤섞는 절충주의가 자리 잡지 않나 하는 점입니다. 그러다 보면 그 안에 많은 술책들이 끼어들게 되지요. 사람들은 광대한 분노 속에서, 거대한 '라무레트의 한숨'[4] 속에서 세상의 온갖 정치적 박해를 함께 뭉뚱그려버립니다. 그렇게 해서 플리우슈츠[5]가 발언하기로 되어 있던 회합에 프랑스 공산당PCF이 참석하는 일이 허용되었지요. 이는 프랑스 공산당이 다음과 같은 세 가지 담론을 내놓을 수 있게 해주었습니다.

─무대 뒤를 향해: 여기, 우리나 여러분이나, 모두 불행합니다. 소련에 산적한 문제는 세계 모든 나라가 안고 있는 문제보다 덜하지도 더하지도 않으며, 그 역도 마

---

4   〔옮긴이〕 앙투안-아드리앵 라무레트Antoine-Adrien
    Lamourette(1742~94)는 18세기 프랑스 혁명기의 사제이자
    정치가이다. 기독교 민주주의를 설파한 그는 '라무레트의
    입맞춤baiser Lamourette'이라는 표현으로 유명하다. 이는 입법
    의회에서 정당 간의 모든 분쟁을 없애고자 하는 형제애적 포용을
    가리킨다.

5   〔옮긴이〕 레오니드 플리우슈츠Leonid Pliouchtch(1939~2015)는
    우크라이나의 수학자이자 소련의 반체제 인사이다. 1960년대
    초부터 비밀리에 인권운동에 참여했던 그는 1972년부터
    1976년까지 정신병원에 수감되었다가 이후 프랑스로 추방되었다.
    플리우슈츠는 프랑스 수학자들의 지지 덕분에 서방 세계에 알려질
    수 있었다. 푸코 또한 그와 교류했으며, 소비에트 정권의 인권
    탄압을 외면하던 프랑스 공산당을 비판했다.

찬가지입니다. 그러니 우리의 투쟁에 함께합시다. 투쟁을 분담합시다.

— 선거 상대를 향해: 보세요, 우리가 소련에 대해 얼마나 자유로운 입장을 취하고 있는지. 우리도 굴라크를 당신들처럼 규탄하고 있습니다. 그러니 우릴 내버려두세요.

— 공산당 내부를 향해: 우리가 얼마나 영리하게 소련의 굴라크 문제를 피해 가고 있는지 아시죠. 우리는 그 문제를 정치적 감금 일반이라는 혼탁한 물속에 녹여버리고 있습니다.

저는 굴라크라는 제도와 굴라크라는 문제를 구별해야 한다고 봅니다. 모든 정치 테크놀로지처럼 굴라크라는 제도는 고유한 역사, 변화와 이행, 기능과 효과를 가지고 있습니다. 굴라크의 고고학을 수행다면, 고전주의 시대의 감금은 필시 그 일부를 이루겠지요.

문제로서의 굴라크는 정치적 선택의 성격을 띱니다. 굴라크를 문제로 제기하는 사람과 그렇게 하지 않는 사람이 있다는 것입니다. 굴라크를 문제로 제기한다는 것은 다음과 같은 네 가지 의미를 갖습니다.

a. 추론이나 실천 상의 어떤 오류나 일탈, 오인, 왜곡으로 인

해 [마르크스주의] 이론이 이 정도까지 곡해될 수 있었는지 자문하면서, 마르크스나 레닌의 텍스트들로부터 출발해 굴라크를 심문하는 태도를 거부하는 것입니다.

반대로 이 담론 전체를, 아무리 오래된 것이라고 해도, 굴라크의 현실로부터 출발해 심문할 수 있습니다. 그 텍스트들 속에서 굴라크를 미리 규탄했던 내용을 찾으려 들기보다, 무엇이 굴라크를 용인하게 했고 계속해서 변호하고 있으며, 오늘날 결코 용인해서는 안 될 진실로 만들었는지를 자문하는 것입니다. 따라서 굴라크 문제는 오류(이론적인 환원)가 아닌 현실의 차원에서 제기되어야 합니다.

b. 문제제기를 원인causes 수준에 한정하는 태도를 거부하는 것입니다. 굴라크의 '발생 원인'은 무엇인가(러시아의 지체된 발전, 공산당의 관료화, 소련 특유의 경제적 곤란?)라고 곧장 묻는다면, 그것은 일종의 종양, 감염, 변질, 퇴화의 문제가 되어버립니다. 제거해야 할 장애물, 교정해야 할 부작용처럼 부정적으로만 파악하는 것이지요. 굴라크는 고통스럽게 사회주의를 출산하는 나라들의 임산부 질환이 됩니다.

굴라크 문제는 실증적인positif 차원에서 제기되어야 합니다. 발생 원인의 문제는 기능작용의 문제와 떼어놓을 수 없습니다. 굴라크의 용도는 무엇인지, 그것은 어떤 기능을 담보하는지, 또 어떤 전략들에 통합되어 있는지 질문해야 한다는 것입니다.

굴라크는 사회주의 국가 내의 정치경제적 작동인으로서 분석되어야 합니다. 역사주의적 환원론을 피해야 합니다. 굴라크는 [과거의] 잔재나 연속이 아닙니다. 충만한 현재입니다.

c. 굴라크를 비판하기 위해 우리 자신의 담론이나 꿈에 내재하는 법칙일 여과의 원리를 받아들이는 태도를 거부하는 것입니다. 제가 말하고자 하는 바는 따옴표의 정치를 그만두자는 것입니다. 소비에트 사회주의에 불명예스럽고 아이러니가 담긴 따옴표를 붙이는 식으로, 굴라크에 대해 정치적으로 유효한 비판을 하기 위한 합당한 관점을 유일하게 제공할—따옴표 없는—좋은 진정한 사회주의를 피신시키지 말자는 것이지요. 사실 조롱의 따옴표를 붙일 만한 유일한 사회주의는 우리 머릿속에서 몽상의 삶을 살고 있는 이상적인 사회주의뿐입니다. 반대로 우리는 굴라크에 저항하도록 만드는 저기 현장에 눈을 돌려야 합니다. 어떻게 해서 굴라크가 참을 수 없는 것이 되는지, 무엇이 그 반대자들로 하여금 떨쳐 일어나 죽음을 무릅쓴 채 한 마디 말을 내뱉고 한 편의 시를 읊을 용기를 주는지 주시해야만 합니다. 무엇이 미하일 스턴 Mikhail Stern으로 하여금 "나는 결코 굴복하지 않을 것입니다"라고 말하게 했는지 알아야만 합니다. 스턴을 규탄하기 위해

(무언가 위협을 받고?) 모여들었던 '무지몽매한' 범인凡人들이 어떻게 스턴의 결백을 공적으로 밝힐 힘을 냈는지 알아야만 합니다. 우리가 귀 기울여야 할 것은 바로 그 평범한 사람들의 목소리이지 '사회주의'와의 세기적 사랑이라는 우리들의 작은 로맨스가 아닙니다. 그들을 지탱시키고 그들에게 에너지를 주는 것, 그들의 저항 속에서 작동하는 것, 그들을 궐기하도록 만드는 것은 무엇일까요? 무엇보다도, 그들이 그럼에도 불구하고 여전히 충실한 '공산주의자'로 남아 있는지 묻지 말아야 합니다. 마치 그것이 우리가 그들의 목소리를 들어줄 조건이기라도 한 듯이 말이죠. 굴라크에 대항하는 원동력은 우리의 머릿속에 있는 것이 아니라 그들의 신체와 에너지 속에, 그들이 행하고 말하고 생각하는 것 속에 있기 때문입니다.[6]

d. 굴라크 문제를 온갖 형태의 감금에 대한 '규탄' 속에서 보편주의적으로 해결하려는 태도를 거부하는 것입니다. 굴라크는 모든 사회에 동일하게 제기되는 문제가 아닙니다. 어떤 사회주의 국가도 1917년 이래 어느 정도 발전된 굴라크 체제

6   다른 나라들과 달리 프랑스에서는 소비에트 대항문화와 관련된 정기간행물을 찾아볼 수 없다는 점을 지적해두자. 우리가 성찰의 재료로 삼아야 할 것은 마르크스의 텍스트가 아니라 바로 이 간행물 속에 있다.

없이는 사실상 제 기능에 이르지 못했을 것입니다. 그러므로 이는 모든 사회주의 국가에 제기되는 문제입니다.

요약하자면, 굴라크 문제의 특수성을 부각해야 합니다. 온갖 이론적 환원론(굴라크를 텍스트들로부터 읽어낼 수 있는 오류로 만드는)과 역사주의적 환원론(굴라크를 그 원인들로부터 추출 가능한 국면의 효과로 만드는), 유토피아적 해결(굴라크를 유사-'사회주의'와 짝지어 사회주의 '그 자체'에 대립하는 위치에 놓는), 일반적인 감금 형태 속에서의 보편주의적 해결에 맞서서 말입니다. 그러한 것들이 수행하는 역할은 동일합니다. 굴라크 문제에도 불구하고 좌파 담론이 기본 조직 원리를 그대로 유지한 채 우리 가운데서 계속 유통되도록 하는 것. 그리고 이 어려운 과제를 수행하기에는 사실 [앞서 지적한] 네 가지 조작만으로는 충분치 않을 테지요. 글뤽스만의 분석은 사람들이 쉽게 범하는 모든 환원론에서 벗어나 있는 것 같습니다.[7]

굴라크 문제의 특수성에 관해 이야기했지만, 그래도 두 가지 질문이 남아 있습니다.

—분석과 실천이라는 두 가지 차원에서, 역사적으로 고

---

7   A. Glucksmann, *La Cuisinière et le Mangeur d'hommes. Essai sur les rapports entre l'État, le marxisme et les camps de concentration*, Paris, Éditions du Seuil, coll. «Combats», 1975.

전주의 시대의 감금으로부터 파생한 규범화 테크놀로지에 대한 비판을 역사적인 위험으로 부상 중인 소비에트 굴라크에 대항하는 투쟁과 어떻게 구체적으로 연결할 수 있을까요? 어느 쪽에 우선성을 두어야 할까요? 두 과제 사이에 어떤 유기적 관계를 구축할 수 있을까요?

—또 다른 문제는 앞의 문제와도 관련된 것인데(두번째 문제에 대한 답변은 부분적으로 첫번째 문제에 대한 답변에 달려 있습니다), 이는 권력장치들dispositifs de pouvoir이 지속적인 표적으로 삼지만 언제나 말이 없는 '모종의 민중une "plèbe"'[8]의 존재를 건드립니다. 첫번째 문제에 대해서 결정적이면서도 개별적인 답변을 제공하는 건 사실상 불가능해 보입니다. 우리가 현재 가로지르고 있는 정치적 국면들을 경유하여 한 가지 답을 정교화해볼 수 있는 정도겠지요. 반대로 두번째 질문에 대해서는 개략적인 답변이나마 해볼 수 있을 것 같습니다. '민중la "plèbe"'을 의심의 여지없는 역사의 영구적 토대나 모든 예속화assujettissements의

8   〔옮긴이〕 고대 로마에서 노예와 구분되는 평민을 가리키는 단어. 세습 귀족patriciens과 대비되는 이 인구 집단은 최대 다수를 이루고 있었으며, 세습 귀족과 평민은 함께 인민populus을 구성했다. 푸코는 『감시와 처벌』에서 복원한 '민중적인 것'의 범주를 이 인터뷰에서 가장 상세하게 설명하고 있다.

최종 표적, 결코 완전히 꺼지지 않는 온갖 반란의 진원지로 생각하지 말아야 할 것입니다. '민중'이라는 의심의 여지없는 사회학적 실재는 존재하지 않습니다. 하지만 사회체나 계급, 집단, 개인들 안에는 언제나 권력 관계에서 어떤 식으로든 빠져나가는 무언가가 있습니다. 그것은 주무르기 쉽거나 혹은 다루기 힘든 원재료 같은 것이 아니라, 중심에서 멀어지는 움직임, 거꾸로 흐르는 에너지, 몰래 빠져나가는 힘입니다. '민중'이 반드시 존재하지는 않지만, '민중적인 것'은 존재합니다. 그것은 신체와 영혼 속에 있고, 개인들과 프롤레타리아 속에 있으며, 부르주아 속에도 확장되어 다양한 형태와 에너지, 환원 불가능성으로 존재합니다. 이러한 민중적인 것의 몫은 권력 관계의 외부이기보다는 한계, 이면, 반격입니다. 그것은 권력의 진군에 탈피의 움직임으로 대응합니다. 따라서 권력망의 새로운 발전을 초래합니다. 민중적인 것의 축소는 세 가지 방식으로 이루어질 수 있습니다. 실질적으로 예속화되거나, 〔실제의〕 민중으로서 이용당하거나(19세기의 범죄 사례), 저항 전략에 따라 스스로 안정화되거나. 권력 관계의 한계이자 이면으로서의 민중적인 것에 대해 이러한 관점을 취하는 것은 권력장치들에 대한 분석에 필수적이라고 하겠습니다. 그러한 분석을 출발점으로 권력의 기능작용과 발전 양상을 이해할 수 있을 것입니다. 저는 민중적인 것에 대한 제 관점이 민중을 실체화하는 새로운 민중주의나 원초적 권리들을 찬양하는 새로운 자유주의와 혼동될 수 있다고는 생각하지 않습니다.

랑시에르: 오늘날 권력 행사의 문제는 쉽사리 (주인maître에 대한) 사랑이나 (파시즘에 대한 대중의) 욕망 같은 용어들로 사유되곤 합니다. 그렇다면 이러한 주관화subjectivisation 현상의 계보학을 쓸 수 있을까요? 또한 그 동의의 형태들과 기능작용을 왜곡하는 '복종의 이유들'을 구체화할 수 있을까요?

누군가는 성이야말로 주인에 대한 항거 불가능성이 자리 잡는 지점이라고 하고, 또 다른 누군가는 가장 급진적인 전복이 자리 잡는 지점이라고 주장합니다. 말하자면 권력은 금지로, 법은 형식으로, 그리고 성은 금지의 재료로 표상되는 셈입니다. 이러한—두 가지 상반된 담론을 허용하는—장치는 프로이트의 발견이라는 '사건'과 연결되는 것일까요, 아니면 권력의 경제 안에서 섹슈얼리티가 지니는 특수한 기능을 암시하는 것일까요?

푸코: 주인에 대한 사랑과 파시즘에 대한 대중의 욕망이라는 두 개념에 동일한 방식으로 접근할 수는 없을 듯합니다. 물론

1부 권력이란 무엇인가

두 가지 경우 모두에서 권력 관계에 대한 모종의 '주관화'가 나타납니다. 하지만 그것이 둘 다 동일한 방식으로 일어나지는 않습니다.

파시즘에 대한 대중의 욕망을 단언하는 논리가 불편한 것은 그러한 주장이 정확한 역사적 분석의 결여를 가려버리기 때문입니다. 무엇보다도 거기서 저는 파시즘이 실제로 무엇이었는지에 대한 규명을 회피하려는, 널리 퍼져 있는 공모의 효과를 봅니다(그러한 회피는 파시즘은 어디에나 있으며 특히나 우리 머릿속에 있다는 일반화라든지 마르크스주의적 도식화 속에서 드러납니다). 지난 30년간 파시즘에 대한 분석이 부재했다는 것은 중요한 정치적 사실 가운데 하나입니다. 그 결과 파시즘은 그 주된 기능이 비난에 있는 부유하는 기표가 되어버렸습니다. 달리 말하면, 모든 권력 절차는 파시스트적이라는 의심을 받고, 마찬가지로 대중은 파시스트적 욕망을 지닌다는 의심을 받습니다. 파시즘에 대한 대중의 욕망을 단언하는 논리 아래에는 우리가 아직 그 해결책을 마련하지 못한 역사적인 문제가 있습니다.

'주인에 대한 사랑'이라는 개념[9]은 또 다른 문제들을 제

---

9   피에르 르장드르의 다음 책들을 암시하고 있다. P. Legendre, *L'Amour du censeur, Essai sur l'ordre dogmatique*, Paris, Éditions du Seuil, 1974 ; *Jouir du pouvoir. Traité de la bureaucratie patriote*, Paris, Éditions de Minuit, 1976.

기하는 것 같습니다. 그것은 권력에 대해 문제를 제기하지 않거나 혹은 분석할 수 없는 식으로 문제를 제기하는 모종의 방편입니다. 그리고 이는 주인 개념이 일관성 없이 주인과 노예, 주인과 제자, 주인과 노동자, 법을 말하는 주인, 진실을 말하는 주인, 검열하고 금지하는 주인 등등 다양한 유령에 사로잡혀 있기 때문에 벌어지는 일입니다. 권력의 심급을 주인의 형상으로 환원하는 이러한 논리는 권력 절차를 금지의 법으로 환원하는 또 다른 논리와 연계됩니다. 이 법적 환원론에는 세 가지 주요 기능이 있습니다.

—그것은 우리가 자리 잡은 층위가 어디든, 그 영역이 가족이든 국가든, 교육 관계든 생산 관계든 상관없이 권력이 동질적으로 행사된다는 도식을 부각합니다.
—그것은 권력을 거부, 제한, 봉쇄, 검열 등 언제나 부정적인 차원에서만 파악하게 만듭니다. 권력이란 '아니오'라고 말하는 것입니다. 그리고 이렇게 개념화된 권력과의 대결은 오직 위반으로 나타납니다.
—그것은 권력의 근본 작용을 법령이나 금지 담론의 공표와 같은 언술 행위acte de parole로 간주하게 만듭니다. 따라서 권력의 표명은 '~을 해서는 안 된다'라는 단순한 형식을 띱니다.

이런 식으로 권력을 개념화하는 데는 몇 가지 인식론적 이점이 있습니다. 혼인을 통한 결연 과정에서의 주요한 금기 분석에 집중하는 민족학과 연결될 수도 있고, 억압 메커니즘에 집중하는 정신분석학과도 연결될 수도 있기 때문이지요. 이렇게 해서 권력의 유일하고 동일한 '정식'(금지)이 모든 형태의 사회와 모든 층위의 예속화에 적용됩니다. 그런데 권력을 부정의 심급으로 만들면서 우리는 이중의 '주관화'로 나아갑니다. 한편으로 권력은 그것을 행사하는 쪽에서는 금지를 공표하는 일종의 절대적 대문자 주체—실재하는 것이건 상상적인 것이건 순전히 법적인 것이건 상관없이—로 개념화됩니다. 금지는 아버지의, 왕의, 일반의지의 주권souveraineté인 셈이지요. 우리는 권력을 감내하는 쪽 역시 '주관화'하는 경향이 있습니다. 금지의 수용이 이루어지는 지점, 사람들이 권력에 '예' 혹은 '아니오'라고 말하는 지점을 명확히 함으로써 말입니다. 주권의 행사를 설명하기 위해 우리는 자연권의 포기라든지, 사회계약, 주인에 대한 사랑 등을 가정하는 것입니다. 고전 법학자들이 구축한 체계로부터 현행의 개념화에 이르기까지 문제는 항상 동일한 용어로 제기됩니다. 그 본질상 부정적인 권력, 즉 한편에는 금지를 역할로 삼고 있는 주권자souverain를, 다른 한편에는 이 금지에 대해 어떤 식으로든 '예'라고 말해야만 하는 신민을 상정하는 권력이지요. 리비도 차원에서 이루어지는 동시대의 권력 분석도 이 낡아빠진 법적 개념과 항상 연결되어 있습니다.

왜 이러한 분석이 지난 몇 세기 동안 특권을 누려왔을까요? 왜 권력은 원칙적으로 금지의 법이라는 순전히 부정적인 용어를 통해서만 파악되어왔을까요? 왜 권력은 즉각적으로 법 체계에 투영된다고 간주되어왔을까요? 누군가는 서구 사회에서 법이 항상 권력을 위장하는 역할을 해왔다고 말할 것입니다. 그러나 이러한 설명만으로는 충분하지 않습니다. 유럽에서 법은 군주제 권력의 구축에 효율적인 수단이었고, 정치 사상은 수 세기 동안 주권과 관련 법들의 문제에 전념해왔습니다. 또한 권력이 자신을 구현하기 위해 이용했던 것과 동일한 법이 특히 18세기에는 군주제 권력에 대항하기 위한 투쟁의 무기가 되기도 했지요. 결국 법은 권력의 주된 재현 양식이었습니다(여기서 재현은 가림막이나 허상이 아니라, 실제 행위입니다).

법은 권력의 진실도, 알리바이도 아닙니다. 그것은 복합적이면서도 부분적인 수단입니다. 법이라는 형식과 그것이 실어 나르는 금지 효과는 여타 비非사법적인 〔권력〕 메커니즘 가운데 재배치되어야 합니다. 그러므로 형벌 체계는 단순히 한 계급의 다른 계급에 대한 금지와 강압 기구로서나, 지배 계급이 행사하는 치외법권적 폭력을 숨겨주는 알리바이로서 분석되어서는 안 됩니다. 그것은 합법과 불법의 낙차를 경유한 정치경제적 관리를 가능하게 해줍니다. 섹슈얼리티와 관련해서도 마찬가지죠. 그러니까 금지는 권력이 섹슈얼리티에 부여하는 주된 형식은 아니라는 뜻입니다.

랑시에르: 〔당신이 제안하는〕 권력기술의 분석은 주인에 대한 사랑이나 파시즘에 대한 욕망이라는 담론과는 상치됩니다. 그런데 그것은 혹시 권력을 절대화하면서 자유의 여지를 남겨놓지 않는 것은 아닐까요? 권력을 항상 거기에 있는 것으로, 대중들의 끈질진 게릴라전에 맞서 그만큼이나 끈질기게 존재하는 것으로 전제하면서, 정작 권력이 무엇에, 누구에게 봉사하는가라는 질문을 버려두고 있기에 하는 말입니다. 이러한 문제의 이면에는 정치 해부학과 마르크스주의 간 관계의 이중성이 있는 것은 아닐까요? 즉 계급투쟁을 권력 행사의 **논거**ratio로서는 거부하면서도, 신체와 정신의 훈육(자본주의적 착취가 부여하는 과업에 적합한 노동력의 생산)을 가시화하기 위한 최종적인 보증책으로서는 이용한다는 것이죠.

푸코: 제가 보기에, 권력이 '언제나 이미 거기 있다'는 것은 사실입니다. 우리가 결코 '바깥'에 있지 않다는 것, 일탈한 사람들이 깡충거릴 '여지'가 없다는 것도 사실입니다. 하지만 불가피한 지배 형태라든지 법의 절대적 특권을 시인해야 한다는 의미는 아닙니다. 결코 '권력 바깥'에 존재할 수 없다는 것

이 우리가 꼼짝할 수 없다는 것을 의미하지도 않고요. 그보다 저는 다음과 같이 제안하고 싶습니다(물론 이 가정들은 좀더 연구할 필요가 있습니다).

—권력은 사회체와 동일한 외연을 갖습니다coextensif. 권력망의 그물코들 사이에는 기본적인 자유의 지대가 없습니다.

—권력 관계는 다른 관계 유형들(생산, 결연, 가족, 섹슈얼리티)과 얽혀 있습니다. 거기서 권력 관계는 조건 짓는 동시에 조건 지어지는 역할을 합니다.

—권력 관계는 금지와 처벌이라는 유일한 형식이 아닌 다양한 형식을 띱니다.

—권력 관계들의 상호 얽힘이 일반적인 지배의 형상을 이루며, 이 지배는 어느 정도 단일하고 일관성을 갖는 전략 속에서 조직됩니다. 분산된 이형異形의 국지적 권력 절차들은 이러한 총체적 전략에 의해서 재정비되고 강화되며 변형되는데, 그러면서 수많은 타성, 괴리, 저항 현상들과 맞닥뜨립니다. 그러므로 최초의 대규모 지배(한편에 '지배자,' 다른 편에 '피지배자'가 있는 이원 구조)가 있다고 볼 것이 아니라, 전체적 전략에 부분적으로 통합 가능한 지배 관계들의 다형적인 생산이 있다고 보아야만 합니다.

1부 권력이란 무엇인가

쟁을 사유하기 위해 **모순이라는 논리적 형식**을 마련했습니다. 어느 쪽이 더 낫다고 할 수는 없습니다. 반면 19세기의 강대국들은 전략적 사고에 열중했는데, 이는 혁명 투쟁이 자기 전략을 아주 국면적인 방식으로만 파악하면서, 그것을 언제나 모순의 지평 위에 새겨놓으려 했던 것과 대조적입니다.

— 적들의 개량주의적 대응에 대한 공포는 또 다른 오류와도 연결됩니다. 이른바 가장 약한 고리 '이론'에 부여하는 특권이지요. 즉 국지적 공격은 파열되었을 경우 사슬 전체를 완전히 끊어낼 수 있는 지점을 겨냥해야만 의의와 정당성을 가질 수 있다는 것입니다. 그러니까 국지적 행동일지라도 적절한 지점을 선택하면 전체에 급진적으로 작용할 수 있다는 것이죠. 여기서 다시 한번 우리는 그러한 명제가 어째서 20세기에 그렇게나 성공을 거두었고, 심지어 하나의 이론으로까지 승격되었는지 자문해야 할 것입니다. 물론 약한 고리 이론은 마르크스주의가 예측할 수 없었던 러시아에서의 혁명을 사유할 수 있게 해주었습니다. 하지만 이 일반적으로 말해, 변증법적이지 않은, 전략적 — 그것도 아주 기초적인 — 명제라는 점을 인지해야 합니다. 약한 고리 이론은 변증법적 형식이 지배하 가 수용할 수 있는 최소한의 전략이었습니다.

— 권력 관계는 사실 [무언가에] '봉사'합니다. 그러나 이는 원초적인 것으로 가정된 경제적 이해관계에 '복무'하기 때문이 아니라, 전략들 속에서 이용될 수 있기 때문입니다.

— 저항이 없는 권력 관계는 존재하지 않습니다. 저항은 권력 관계가 행사되는 바로 그 지점에서 형성되기에 더더군다나 실제적이며 효과적이라고 하겠습니다. 권력에 대한 저항이 실제적이려면 다른 곳에서 나온 것이어서는 안 됩니다. 권력과 같은 곳에서 나오기에 어떻게든 작용할 수 있는 것입니다. 저항이 존재하는 것은 그것이 바로 권력이 있는 곳에 있기 때문입니다. 그러므로 권력이 그렇듯 저항 역시 다양한 형태를 띠며, 총체적 전략에 통합될 수 있습니다.

따라서 계급투쟁은 '권력 행사의 논거'가 될 수는 없지만, 어떤 거대한 전략들을 '명료화하는 보증책'이 될 수는 있습니다.

랑시에르: 대중과 권력 간의 게릴라전에 대한 분석이 반란을 상층부에 새로운 적응 대책을 강제하는 깜박이등이나 새로운 형태의 패권을 정초하는 미끼로 활용하는 개량주의적 사유를 벗어날 수 있을까요? 우리가 개량주의와 순결주의의 딜레마를 넘어서서 거부를 사유할 수 있을까요? 들뢰즈와 가

진 『라르크L'Arc』 대담[10]에서 당신은 감옥정보그룹G.I.P. 같은 경험을 바탕으로, 이론에 새로운 정치적 주체들을 위한 연장통boîte à outils으로서의 기능을 부여했습니다. 전통적인 정당들이 좌파 진영에서 다시 헤게모니를 구축한 오늘날, [이론이라는] 연장통을 어떻게 과거에 대한 단순한 연구 수단과는 다른 무언가로 만들 수 있을까요?

푸코: 정치적 실천으로서의 개량주의에 대한 비판과 어떤 정치적 실천이 개량으로 이어질 것이라는 의심에 따라 이루어지는 비판을 구분해야만 합니다. 이 두번째 유형의 비판은 극좌파 집단들에서 자주 나타나며, 그것의 이용이 미시적 테러리즘이 기능하는 메커니즘의 일부를 이룹니다. 극좌파 집단들은 종종 그러한 메커니즘을 통해 작동하지요. 그들은 이렇게 비판합니다. "주의하라! 당신들의 의도가 아무리 이상적이고 급진성을 띠고 있을지라도, 행동이 대단히 국지적이고 목표 역시 고립되어 있기에 적들은 정확히 그 지점에서 상황을 정비하고 필요한 경우 양보를 할 수도 있다. 전체적인 상황에 대해서는 아무것도 타협하지 않은 채 말이다. 더구나 적

10   "Les intellectuels et le pouvoir. Entretien Michel Foucault et Gilles Deleuze," *L'Arc*, n. 49: Deleuze, 1972. [「지식인과 권력—푸코와 들뢰즈의 대화」, 미셸 푸코·둣치오 뜨롬바도리, 『푸코의 맑스』, 이승철 옮김, 2004, 갈무리, pp. 187~207.]

들은 바로 그 지점에서부터 변화가 필요한 지점들을 가려낼 것이다. 그리고 당신들은 전향하게 된다." 파문破門은 이런 식으로 이루어집니다. 그런데 개량주의에 '의거한' 이러한 비판은 제가 보기에 두 가지 오류를 범하고 있습니다.

—우선 투쟁 과정이 띠는 전략적 형식에 대한 몰이해가 있습니다. 만일 일반적인 동시에 구체적인 형식의 투쟁이 모순임을 인정한다면, 투쟁을 국지화할 수 있는 것, 투쟁을 하면서 타협을 허용하는 것은 모두 제□나 방해의 가치를 갖게 되겠지요. 그러나 문제□의 논리가 정치 투쟁에서 명료화 원리와 행□을 제공할 수 있는가에 있습니다. 우리는□한 역사적 질문에 봉착합니다. 즉, 1□쟁과 그 전략과 관련한 특수한 문□모순의 빈약한 논리 속에 용해□입니다. 거기에는 일련의 이□그에 대해 분석을 해보□리는 불모화하는 변□리에 따라 투쟁과 사유하도록 힌 정치 사상을

법적 형식

66

그것은 국지적 상황이 전체의 모순으로서 가치를 가질 가능성을 표현했기에, 여전히 변증법과 아주 가까이에 있습니다. 그래서 사람들은 예비군 소위의 초급 학습 단계에나 속할 이 '레닌주의적' 명제를 장엄하게 '이론'으로 승격했던 것입니다. 그리고 그들은 이러한 명제를 들먹이며 모든 국지적 행동에 다음과 같은 딜레마를 들이대며 테러를 가합니다. 당신이 국지적 공격을 가하려 한다면, 파열을 일으킨 지점이 모든 것을 날려버릴 가장 취약한 고리라는 점을 확실히 해야만 한다. 모든 것이 날아가지 않았다면, 가장 취약한 고리가 아니었다는 뜻이며, 적들은 전열을 재정비하기만 하면 되고, 개량책으로 당신의 공격을 흡수해버린다.

개량의 공포에 의거한 이 모든 겁주기는 정치 투쟁—정치권력 장 내의 투쟁—에 고유한 전략적 분석이 불충분하다는 사실과 관련되어 있습니다. 그러므로 오늘날 이론의 역할은 바로 다음과 같은 것이 아닐까 싶습니다. 즉 모든 것을 포괄하고 규정하는 총체적인 체계성을 정식화하는 것이 아니라, 권력 메커니즘의 구체성과 특수성을 분석하는 것, 그것이 연결되고 확장되는 지점을 탐지하는 것, 그렇게 점진적으로 전략적 지식을 구축해가는 것 말이지요. "전통적인 정당들이

다시 좌파 진영에서 헤게모니를 잡은" 반면, 다양한 투쟁들에 대해서는 통제력을 발휘하지 못했던 이유 가운데 하나—여러 가지가 있겠지만—는 그러한 투쟁의 추이와 효과를 분석하기에 별로 적합하지 않은 논리만을 가지고 있어서일 겁니다.

연장통으로서의 이론이란 다음과 같은 의미를 지닙니다.

—문제는 체계가 아닌 도구를 구성하는 것입니다. 도구란 권력 관계와 그것을 둘러싸고 벌어지는 투쟁에 고유한 **논리**를 말합니다.
—이러한 연구는 주어진 상황들에 관한 (어떤 차원에서 역사적일 수밖에 없는) 성찰에서 출발해 점진적으로 이루어질 수밖에 없습니다.

노트: 인터뷰 질문들은 서면으로 주어졌다. 나 역시 마찬가지 방식으로 답변했는데, 머릿속에 즉각적으로 떠오르는 내용을 썼고 사실상 초고에서 아무것도 수정하지 않았다. 이는 내가 즉흥성의 미덕을 믿어서가 아니라, 제기한 주장들에 담긴 의도된 불확실성과 모호성을 남겨두기 위해서였다. 내가 여기서 말한 것은 때때로 '내 생각'이 아니라, 그 질문에 대해 이렇게 생각해볼 수 있지 않을까 자문했던 바였다.

권력에 관한 해명 — 몇 가지 비판에 대한 답변[1]

파스키노(『아우트-아우트』): 『감시와 처벌』 이래 당신의 연구는 권력 관계와 권력 테크놀로지의 우위를 드러내 보이기 시작했습니다. 이는 지식 장과 정치 장 내에 다양한 문제와

1   "Precisazioni sul potete. Riposta ad alcuni critici" ("Précisions sur le pouvoir. Réponses à certaines chiatiques," entretien avec P. Pasquino, février 1978, trad., C. Lazzeri), *Aut-Aut*, nos. 167~168, septembre-décembre 1978, pp. 3~11. 〔『말과 글』의 텍스트 n. 238.〕 1978년 2월에 이루어진 이 인터뷰는 같은 잡지의 1977년 9/10월호 "들뢰즈와 푸코 사상에서 정치적인 것의 합리성과 비합리성Rationalité et irrationalité du politique chez Deleuze et Foucault" 특집(*Aut-Aut*, no. 161)에 실린 공산당 철학자 마시모 카치아리Massimo Cacciari의 에세이를 직접 거론하지는 않지만 부분적으로 그에 응답하고 있다. 카치아리는 『감시와 처벌』과 『리좀Rhizome』에서 발전된 권력 개념에 이탈리아 공산당의 전술을 대립시키면서, 후자가 "해가 지나고 하루하루 시간이 흐름에 따라 조금씩" 국가 권력을 장악하고 있다고 주장했다. 카치아리에 따르면, 프랑스 철학자들의 분석은 이탈리아 극좌파 조직의 두 유형인 자율주의파autonomie와 무장 정당Parti-Armée에게 정당성을 부여할 수 있다. 1978년 11월 19일, 〔시사주간지〕 『레스프레소L'espresso』는 푸코에게 알리지 않고 이 인터뷰에서 세 부분을 발췌하여 카치아리에 대한 실명 응답의 형식으로 게재했다. 제목은 「격렬한 논전: 푸코와 이탈리아 공산주의자들. 반동! 폭군! 투덜이! 굴라크의 옹호자!」. 이에 대해 「그리고 당신은 어디에서나 망나니를 보는군요」라는 제목으로 카치아리의 답변이 뒤따랐다.

어려움을 불러일으켰지요. 미국에서는 당신의 작업이 대학의 어떤 전공 분과에 속하는지 질문하고 있으며, 이탈리아에서는 그것보다는 당신의 담론의 정치적 효과가 무엇인지 질문합니다.

1. 오늘날 당신의 작업 영역을 어떻게 정의하시겠습니까? 또 그것의 정치적 함의는 무엇일까요?

2. 당신의 분석이 이데올로기와 권력 메커니즘, 이데올로기와 실재 사이의 차이를 없앤다, 이러한 유형의 분석과 해법은 기존 질서의 반향이거나 실재에 대한 승인에 불과하다는 비난에 대해 어떻게 생각하시는지요?

3. 벤담의 판옵티콘 은유—사람들은 당신의 분석 전체를 여기에 귀착시키곤 하는데요—는 모든 것을 보는 권력의 절대적 투명성을 소환하는 것일까요?

4. 저항의 개념은 그것이 맞서는 대문자 권력을 드러나게 할 분석의 외적 경계이자 배경으로 손쉽게 기능할 수 있습니다. 사실 당신은 특히 『지식의 의지』에서 그와 정반대되는 사유와 담론을 펼쳤습니다만, 여기서 다시 그 문제를 꺼내야만 할 것 같습니다.

푸코: 논의의 서두 격으로 먼저 여러 가지가 뒤섞여 있다는 문제에 관해 몇 마디 해야 할 것 같은데요, 왜냐하면 그것이 굉장히 중요하게 생각되어서입니다. 저는 여기서 들뢰즈가

말한 것, 푸코가 말한 것, 신철학자들nouveaux philosophes이 말한 것 사이에는 아무런 차이가 없다는 식으로 이야기가 돌아가고 있다는 인상을 받습니다. 그리고 확인할 필요가 있겠습니다만, 제가 보기엔 이 혼합물에는 네번째 적대자가 섞여 있습니다. 급진적 욕구이론théorie des besoins radicaux이 그것인데요,[2] 오늘날 이탈리아에서 상당한 중요성을 갖지만, 이탈리아 공산당le P.C.I.에서는 퇴출해버리고 싶어 하지요. 여기에서 스탈린주의의 정치적인 동시에 이데올로기적인 오래된 전략을 다시금 강조할 필요가 생겨납니다. 그것은 언제나 단일한 적대자만을 상대하는 것입니다. 여러 전선에서 싸울 때조차, 아니 그럴 때 특히나 더 똑같은 하나의 적대자만을 상대로 한 전투인 것처럼 만들어야 합니다. 가톨릭교회에서는 악마들은 수없이 많지만, 어둠의 군주는 단 한 명뿐이라고 말했지요… 그리고 악마들은 같은 짓을 한다고요. 이러한 논리는 파시즘에 맞서 싸워야 하는 동시에 사회민주주의와도 싸우고자 했을 때, 사회파시즘을 생산해내기도 했습니다. 모든

2   〔옮긴이〕 마르크스의 욕구 이론은 인간의 필수 욕구, 자연적 욕구, 사회적 욕구 등을 구분하고, 어떻게 필수 욕구의 충족을 위한 경제 투쟁에서 (사회적 욕구의 일종인) 급진적 욕구―자유, 보편성 등―를 위한 정치 투쟁으로 이해할 수 있는지를 핵심 문제로 제기한다. 이러한 급진적 욕구 이론을 심화시킨 1970년대 이탈리아의 극좌파들은 대중의 다양한 투쟁(공장, 지역, 여성 등등)과 정치적 실천 속에서 이루어지는 새로운 욕구의 표현과 계급 주체성의 조직에 주목하였다.

적대자에 공통된 요소로 히틀러-트로츠키주의라든지 티토주의 같은 범주도 있었지요. 따라서 〔하나의 적대자를 상대하는 스탈린주의적 전략과〕 완전히 동일한 절차가 보존되고 있는 것이지요.

두번째로, 전후의 모스크바 재판[3]이건 인민민주주의 재판이건 모든 재판에서 아주 구체적인 역할을 했던 사법 절차의 문제가 있지요. 말하자면, 이렇습니다. 당신이 유일한 하나의 적대자가 아니기에, 우리는 당신이 말한 것뿐만이 아니라, 당신이 말하지 않은 것이라도 당신의 이른바 동맹자나 공모자가 이야기한 것이라면 모두 해명을 요구할 것입니다. 그러니까 고발당한 사람들의 죄를 전부 합쳐서 다시 각자에게 지우는 것이지요. 게다가 이런 식의 논리도 구사합니다. 스스로도 잘 알겠지만 당신은 자가당착을 범하고 있는데, 유일한 하나의 적대자인 당신이 어떤 말을 하고는 또 그 정반대의 말도 하니까 그렇다는 것이지요. 그러니까 말한 것을 해명하고, 또 말한 바와 반대되는 것까지도 해명하라는 것입니다.

제가 보기에 중요한 세번째 요소가 있습니다. 그것은 적과 위험을 동일시하는 것입니다. 주어진 상황, 인정받은 술책, 지배 이데올로기의 논제에 비추어 위험하게 보이는 무언가—즉 분석의 변화 필요성이나 문제제기—가 출현할 때마

---

3   〔옮긴이〕 1930년대 후반 스탈린 시대의 소련에서 이뤄진 숙청 재판을 총칭하는 말.

다, 그것을 결코 위험이나 사건으로 받아들이지 않고 즉시 적으로 비난하지요. 한 가지 구체적인 예를 든다면, 제도화된 마르크스주의 담론 안에서 〔푸코가 제시하는〕 이런 식의 권력 분석들은 상대적으로 제한된 자리만을 가집니다. 그런데 심지어 자기 자신이 아닌 다른 일군의 사람들에 의해, 여타 사정과 상황에 의해 문제가 제기되었다는 사실은 새로운 사건을 구성합니다. 이런 일에 직면한 여러 국가의 공산당, 특히나 이탈리아 공산당은 "새로운 문제이니만큼 우리는 이를 고려하지 않으면 안 될 것이다"라고 반응하지 않고, "문제가 새롭다면 그것은 위험하고 따라서 적"이라고 대응했습니다.

제 생각에 이러한 요소들이 현재 벌어지고 있는 논전의 밑바탕에 깔려 있음을 강조할 필요가 있습니다. 제가 방금 말한 내용의 연장선에서 '체계로 환원'하는 조작 또한 발견됩니다. 새로운 유형의 분석과 문제들에 직면해서, 더욱이 그에 비추어 보면 제 분석들은 불완전하고 미숙한 답변의 시도에 지나지 않는데—이 점에서 전 아무런 환상을 갖고 있지 않습니다—사람들은 거기에서 즉각 일련의 테제를 도출하려고 노력합니다. 그 테제들이 얼마나 왜곡되어 있고, 그것들과 제가 말한 내용 사이의 관계가 얼마나 자의적이든 말입니다. 그러니까 뭐랄까 일종의 고발을 이끌어내는 테제들을 정식화하는 데 그 목표가 있는 것이죠. 그러한 고발은 오직 테제들과 마르크스주의의 테제들—즉 올바른 테제들—간의 비교를 근거로 삼아 공표됩니다.

저는 제 작업과 관련해 어떤 공산주의자들이 지어낸 엄청난 허구 속에서 이 모든 절차가 작동한다는 것을 알아챌 수 있으리라고 생각합니다. 또 차분하게 따져보면 제 주장이라고 말해지는 것과 실제 제가 말한 것 사이에는 거의 아무런 연관성이 없다는 점도 확인할 수 있을 것입니다. 예를 들면, 어떤 사람들은 제가 욕망을 자연주의적으로 개념화한다고 말합니다. 정말 포복절도할 일이지요. 아마도 우리는 그들이 얼마나 어리석은지 비난할 수 있을 테고, 더욱이 그런 일이 실제로 벌어지기도 했습니다. 그런데 저는 무엇보다도 그들의 냉소주의라는 지점에서 문제가 제기되어야 한다고 생각합니다. 제 말뜻은 그들이 거짓말을 하고 있음을 스스로 아주 잘 알고 있었고, 우리가 그 점을 쉽게 증명할 수도 있다는 것입니다. 정직한 독자가 내가 쓴 것과 그들이 나에 관해 쓴 것을 읽는다면 그들이 한 거짓말을 알아챌 것임을 그들 또한 잘 압니다. 그러나 그들의 문제 그리고 힘은 그들의 진짜 관심사가 자신들이 말한 것이 아니라, 그 말을 통해 행해지는 것이라는 데 있습니다. 그리고 그 행위는 바로 단일한 적을 구성하고, 사법적 절차를 활용하고, 사법-정치적 의미에서 고발 절차를 전개하는 가운데 이루어집니다. 그것이 그들이 관심 있는 유일한 것입니다. 개인은 고발당할 수 있고 고발당해야만 합니다. 그 고발이 근거하는 증거들의 성격은 별반 중요하

1부 권력이란 무엇인가

지 않습니다. 왜냐하면 고발에서 핵심적인 것은 증거의 질이 아니라 고발하는 사람의 힘이라는 점을 잘 알기 때문입니다.

제 분석을 판옵티콘의 은유라는 단순한 형상으로 환원하는 문제와 관련해서도 두 가지 수준의 답변이 가능하다고 생각합니다. 우선 그들이 제가 말했다고 주장하는 것을 비교해보자고 말할 수 있을 것입니다. 제가 수행한 권력 분석이 조금도 판옵티콘의 형상으로 환원되지 않는다는 것, 심지어 그들이 그 형상을 찾아내려고 한 책, 즉『감시와 처벌』에서도 그렇지 않다는 것을 보여드리는 것은 어렵지 않습니다. 제가 판옵티콘이 일종의 유토피아였음을, 19세기 말 전면적이고 직접적인 권력의 지속적 행사를 보장하는 가장 간편한 정식을 제공하기 위해 정교하게 세공된 순수 형식이었음을 주장하고, 그럼으로써 이 유토피아와 그 존재 이유가 어떻게 탄생하고 형성되었는지를 보여주려 했다면, 그것이 기술된 바대로 전혀 기능하지 않았다는 것이 바로 그 유토피아의 문제이고, 감옥의 역사—그것의 실재—는 언제나 이 모델을 비켜갔다는 점을 보여주었던 것 또한 사실입니다. 벤담의 이상 속에는 분명히 일종의 기능주의가 담겨 있었습니다. 하지만 감옥이 실제로 그러한 기능성을 발휘한 것은 결코 아닙니다. 감옥의 실상은 언제나 조밀하고 육중하고 맹목적이고 불명료한 실재를 고려한 상이한 계열의 전략·전술에 사로잡혀 있습니다. 따라서 제가 권력의 투명성에 대한 기능주의적 개념화를 제안했다는 말은 완전히 악의적인 것입니다. 다른 책들에 대해서는 이야기하지 않겠습니다. 『지식의 의지』에서 저는 권력 분석이 어떻게 수행되어야 하는지, 어떻게 방향을 잡아야 하는지 설명하고자 했고, 이 모든 설명은 권력이 복합적이고 난해하며 결코 기능화되지 않는, 어떤 면에서 전혀 기능적으로 작동하지 않는 일련의 관계들이라는 테마를 둘러싸고 이루어졌습니다. 권력은 전지전능하지 않으며, 오히려 그 반대입니다! 권력이 지식 모델의 탐구와 분석 형식을 생산한다면, 이는 바로 권력이 전지적이지 못하고 맹목적이며 막다른 지점에 놓여 있기 때문입니다. 그렇게 많은 권력 관계, 통제 체계, 감시 형태가 발전한다면, 그것은 바로 권력이 언제나 무력하기 때문입니다.

제 분석의 성격에 비추어 보면, 사람들이 저를 두고 하는 이야기가 순전히 거짓말이라는 점을 입증하기는 어렵지 않습니다. 따라서 사태를 다른 측면에서 바라보면서 그들이 그렇게나 까발리기 쉬운 거짓말을 하면서 실제로 무엇을 하고 있는지 이해해보는 것은 흥미롭습니다. 저는 여기서 그들이 비난의 뒤집기 기술에 의지한다고 생각합니다. 기본적으로 저는 질문을 역사와 정치에 대한 다른 개념화들에 대해 제기했지만, 마르크스주의에 대해 제기한 것이기도 합니다. 그 질문은 이런 것입니다. 권력 관계는 예컨대 생산 관계와 견주어, 복잡한 동시에 상호적이며, 상호적이라는 전제하에서만

—권력 관계는 사실 〔무언가에〕 '봉사'합니다. 그러나 이는 원초적인 것으로 가정된 경제적 이해관계에 '복무'하기 때문이 아니라, 전략들 속에서 이용될 수 있기 때문입니다.

—저항이 없는 권력 관계는 존재하지 않습니다. 저항은 권력 관계가 행사되는 바로 그 지점에서 형성되기에 더더군다나 실제적이며 효과적이라고 하겠습니다. 권력에 대한 저항이 실제적이려면 다른 곳에서 나온 것이어서는 안 됩니다. 권력과 같은 곳에서 나오기에 어떻게든 작용할 수 있는 것입니다. 저항이 존재하는 것은 그것이 바로 권력이 있는 곳에 있기 때문입니다. 그러므로 권력이 그렇듯 저항 역시 다양한 형태를 띠며, 총체적 전략에 통합될 수 있습니다.

따라서 계급투쟁은 '권력 행사의 논거'가 될 수는 없지만, 어떤 거대한 전략들을 '명료화하는 보증책'이 될 수는 있습니다.

랑시에르: 대중과 권력 간의 게릴라전에 대한 분석이 반란을 상층부에 새로운 적응 대책을 강제하는 깜박이등이나 새로운 형태의 패권을 정초하는 미끼로 활용하는 개량주의적 사유를 벗어날 수 있을까요? 우리가 개량주의와 순결주의의 딜레마를 넘어서서 거부를 사유할 수 있을까요? 들뢰즈와 가

진 『라르크*L'Arc*』 대담[10]에서 당신은 감옥정보그룹G.I.P. 같은 경험을 바탕으로, 이론에 새로운 정치적 주체들을 위한 연장통boîte à outils으로서의 기능을 부여했습니다. 전통적인 정당들이 좌파 진영에서 다시 헤게모니를 구축한 오늘날, 〔이론이라는〕 연장통을 어떻게 과거에 대한 단순한 연구 수단과는 다른 무언가로 만들 수 있을까요?

푸코: 정치적 실천으로서의 개량주의에 대한 비판과 어떤 정치적 실천이 개량으로 이어질 것이라는 의심에 따라 이루어지는 비판을 구분해야만 합니다. 이 두번째 유형의 비판은 극좌파 집단들에서 자주 나타나며, 그것의 이용이 미시적 테러리즘이 기능하는 메커니즘의 일부를 이룹니다. 극좌파 집단들은 종종 그러한 메커니즘을 통해 작동하지요. 그들은 이렇게 비판합니다. "주의하라! 당신들의 의도가 아무리 이상적이고 급진성을 띠고 있을지라도, 행동이 대단히 국지적이고 목표 역시 고립되어 있기에 적들은 정확히 그 지점에서 상황을 정비하고 필요한 경우 양보를 할 수도 있다. 전체적인 상황에 대해서는 아무것도 타협하지 않은 채 말이다. 더구나 적

10   "Les intellectuels et le pouvoir. Entretien Michel Foucault et Gilles Deleuze," *L'Arc*, n. 49: Deleuze, 1972. 〔「지식인과 권력—푸코와 들뢰즈의 대화」, 미셸 푸코·둣치오 뜨롬바도리, 『푸코의 맑스』, 이승철 옮김, 2004, 갈무리, pp. 187~207.〕

들은 바로 그 지점에서부터 변화가 필요한 지점들을 가려낼 것이다. 그리고 당신들은 전향하게 된다." 파문破門은 이런 식으로 이루어집니다. 그런데 개량주의에 '의거한' 이러한 비판은 제가 보기에 두 가지 오류를 범하고 있습니다.

—우선 투쟁 과정이 띠는 전략적 형식에 대한 몰이해가 있습니다. 만일 일반적인 동시에 구체적인 형식의 투쟁이 모순임을 인정한다면, 투쟁을 국지화할 수 있는 것, 투쟁을 하면서 타협을 허용하는 것은 모두 제동이나 방해의 가치를 갖게 되겠지요. 그러나 문제는 모순의 논리가 정치 투쟁에서 명료화 원리와 행동의 지침을 제공할 수 있는가에 있습니다. 우리는 여기서 중요한 역사적 질문에 봉착합니다. 즉, 19세기 이래로 투쟁과 그 전략과 관련한 특수한 문제들이 어째서 항상 모순의 빈약한 논리 속에 용해되어야 했는가 하는 것입니다. 거기에는 일련의 이유가 있을 텐데, 언젠가는 그에 대해 분석을 해보아야 할 것입니다. 어쨌거나 우리는 불모화하는 변증법의 제약들로부터 해방된 논리에 따라 투쟁과 그 형태, 목표, 수단 그리고 과정을 사유하도록 힘써야 할 것입니다. 18세기의 '부르주아' 정치 사상은 사회 관계를 사유하기 위해 **계약이라는 법적 형식**을 마련했습니다. 19세기 '혁명' 사상은 투

쟁을 사유하기 위해 **모순이라는 논리적 형식**을 마련했습니다. 어느 쪽이 더 낫다고 할 수는 없습니다. 반면 19세기의 강대국들은 전략적 사고에 열중했는데, 이는 혁명 투쟁이 자기 전략을 아주 국면적인 방식으로만 파악하면서, 그것을 언제나 모순의 지평 위에 새겨 놓으려 했던 것과 대조적입니다.

— 적들의 개량주의적 대응에 대한 공포는 또 다른 오류와도 연결됩니다. 이른바 가장 약한 고리 '이론'에 부여하는 특권이지요. 즉 국지적 공격은 파열되었을 경우 사슬 전체를 완전히 끊어낼 수 있는 지점을 겨냥해야만 의의와 정당성을 가질 수 있다는 것입니다. 그러니까 국지적 행동일지라도 적절한 지점을 선택하면 전체에 급진적으로 작용할 수 있다는 것이죠. 여기서 다시 한번 우리는 그러한 명제가 어째서 20세기에 그렇게나 성공을 거두었고, 심지어 하나의 이론으로까지 승격되었는지 자문해야 할 것입니다. 물론 약한 고리 이론은 마르크스주의가 예측할 수 없었던 러시아에서의 혁명을 사유할 수 있게 해주었습니다. 하지만 그것이 일반적으로 말해, 변증법적이지 않은, 전략적인 — 그것도 아주 기초적인 — 명제라는 점을 인지해야 합니다. 약한 고리 이론은 변증법적 형식이 지배하는 사유가 수용할 수 있는 최소한의 전략이었습니다.

독립적인 실재의 층위를 표상하지 않을까요? 달리 말해, 저는 권력 관계에 고유하며 분석이 필요한 특수성, 밀도, 관성, 점착성, 발전, 그리고 창조성이 존재한다는 가설을 내놓았습니다. 저는 단지 이렇게 말했습니다. 아마도 이 모든 것은 사람들이 믿는 것만큼 단순하지는 않을 것이고, 이러한 주장은 많은 분석과 하나의 경험에 동시에 기초해 있다고 말입니다. 경험이란 소련만이 아니라, 공산당들의 경험이기도 합니다. 60~70년대의 동시대 경험은 국가기구의 장악과 그 쇠락, 민주집중제 같은 발상이 모두 권력의 층위에서 일어나는 일을 전혀 고려하지 않은, 놀랍도록 단순한 정식들로 환원되었다는 점을 우리에게 가르쳐주었기 때문입니다. 그리고 이는 소련만이 아니라, 다른 국가의 공산당에서도 진실이었습니다. 게다가 이러한 주장은 생각만큼 그렇게 단순한 것이 아닌데, 역사적 분석들에 기초해 있기 때문입니다. 예를 들어, 16세기 이래 통치술art du gouvernement의 문제—어떤 기술로, 어떤 유형의 절차를 확립해, 어떤 도구를 가지고서 어떻게 통치할 것인가?—는 서양을 통틀어 결정적인 문제였습니다. 어떻게 통치해야 하는가, 통치되는 자들은 이를 어떻게 받아들이는가…

　따라서 저의 과제는 권력의 문제는 복잡하다고 말하고, 과연 어떤 의미에서 복잡한지를 그것이 실제 정치에까지 행사할 수 있는 온갖 영향들과 더불어 보여주는 것이었습니다.

이에 대한 공산주의자들의 답변은 다음과 같았습니다. 당신은 단순성을 말하면서, 사태가 생각보다 훨씬 복잡하다고 주장하는 것인가? 하지만 가장 단순화된 개념화를 보여주는 것은 바로 당신이다. 그리고 그들은 제가 말한 것 전부를 판옵티콘이라는 단순한 형태로 환원해버립니다. 그것은 제 분석의 한 가지 요소에 지나지 않는데 말이죠. 비난 뒤집기는 변호사가 쓰는 수법입니다.

달리 또 이야기해야 할 점이 있다면 권력 테크놀로지의 분석을 일종의 대문자 권력의 형이상학으로 환원하는 논리입니다. 이러한 환원론은 실제의 분석들을 대문자 권력과 우리가 결코 이야기하지 않을 목소리 없는 저항들 간의 충돌이라는 이원론으로 몰고 갑니다. 그러니까 일종의 이원적 갈등을 재구성하는 셈이지요. 우선 저는 결코 대문자 권력이라는 단어를 쓴 일이 없습니다. 오히려 그들이 그렇게 하지요. 둘째로, 어느 프랑스 마르크스주의자는 제 사유에서 권력이 내생적이고, 권력에서 권력을 이끌어내는 진정한 존재론적 순환론을 구축한다고 주장합니다. 제가 언제나 정반대의 작업을 시도해왔다는 점에서 어리석고 우스꽝스러운 지적이지요. 제가 쓴 첫 책이자 일정 정도 이 문제와 대결하고자 했던 『광기의 역사』를 예로 들어봅시다. 저는 정신병자들을 둘러싸고 작동하는 행정, 경찰총감, 의사, 가족 권력과 같은 정신의학 제도들을 다루었습니다. 만약 비판자들이 주장하듯이

제가 대문자 권력의 존재론을 구성하고자 했다면, 저는 이 거대한 권력 제도들의 기원을 뒤쫓으려 애쓰거나, 광기나 광인들에 대한 폭력 행사를 뒷받침할 제도와 법이라든지, 법규 안팎에서 작용하는 세력 관계의 차원에만 분석을 집중해야 했을 것입니다. 저는 그와 반대로 이러한 **분할**_découpages_⁴과 세력 관계, 제도 등 이 모든 권력의 망상網狀이 어떻게 특정한 시기에 형성될 수 있었는지를 보여주고자 시도했습니다. 무엇으로부터? 명백히 16세기 말에 출현한 경제적·인구학적 과정들로부터였습니다. 빈민, 부랑자, 떠돌이 인구 집단의 문제가 정치경제적 문제로 제기되고, 사람들이 온갖 수많은 수단과 방책(구빈법, 어느 정도 강제적인 관리, 종국엔 감금까지, 특히 프랑스 파리에서 1660~61년 사이 이루어졌던)을 들고나와 그 문제를 해결하고자 했을 때 말입니다. 따라서 저는 광기를 감금해야 할 정신병으로 규정한 이 일군의 〔미시적인〕 권력 관계들relations de pouvoir이 전면적인 권력 관계pur et simple rapport de pouvoir, '나 이성이 너 광기에 권력을 행사한다'는 식의 단순명료한 동어반복적 단언과 어떻게 다른지 알아내고자 했습니다. 그러니까 역으로 〔전면적인〕 권력 관계가 아주 다른 성격의 변동 속에서 어떻게 태어날 수 있었는지 묻는 것이지요. 그러한 변동은 일군의 〔미시적인〕 권력 관계

---

4   원문에 프랑스어로 표기.

들과 경제적 과정의 규제, 통제 등이 이루어질 수 있기 위한 조건이기도 했습니다. 저는 어떻게 항상 권력이 그것과는 상이한 무엇에서 탄생하게 되는지, 바로 이 권력의 불균질성을 보여주고자 했던 것입니다.

우리는 예컨대 감옥에 관해서도 마찬가지 이야기를 할 수 있을 것입니다. 존재론적 입장에서 권력 분석을 한다는 것은 형법이 무엇인지 질문하고, 범죄에 형을 선고하는 법의 본질로부터 감옥을 연역해낸다는 의미일 것입니다. 그와는 반대로, 제 분석의 목표는 감옥을 권력 테크놀로지들 가운데 다시 기입하는 데 있었습니다. 그 테크놀로지들은 일련의 경제적·인구학적 문제들로부터 제가 권력 관계의 경제라고 부른 문제가 새롭게 생겨난 때인 17~18세기에 출현했습니다. 인구통계의 규모와 인구 집단의 동태, 경제적 과정이 변화하고 있던 사회체 내에서 권력 관계를 관개하는 문제가 생겨났을 때, 중세적 유형의 체계 혹은 거대한 행정 군주제 유형의 체계가 여전히 유효했을까요? 그러니까 이 모든 것은 다른 것에서 출현했습니다. 단일한 권력이 있는 것이 아니라, 효과이자 조건으로서 다른 과정들을 통해 탄생할 수밖에 없는 권력 관계들이 있는 것입니다.

하지만 이것은 제가 다루고자 했던 문제의 일면일 따름입니다. 또 다른 면은 바로 저항들입니다. 만일 제가 권력에 대한 존재론적 개념화를 했다면, 한편으로는 일종의 공상적

1부 권력이란 무엇인가

이고 초현세적인 심급인 대문자 권력이 있고, 다른 한편으로는 권력에 복종하지 않을 수 없는 불행한 이들의 저항이 있다는 식이었겠지요. 저는 이런 부류의 분석이 완전히 잘못되었다고 믿습니다. 권력은 다른 것에 접붙는 다원적 관계들에서 태어나고, 다른 것에서 태어나며, 다른 것을 가능하게 만들기 때문입니다. 이로부터 다음과 같은 사실이 나옵니다. 한편으로 이 권력 관계들은 예컨대 경제적이거나 종교적인 투쟁—그러니까 투쟁이 근본적으로 [정치]권력에 맞서서만 생겨나는 것은 아니지요—의 내부에 각인됩니다. 다른 한편 권력 관계들은 투쟁이 발전하는 공간을 열어줍니다. 예를 들면, 18세기에는 범죄, 형벌 체제, 사법기구를 둘러싸고 대단히 흥미로운 일련의 투쟁이 발전했습니다. 유력자들에 맞선 민중의 투쟁, 낡은 기구들에 맞선 지식인들의 투쟁, 몇몇 국가에서 낡은 구조를 탈피하고자 권력을 행사한 새로운 정치인과 관료 집단에 맞선 사법기구의 투쟁 등등. 만일 계급투쟁이 과거에 확실히 존재했고 지금도 존재한다면, [투쟁의] 장을 둘러싸고 분할하고 가로지르며 조직하겠지요. 하지만 투쟁의 내부에 권력 관계들을 다시 위치시켜야 합니다. 또 한편에는 권력, 다른 한편에는 그것이 행사될 대상이 있으며, 투쟁은 권력과 비권력 간에 진행된다고 전제하지 말아야 합니다. 권력과 저항을 이처럼 존재론적으로 대립시키는 입장과는 정반대로, 나는 권력이 모종의 변양變樣일 따름이라고 말하고자 합니다. 그것은 사회체를 구성하는 일련의 경제적·정치적 유형의 갈등과는 종종 상이한 형태를 취합니다. 그러니까 권력은 온갖 갈등 속에서 이용되는 기술과 도구와 무기를 규정하고, 층화層化하고, 제도화한 상태나 다름없습니다. 바로 그것이 주어진 시점에 모종의 권력 관계나 권력 행사로 간주될 수 있는 것입니다. 이러한 권력 행사가 결국 지속적인 변환 속에 있는 다원적 투쟁의 즉석 사진에 지나지 않는 한, 그 자체 끊임없이 변화를 겪는다는 점은 분명합니다. 어떤 시점에 나타나는 권력의 일정한 분포, 권력 경제, 권력 행사의 유형, 권력 상황을 예컨대 군대, 경찰, 행정부 같은 단순한 권력 기관들과 혼동해서는 안 됩니다.

끝으로, 제게 가해지는 또 다른 비판은 이데올로기 문제와 관련되어 있습니다. 이데올로기 개념은 실재적인 것le réel을 그것에 대한 그릇된 해석들에 맞설 수 있게 해주고, 탈신비화 장치—실상은 제시된 방식과는 다르다는 것이죠—가 작동하게끔 해주는 기반으로 여겨집니다. 그런데 제가 이러한 오래된 이데올로기 개념을 벗어던지면서, 실재적인 것의 평면plan에 담론들을 그대로 **올려 놓고**mise à plat,[5] 분석을 실재의 단순한 재생으로 축소해버린다는 것입니다. 그 결과, 제 담론은 현재 상태를 확인할 뿐인 반동적인 울림에 불과한 것

5   원문에 프랑스어로 표기.

이 됩니다. 여기서 다시 그들이 이러한 종류의 이야기를 통해 무슨 말을 하고 있는 것인지 이해할 필요가 있습니다. '당신은 실재적인 것이 재연되게 할 따름입니다'라는 말은 무엇을 의미할까요?

그것은 우선 '당신은 이미 말해진 것이 반복되게 할 뿐입니다'라는 뜻일 수 있습니다. 그렇다면 저는 이렇게 답하겠습니다. '그것이 이미 말해졌다는 것을 보여주십시오. 당신이 그것을 말했습니까?' 제가 말한 것이 진실이라는 의미에서 '당신은 실재적인 것이 재연되게 할 따름'이라고 그들이 말한다면, 저는 십분 동의하고 그들의 이러한 인정에 감사를 표하겠습니다. 제가 이미 일어난 일에 관해 정확하게 말하고 싶어 한다는 것은 맞습니다. 하지만 저는 그들에게 반만 고마워할 텐데, 근본적으로 그것이 제가 하고자 했던 것에 딱 들어맞지는 않기 때문입니다.

단순히 실재를 재생할 뿐이라는, 제가 수행한 분석들에 관해 또 다른 사람들은 '그것은 전혀 진실이 아니며, 순전히 상상의 소산일 따름'이라고 말할지도 모릅니다. 마르크스주의에 일정 정도 영감을 받은 프랑스 정신의학자들은 『광기의 역사』에 관해 그런 식으로 말하고자 했지요. 그다지 성공을 거두지는 못한 것 같지만 말입니다. 그들은 그 책을 우화라고 말하려고 했습니다.

사실 제가 하고자 한 것은, 그리고 바로 여기에 이 시도의 난점이 있을 텐데, 어떤 특정한 실재적인 것에 대한 하나의 해석, 하나의 독해를 수행하는 것이었습니다. 그리하여 한편으로는 이 해석이 진실 효과effets de vérité를 생산할 수 있게 하고, 다른 한편으로는 발생 가능한 투쟁 한가운데서 이러한 진리 효과가 도구로서 작동할 수 있도록 하는 것이었습니다. 진리가 공격받을 수 있도록 진리에 관해 말하기. 저항 지점과 공격 가능한 지점, 정해진 길과 지름길 등 강한 전선과 취약한 전선이 떠오를 수 있도록 실재의 한 층위를 해독하기. 바로 이것이 제가 드러내고자 노력했던 가능한 투쟁들의 실재입니다. 『광기의 역사』의 경우에도 그러했습니다. 이 책은 명확하게 다음과 같이 말합니다. 대략 17세기 중반에서 19세기 초반 사이—전 피넬Pinel 이후까지 나아가지 않았지요—에 광기와 정신병과 관련해 무슨 일이 벌어졌는지 이야기하겠다고요. 그런데 신기한 것은 정신의학자들이 하나같이 그것을 정신의학에 반대하는 책으로 읽었다는 사실입니다. 마치 그 책이 정신 상태에 관해 말하기라도 한다는 듯이요! 그들은 맞았던 동시에 틀렸습니다. 진실이 아니었기에 틀렸지요. 저는 그런 것에 관해 말하지 않았습니다. 그럼에도 그들의 분노 어린 즉각적 반응 안에는 어쨌든 무언가 진실이 들어 있었습니다. 실상 이런 식으로 역사를 읽는 것은 동시대의 현실 속에서 가능한 경로들을 효과적으로 그려낸다는 것을 의미했으니까요. 그것들은 이후 불가피한 변형을 거치긴 했지만,

1부 권력이란 무엇인가

실제로 우리는 그 길을 가게 되었습니다. 제가 생산하고자 한 진실 효과는 실재적인 것이 논쟁적이라는 점을 보여주는 이런 방식 안에 존재합니다. 이는 감옥, 범법의 문제에 있어서도 마찬가지입니다. 여기에서는 1760년대에서 1830/1840년대에 이르는 형벌 제도 70년사를 다루는 책〔즉 『감시와 처벌』〕이 문제가 됩니다. 거의 모든 서평에서 평자들은 이 책은 실제 상황에 관해서 말하지만, 그것으로는 충분하지는 않은데, 왜냐하면 이후에 상황이 변화했기 때문이라고 지적했습니다. 그런데 전 실제 상황에 대해 말한 적이 없습니다. 저는 역사에 대한 해석을 수행했을 뿐이고, 문제는 앎, 즉 실제 상황에서 이 분석들을 어떻게 이용할 수 있는가입니다—하지만 저는 해답을 제시하지는 않았습니다.

그리고 여기서 저는 우리가 지식인의 기능이라는 문제를 개입시켜야 한다고 믿습니다. 확실한 것은 제가—책을 쓸 때—예언자적 입장을 거부한다는 점입니다. 그러한 입장은 사람들에게 이렇게 말합니다. '이것이 바로 당신이 해야만 하는 일입니다' 혹은 '이것은 좋고, 저것은 그렇지 않습니다'라고요. 그런데 저는 사람들에게 다음과 같이 말합니다. '제가 보기엔 대략 사태가 이렇게 전개되었습니다. 저는 그것을 공격 가능한 경로가 그려지게끔 서술합니다.' 하지만 이와 관련해 저는 누구에게도 공격을 강요하거나 압박하지 않습니다. 제가 감옥이나 정신병자 수용소, 또는 이런저런 사안을 둘러싼 일련의 행동을 개시하려고 결심한다 해도 그것도 개인적인 문제일 뿐입니다. 정치적 행동을 통한 개입은 글이나 책을 통한 개입과는 완전히 상이합니다. 그것은 집단의 문제이고, 개인적이며 신체적인 관여engagement의 문제입니다. 우리가 급진적이라면, 어떤 정식들을 발화하기 때문이 아닙니다. 그렇습니다, 급진성은 신체적인 것입니다. 급진성은 실존에 관련된 것입니다.

공산주의자들의 문제로 되돌아오자면, 저는 그들이 결여하고 있는 것이 이러한 급진성이라고 말하고자 합니다. 그들이 급진성을 결여하고 있는 이유는 그들에게 지식인의 문제가 진실을 말하는 것에 있지 않기 때문입니다. 그들은 당의 지식인들에게 결코 진실을 말하도록 요구하지 않습니다. 사람들은 그들에게 예언자적 입장을 취하도록 요구하며, '이것을 해야 한다'라고 말하기를 요구합니다. 그것은 물론 아주 단순히 공산당에 가입하는 것에서 공산당원으로서 행동하는 것, 공산당과 함께하는 것, 공산당에 투표하는 것처럼 잘 알려진 것들이지요. 달리 말해, 공산당이 지식인에 요구하는 것은 당이 즉각적으로 이용할 수 있는 지적, 도덕적, 정치적 정언명령들을 전달하는 컨베이어벨트가 되는 것입니다. 완전히 상이한 입장을 취하는 지식인의 경우에는 사람들에게 이렇게 말할 것입니다. 나는 전투에서 이용될 수 있는 유형의 진실 효과를 생산하고자 했습니다. 전투는 그것을 원하는 사람들이 수행할 텐데, 전투의 형태와 조직 들은 장차 발명되고 규정되어야 하는 것으로 남겨집니다. 무언가를 하고자 하거나 그렇지 않은 사람들을 위해 내가 끝까지 〔이야기하지 않고〕 남겨둔 이 자유에 관해서 공산당원들은 이야기하지 않습니다. 그것이야말로 사람들이 제가 하기를 바라는 것과 정반대되는 것입니다. 왜냐하면 공산당에게 진정한 지식인은 실재에 호소하는 사람이기 때문입니다. 실재가 어떠해야만 하는지 설명하고, 그런 실재는 모든 사람이 공산당처럼 행동하는 날 실현될 것임을 주저 없이 확언하면서 말입니다. 제 입장과는 정확히 반대되는 입장인데요, 바로 이 점을 그들이 용서하지 않는 겁니다.

그들은 제가 한 일을 이해하지만, 제가 말한 것을 이해하지 못합니다. 또는 적어도 모든 사람의 눈앞에서 제가 말한 것에 대한 몰이해를 드러내는 위험을 감수합니다—이는 정말 놀라운 점입니다. 하지만 그것은 그들이 신경 쓸 바가 아니지요. 왜냐하면 그들에게 문제는 제가 한 일에 대처하고, 규탄하며, 사람들이 따라하거나 받아들이는 것을 금지하여, 그것을 수용 불가능한 것으로 만드는 데 있기 때문입니다. '그가 한 일은 받아들일 수 없다'고 말할 수 없게 된 순간부터 그들은 '그가 말한 것은 거짓이다'라고 이야기합니다. 그러나 그렇게 말하려면 그들은 거짓말을 해야만 하고, 제가 말하지 않은 것을 제가 말했다고 주장해야 합니다. 이런 이유로 저는 제 저작에 관해 널리 퍼져 있는 비판과 관련해 뭔가 토론할 거리가 있다고 생각하지 않습니다. 그보다는 그들이 공격하는 이유를 정확히 파악해야만 합니다. 만일 그들이 제가 하는 것을 잘 이해한다면, 저는 그들이 이러한 거짓말들을 함으로써 자신들이 무엇을 하는가를 깨닫게끔 만들고 싶습니다.

2부

권력의 공간화

애티카 감옥에 관하여[1]

사이먼: 우리는 최근에 애티카Attica에 있는 교도소를 방문했습니다. 제가 알기로, 당신은 배제(병자의 배제 및 온갖 종류의 배제)에 관한 연구에 더해, 1년인가 1년 반쯤 전부터는 프랑스의 감옥 개혁 문제에도 관심을 기울여왔습니다. 이번 방문에 대한 당신의 반응을 알고 싶습니다. 아마도 이번이 당신에게는 첫번째 감옥 방문일 텐데요.

푸코: 네, 프랑스에서 일반인은 감옥을 방문할 권리가 없기 때문이지요. 스스로가 죄수나 간수, 변호사인 경우에만 감옥에 들어갈 수 있습니다. 그리고 저는 실상 이 세 가지 범주 어디에도 속하지 않았지요. 경찰에 12시간 이상 구금된 적이 없었고, 결과적으로 전 프랑스에서는 교도소에 대해 제대로 알 수 없었습니다. 당신 덕분에 난생처음 감옥에 들어갈 수 있었

---

1   이 인터뷰는 1972년 4월 푸코가 애티카 감옥을 방문한 뒤에 녹음한 대화를 번역, 정리한 것이다. 원문은 다음과 같다. "Michel Foucault on Attica" ("À propos de la prison d Attica," entretien avec J. K. Simon, trad., F. Durand-Bogaert), *Telos*, n. 19, printemps 1974, pp. 154~61. 〔『말과 글』의 텍스트 n. 137.〕

지요.[2] 그리고 확실히 프랑스인에게 애티카의 광경은 완전히 압도적이었습니다. 프랑스 감옥에 들어가본 적은 없지만, 전 그곳에서 시간을 보낸 사람들에게서 많은 것을 들어서 알고 있습니다.[3] 제가 아는 감옥은 낡고, 황폐하고, 역겹도록 더러운 감방 안에 종종 죄수들이 빽빽하게 들어차 있는 장소이지요.

애티카는 전혀 그렇지 않습니다. 애티카에서 가장 먼저 저를 놀라게 한 것은 입구, 다시 말해 디즈니랜드 풍의 가짜 요새 혹은 돌출회랑이 있는 중세 탑의 외양을 한 감시초소들이었던 것 같습니다. 다른 모든 것을 왜소하게 만드는 다소 그로테스크한 이 풍경 뒤에서, 당신은 그것이 거대한 기계라

---

2   〔옮긴이〕정확히 말하자면, 푸코가 감옥에 방문한 것은 애티카가 처음은 아니었다. 학창 시절에 그는 심리학 전공 이수 후 파리 근교 감옥에서 실습한 경험이 있었다. 애티카 감옥의 상세한 역사에 관해서는 다음 책을 참고할 수 있다. Ph. Artières(dir.), *Attica USA 1971*, Textes de N. Brenez, Th. Gervais, T. C. Holt, E. Parent, C. Rolland-Diamond, J. Sklower et E. Zabunyan, Cherbourg-en-Cotentin, Le Point du Jour, 2017.

3   〔옮긴이〕이 역시 정확한 진술은 아니다. 푸코는 1951년 가을 파리 외곽에 있는 프레스네 교도소에 정기적으로 방문했었기 때문이다. 프랑스 보건부는 베르도Verdeaux 박사 부부에게 요청해 그곳의 교도소 종합병원에 전자 뇌촬영 검사소를 개설했는데, 푸코는 거기서 한동안 심리학자로서 일했다. 디디에 에리봉, 『미셸 푸코 1926~1984』, 박정자 옮김, 그린비, 2012, p. 90; D. Defert, "Chronologie," M. Foucault, *Dits et écrits 1954-1988*, I, Paris, Gallimard, 1994, p. 17 참조.

는 것을 알아차리게 됩니다. 가장 인상적인 것은 측면의 기계, 청결하고 난방이 잘 된 길게 난 복도입니다. 그 복도는 목적지까지 직행할 수 있도록 정밀하게 계산된 것으로, 그곳을 지나는 사람에게 최고로 효율적인 동시에 감독하기도 가장 좋습니다. 그리고 이 복도들의 맨 끝에는 깨끗하고 거의 완벽해 보이는 금속 작업장을 비롯한 거대한 작업장들이 있지요. 저는 그저께 애티카에 수감된 전력이 있는 사람을 만났는데요, 그는 당국이 기꺼이 내보이는 그 유명한 작업장들이 실제로는 매우 위험해서, 많은 사람이 다친다고 말해주었습니다. 그런데 사실 처음 볼 때는 당신은 단순한 공장이 아니라 어떤 기계, 그러니까 어떤 기계의 내부를 방문하고 있다는 인상을 받게 됩니다.

따라서 우리는 이 기계가 무엇을 생산하는가, 이 엄청난 설비는 무엇을 위한 것이고 어떤 결과를 산출하는가 하는 질문을 자연스럽게 던지게 됩니다. 거대한 감금 기계의 모델 노릇을 한 오번Auburn과 필라델피아 감옥(지금까지도 거의 변하지 않았죠)을 설립할 당시, 사람들은 정말로 "덕성을 갖춘" 인간이 그곳에서 산출될 것이라고 믿었습니다. 오늘날 우리는 감옥이 그런 것을 생산하지 않는다는 사실을 완벽하게 인지하고 있습니다. 정부 역시 이를 알고 있습니다. 감옥은 거의 아무것도 생산하지 않습니다. 그것은 단지 놀라운 속임수, 독특한 순환적 제거 메커니즘의 문제인 것이지요. 사회는 사람들을 감옥에 보냄으로써 제거하고, 감옥은 그들을 짓밟고 으스러뜨려 육체적으로 제거합니다. 감옥은 한 번 짓밟힌 이 사람들을 석방시킴으로써, 그러니까 사회로 되돌려 보냄으로써 제거합니다. 감옥에서 그들의 삶, 그들이 받았던 대우, 그들이 내보내졌을 때의 상태는 필연적으로 사회가 다시 새롭게 그들을 제거하고 감옥으로 되돌려 보내게끔 만듭니다. 애티카는 제거를 위한 기계이자, 씹어 삼키고 잘게 부수고 너덜너덜하게 만들고 나서는 내뱉는 일종의 거대한 위장이자 신장입니다. 그것은 이미 제거했던 것을 제거하기 위해서 씹어 삼킵니다. 우리가 애티카를 방문했을 때 사람들이 건물의 4개 익면과 4개 복도, 그러니까 대형 복도 A, B, C, D에 대해 이야기했던 것을 기억하실 겁니다. 그런데 저는 아까 말한 그곳에 수감되었던 사람을 통해서 그들이 우리에게 말하지 않은 다섯번째 복도, 그러니까 복도 E가 있다는 사실을 알게 되었습니다. 혹시 이에 대해 아시나요?

사이먼: 모릅니다.

푸코: 그건 진정 기계의 기계, 또는 배제의 배제, 즉 2차 배제가 행해지는 정신병동 구역입니다. 〔감옥〕기계에 통합할 수조차 없는 사람들, 그 규범에 성공적으로 동화시킬 수 없는 사람들, 그것이 고유한 작동 과정을 통해 으스러뜨릴 수 없

는 사람들을 보내는 곳이지요. 다른 메커니즘이 요구되는 겁니다.

사이먼: 당신이 배제의 과정을 일종의 추상적인 개념으로 연구했고, 병원과 같은 특정 기관들의 내부에 대해 친숙하다는 사실을 알고 있습니다. 애티카와 같은 곳을 방문했다는 것, 그러니까 물리적으로 방문했다는 것이 배제 과정에 대한 당신의 태도에 어떤 감정적 변화를 초래하는지요? 아니면 그러한 방문은 단순히 배제에 대한 당신의 아이디어를 강화할 뿐인가요?

푸코: 아니요. 그 아이디어는 오히려 약화되었습니다. 어쨌거나 제가 이전에 궁금해했던 것들과는 다소 다른 한 가지 질문이 떠올랐지요. 애티카 방문이 이러한 변화에 결정적이지는 않았겠지만, 확실히 이를 촉발하긴 했습니다. 이전까지 저는 사회로부터의 배제를 다소 추상적인 일반 기능으로 구상해왔습니다. 그러한 기능이 어떤 면에서 사회를 구성한다고 파악했지요. 각 사회는 일정한 수의 사람들이 배제되는 조건에서만 작동할 수 있다고요. 뒤르켐 식의 전통 사회학은 문제를 다음과 같이 제시했습니다. 사회는 개인들을 어떻게 통합하는가? 개인들 사이에 구축되는 관계 형태, 상징적 또는 정서적 커뮤니케이션 형태는 무엇인가? 사회를 하나의 총체로

구성할 수 있게 해주는 조직 체계는 무엇인가? 저는 어느 정도 반대 문제, 달리 말하면 이 문제에 대한 반대 반응에 관심이 있었지요. 사회는 어떤 배제 체계를 통해서, 누구를 제거하면서, 어떤 분할을 창출하면서, 어떤 부정과 배제의 게임을 통해서 기능하기 시작하는가?

제가 지금 질문을 던지는 방식은 정반대입니다. 감옥은 순전히 부정적인 배제 기능들로 환원되기에는 너무나 복잡한 조직입니다. 그 비용이나 중요성, 관리에 들어가는 수고나 정당화하기 위한 노력은 그것이 적극적인 기능들을 지녔음을 나타내는 것 같습니다. 그렇다면 문제는 자본주의 사회가 형벌 제도로 하여금 어떤 역할을 수행하게 하는지, 목적은 무엇인지, 형벌과 배제의 이 모든 절차가 어떤 효과를 생산하는지 규명하는 것일 테지요. 경제 과정에서 그러한 절차가 차지하는 자리는 어디이고, 권력의 행사와 유지에서 그것의 중요성은 무엇인가? 계급투쟁에서 그것의 역할은 무엇인가?

사이먼: 정확히 저는 당신이 애티카의 복도를 걸으면서 정치적 맥락을 얼마나 의식하고 있었는지가 궁금했습니다. 제 경우에는 순전히 인간적인 면, 잠재된 고통과 억압의 감각에 너무 압도된 나머지, 역설적이게도 정치적 맥락을 완전히 잊어버린 순간들이 있었거든요.

푸코: 애티카에서 일어나는 일의 물리적이라 할 공포와 인간적인 문제에 대해서는 답하기가 매우 어렵네요. 저 역시 당신과 같은 인상을 받았던 것 같습니다. 하지만 저는 아마도 당신보다 덜 예민하고 약간 둔감한 편일 겁니다. 되풀이해서 말하지만, 그 길고 청결한 복도를 지나갈 때 프랑스인이라면 누구나 다소 엄격한 사립학교나 교구학교에 있는 듯한 인상을 받을 겁니다. 사실 19세기의 리세[고등학교]와 콜레주가 그것보다 훨씬 더 쾌적했다고는 말할 수 없겠지요. 하지만 결국 곰곰이 생각해본 결과, 애티카에서 가장 공포스러웠던 것은 중심과 주변부 사이의 기이한 관계였습니다. 쇠창살문의 이중 게임을 염두에 둔 말인데요, 그것은 감옥을 외부와 분리하고 감옥 내의 개별 감방들을 분리합니다. 첫 쇠창살문은 출입구에 설치되는데, 저는 감옥 이론가들이 그것을 어떻게 변호하는지 잘 알고 있습니다. 사회는 보호되어야만 한다는 것이죠(물론 사회에 가장 큰 위험은 자동차 도둑이 아니라 전쟁, 기근, 착취, 그리고 이 모든 것을 허용하고 유발하는 사람들이라고 주장할 수도 있겠지만, 그냥 넘어가지요…). 일단 처음의 쇠창살문을 지나고 나면, 당신은 수감자들이 공동체 생활을 하고, 법을 존중하며, 정의가 실천되는 '재적응'의 장소가 있을 것이라고 기대하게 되죠. 그런데 당신이 그 대신 알게 되는 것은 수감자들이 하루에 10~12시간을 보내면서 '보금자리처럼 편안하다'고 느끼는 그 장소가 끔찍한 동물 우리

cage라는 것입니다. 약 2×1.5야드 정도로, 한쪽이 완전히 쇠창살로 되어 있지요. 그들이 혼자 지내며 잠자고 책 읽고 옷 입고 욕구를 채우는 장소는 야생 동물 우리나 다를 바 없습니다. 바로 거기에 감옥의 모든 위선이 있지요. 방문을 안내하는 관리소장이 속으로 킥킥대고 있는 게 아닌가 하는 의심이 들 정도입니다. 우리nous는 그가 자기 자신에게, 그리고 우리에게 다음과 같이 말할 것 같은 인상을 받습니다. "당신들이 우리에게 강도와 살인자를 넘겨준 것은 그들을 야수로 생각했기 때문이지요. 보호용 쇠창살문의 저편에서 당신들은 우리에게 그들을 길이 잘 든 순한 양으로 만들어달라고 요청했습니다. 하지만 '법과 질서'의 대표자이자 수호자인 우리, 당신의 도덕성과 편견의 도구인 우리가 당신들이 그렇게 하듯이, 그들을 야수로 여기지 않을 이유는 없습니다. 우리도 당신들과 똑같습니다. 우리는 당신입니다. 그 결과, 당신이 그들과 함께 우리를 가둬둔 이 철장 내부에, 우리는 그들과 우리 사이에 거대한 감옥이 정립하는 배제와 권력의 관계를 재정립하는 철장들을 구축합니다. 당신은 우리에게 그들이 야수라는 신호를 보냈습니다. 우리는 다시 그들에게 같은 신호를 보냅니다. 그리고 그들이 쇠창살 뒤에서 그것을 잘 체득한다면, 우리는 그들을 당신들에게 돌려보낼 것입니다."

수감자들이 이 훈련training 체계에서 탈출하는 유일한 길은 집합행동, 정치 조직, 반란입니다. 미국의 감옥은 유럽의 감옥보다 훨씬 더 쉽게 정치적 행동의 장소가 될 수 있을 것처럼 보입니다. 미국 교도소는 실제로 두 가지 역할을 합니다. 이미 수 세기 동안 존재해온 처벌 장소로서의 역할, 그리고 제2차 세계대전 중에는 유럽, 유럽의 식민화 기간 중에는 아프리카(예를 들어, 프랑스인들이 있었던 시기의 알제리)에 존재했던 '강제수용소'로서의 역할. 프랑스에는 5천만 인구에 3만 명의 수감자가 있는 반면에, 인구 2억 2천만 명의 미국에는 100만 명이 넘는 수감자가 있다는 사실을 잊어서는 안 됩니다. 완전히 다른 비율입니다. 그러니까 미국에서는 흑인 남성 30~40명 가운데 한 명이 감옥에 있는 셈입니다. 바로 여기서 우리는 미국 감옥에서 이루어지는 대규모 제거의 기능을 볼 수 있습니다. 형벌 제도, 금지 제도 전체, 심지어 (과음, 과속, 마리화나 흡연과 같은) 경범죄조차도 이러한 과격한 강제수용의 실천을 위한 도구이자 구실로 쓰입니다. 형벌 정의를 위한 정치적 투쟁이 프랑스보다 미국에서 더 진전을 이룬 것은 별로 놀라운 일이 아닙니다.

사이먼: 제가 드리고 싶은 질문 가운데 하나는, 미국 사회의 맥락에서 볼 때 그러한 감옥을 사회 일반의 축소판, 사회의 상징으로 여길 수 있을까 하는 것입니다. 아니면 조금 전에 감옥은 예전의 학교와 닮아 있다고 말씀하셨는데요…

푸코: 유럽, 유럽에서는요…

사이먼: 네, 유럽이요. 그렇지만 이제 당신도 노맨스랜드no man's land라든지 교외 지역 마을 주변부의 공터 등을 전부 보았으니 미국에 대해서도 충분히 알게 되었을 겁니다. 당신은 제게, 구체적으로 공항 드러그스토어를 예로 들며 그 무엇도 아닌 장소 같다고 말했습니다. 그리고 물론 우리 사회의 도처에는 감옥과 마찬가지로, 쇠창살이 있지요. 도심, 예컨대 게토와 감옥 내부 간에 엄청난 간극이 존재할까요? 감옥은 당연히 미국 사회의 정상적인 부분에 포함되지 않으니까? 아니면 반대로, 감옥은 단지 이 사회의 연장, 말하자면 그 극단적 형상인 것일까요?

푸코: 저는 당신의 질문이 핵심을 건드렸다고 생각합니다. 실제로 애티카는 어떤 면에서든 심층적으로 미국을 닮아 있기 때문입니다. 저처럼 길을 잘 잃는 편이고 요령없는 유럽인에게는 미국이 그렇게 보입니다. 말하자면, 거대하고 테크놀로지가 발달한, 다소 공포스러운 곳이지요. 다수 유럽인들의 뉴욕에 대한 견해에는 그러한 피라네시적인 측면이 스며들어 있습니다.[4] 우리가 본 것이 미국 사회와 닮은 것은 사실이지만, 당신은 "오, 그래, 유럽의 감옥이 유럽의 이미지인 것처럼, 미국의 감옥은 미국 사회의 이미지야"라고 말하는 것으

로는 만족할 수 없겠지요. 그런 식으로까지 표현하는 것은 궁극적으로 우리는 모두 감옥에 있는 셈이라고, 결국에는 거리도, 공장도, 기숙사도 감옥과 비슷하다고 말하는 꼴이 될 테니까요. 실로 우리는 지속적인 감시와 처벌의 체계에 갇혀 있습니다. 그러나 감옥은 징벌적일 뿐만 아니라, 제거 과정의 일부이기도 합니다. 감옥은 출소하는 사람들을 신체적으로 제거합니다. 그들은 때로 직접적으로 감옥 때문에 죽기도 하지만, 대개는 간접적으로 죽습니다. [전과자라는 이유로] 더 이상 직업을 찾을 수 없고, 먹고살 것이 없고, 가족을 다시 꾸릴 수 없기에, 마침내 한 감옥에서 다른 감옥으로, 또는 한 범죄에서 다른 범죄로 넘어가고, 신체적으로 제거당하면서 끝나는 것이지요.

사이먼: 그렇다면 감옥 개혁은 어디에서 시작합니까? 베트남 전쟁의 경우에도 그랬듯이, 감옥을 개혁하려는 사람들은 가장 눈에 띄는 증상만을 없애면서, 악의 근원을 청소하고 있다고 스스로 착각할 수도 있으니 말입니다. 감옥 그 자체를 개혁한다는 희망은 환상 아닌가요? 감옥은 사회 구조의 일부

4   [옮긴이] 피라네시Giovanni Battista Piranesi(1720~78)는 이탈리아의 판화가이자 건축가이다. 고대 로마 유적을 세밀하고 정교하게 묘사한 그의 판화들은 신고전주의 건축에 큰 영향을 주었다고 평가받는다. 가상의 감옥을 그린 판화로도 유명하다.

로 짜인 것이기 때문에, 그곳에서 시작해서는 아무것도 얻을 수 없는 것이 아닙니까?

푸코: 우리가 프랑스에서 결성한 단체〔감옥정보그룹〕는 감옥 개혁에는 그다지 관심을 두지 않습니다. 우리 프로젝트는 근본적으로 다르다고 저는 생각합니다. 프랑스에서—미국에서는 군대 때문에 상황이 조금 다른 것으로 압니다—형벌제도와 투옥은 거대 노조에 의해 제대로 통제되지 않는, 노동계급에 진정으로 통합되어 있지 않은 주변부에 놓인 인구 집단에 선별적으로 그리고 아주 집요하게 작용합니다. 우리는 종종 이런저런 정치 조직의 대표자들이 감옥 문제는 프롤레타리아트 갈등의 일부가 아니라고 말하는 것을 듣곤 합니다. 거기엔 몇 가지 이유가 있습니다. 첫번째는 경찰 및 법과 지속적으로 맞닥뜨리는 노동 계급의 주변부 집단은 대부분 공장 밖에 있는 사람들로 이루어지기 때문입니다. 그들의 실업이 자발적이든 그렇지 않든, 부르주아 사회에 대한 그들의 대립 형식은 시위라든지 정치적으로 조직된 투쟁 또는 파업 같은 직업적·경제적 압력으로 나타나지 않습니다. 두번째 이유는 부르주아 계급이 때로 노동자들에 맞서서 이 주변부 인구 집단을 이용하기 때문입니다. 이 주변인들은 임시 노동력이 되거나, 심지어 경찰에 의해 동원되기도 합니다. 세번째 이유는 프롤레타리아트가 도덕성과 합법성, 절도와 범죄와 관

런하여 부르주아 이데올로기에 완전히 물들어 있기 때문입니다.

우리는 현재 다양한 계층의 인민이 자본주의 체제가 그들 사이에 구축하고 유지해왔던 갈등과 대립을 극복하고자 노력하는 상황에 와 있습니다. 공장 내부의 투쟁은 예전에 그랬던 것보다 훨씬 더 (주거 문제, '삶의 질' 문제 등과 관련한) 공장 외부의 투쟁과 밀접하게 연결되어 있습니다. 또한 일반적인 이데올로기 투쟁은 정치 투쟁에서 필수 불가결한 것으로 여겨지고 있습니다. 이러한 모든 이유들로 인해, 처음부터 경찰의 압박에 좌우되는 노동 계급 주변부의 고립된 처지는 서서히 사라지는 과정 중에 있습니다. 그것을 정치적 투쟁으로 다시 통합하는 일이 우리가 결성한 단체의 주된 목표입니다.

사이먼: 어떤 면에서 당신이 주네Jean Genet에 관해 해주었던 이야기와 수감자 유형 간의 구분을 〔…〕 오늘날에는 미국에서든 프랑스에서든 프롤레타리아트가 더 잘 인지하겠네요?

푸코: 언젠가 주네가 내게 감옥에 관해 들려주었던 바로 그 이야기를 말씀하시는 거군요. 전쟁 중에 그는 상트Sante 감옥에 수감되었고, 선고받기 위해 사법재판소로 이송되어야 했습니다. 당시에는 수감자들을 두 명씩 짝지어 수갑을 채우고

사법재판소로 이송하는 것이 관행이었습니다. 주네가 다른 죄수와 함께 수갑에 채워질 때, 그 죄수가 교도관에게 물었습니다. "나와 함께 수갑을 차는 이 자는 누구요?" 교도관이 대답했지요. "도둑이야." 죄수는 그 자리에서 굳은 표정을 지으며 말했습니다. "맙소사, 나는 정치범이고 공산주의자요. 도둑과 수갑을 차고 싶지는 않소." 주네는 그날 이후로 우리가 아는 프랑스에서의 모든 정치적 운동과 행동에 대해 단순한 불신을 넘어 일종의 경멸을 갖게 되었다고 제게 말했지요…

사이먼: 그 시절 이후로 정치범들이 수감자 유형 간에 차이를 가려낼 수 없다는 문제를 얼마나 인식하고 있는지 궁금하군요. 자신들이 벌이는 정치 투쟁의 근원이 되는 사회 문제의 희생자라 할 이 다른 수감자들이, 좁은 의미에서 정치범은 아닐지라도, 훨씬 심층적인 차원에서는 그들보다도 더한 정치적 성격의 수감자일 수 있다는 가능성에 대해서도 말입니다.

푸코: 저는 19세기 동안 역사적 변화가 있었다고 생각합니다. 유럽, 특히 프랑스의 노동운동과 그 지도자들은 한층 폭력적이고 야만적인 경찰의 억압 행태에서 벗어나기 위해서 그들 자신을 전체 범죄자 집단으로부터 구별해야만 했지요. 당국은 노동운동을 살인마나 청부살인업자, 도둑, 알코올 중독자 등의 조직처럼 보이게 하려고 갖은 애를 썼습니다. 따라

서 이러한 비난과 그에 따른 처벌을 피해야 할 필요가 있었지요. 그리하여 그들은 지배 계급으로부터 발원한 전체 도덕 체계에 대한 책임이 마치 그들 자신의 것인 양 스스로 떠맡아야 하고, 종내에는 미덕과 악덕의 구분, 타인의 재산에 대한 존중 등과 같은 부르주아적 분할을 받아들여야 한다는 의무감을 느꼈습니다. 그들은 스스로를 위해 일종의 도덕적 청교도주의를 재창조해야 했고, 그것은 그들에게 생존의 필요조건이자 투쟁에서의 유용한 도구였습니다. 마침내 그런 종류의 도덕적 엄격함이 프롤레타리아트의 일상적 이데올로기의 일부로 그들 안에 자리잡게 되었고, 최근까지도 프롤레타리아트와 노조 또는 정치 지도자들은 일반 범법자와 정치범을 계속해서 확실히 분리하고자 했지요. 우리는 19세기에 노동운동 지도자들이 사기꾼처럼 취급되거나 처벌받지 않기 위해 필요로 했던 모든 투쟁과 노력을 잊지 않아야 합니다.

변화는 얼마 전 프랑스에서 몇몇 마오주의자들이 투옥되었을 때 일어났습니다. 감옥에 갇힌 마오주의자들은 일정 정도 재래의 정치 집단처럼 반응하면서 이렇게 말하기 시작했지요. "우리는 일반 범법자들과 동일시되기를 원하지 않는다. 우리는 인민의 사고 속에서 우리의 이미지가 그들의 이미지와 뒤섞이는 것을 원하지 않는다. 우리를 정치범의 권리를 가진 정치범으로 대우해달라." 이것은 일종의 정치적 실수임이 비교적 빨리 감지되었던 것 같습니다. 이 주제에 관한 많은 토론이 있었고, 바로 이 시기에 우리는 단체를 결성했습니다. 마오주의자들은 궁극적으로 감옥에 의한 일반 범법자의 제거가 그들 자신이 희생자였던 정치적 제거 체계의 일부라는 점을 빠르게 이해했습니다. 그러한 구분을 하고, 정치성을 띤 법률과 일반적인 법의 차이를 수용한다면, 이는 타인의 재산, 전통적인 도덕 가치 등의 존중, 즉 근본적으로 부르주아의 도덕과 법을 인정하는 문제가 된다는 것이지요. 가장 넓은 의미에서 문화혁명은, 적어도 우리 사회 같은 곳에서는, 더 이상 일반 범법자와 정치범을 구별하지 않는다는 것을 함축합니다. 법은 정치입니다. 이른바 법은 결국 여러 정치적 이유와 정치 권력에 근거해서 부르주아 계급이 규정하는 것이지요.

사이먼: 마오주의자들은 스스로를 차별화하면서 감옥 안에서도 엘리트로 남아 있고자 한다는 인상을 대중에게 줌으로써, 자신들이 정치적 오류를 저질렀다는 사실을 깨달았습니다. 뿐만 아니라 그들은 더 넓은 의미의 정치에 대해서도 배웠습니다.

푸코: 맞습니다. 저는 형벌 체계 전체, 그리고 궁극적으로는 도덕 체계 전체가 모두 부르주아지에 의해 구축된 권력 관계의 산물이며 그러한 권력의 행사와 유지 수단을 구성한다

는 발견이 그들의 이해를 매우 심화해준 계기였다고 생각합니다.

사이먼: 당신의 말을 들으면서, 저는 영화 〈알제 전투La Bataille d'Alger〉의 한 장면을 떠올렸습니다. 여러 예 중 하나일 뿐이지만, 혁명가들 쪽에서 모종의 금욕주의를 관찰할 수 있었지요. 그들은 마약에 대한 탐닉을 거부하고 성매매를 혐오스럽게 바라봅니다. 영웅들이 매우 순수한 인물로 묘사되고, 그들 가운데 한 명은 성매매 여성과 함께 가기를 거부하는 식으로 묘사되는 영화였습니다. 사실 이러한 태도는 여전히 알제리에 널리 퍼져 있는 것으로 보입니다. 순수하게 남아 있고자 하는 일부 혁명가들의 금욕주의적 특질은 (이는 부르주아 교육의 산물일 개연성이 큰데) 진정한 혁명가가 대중 운동 내에서 받아들여지지 못하게 가로막는 요인이 될까요?

푸코: 당신의 첫번째 질문에 답하자면, 혁명가의 엄숙주의는 분명히 그의 부르주아적 출신 배경, 혹은 출신이 어떻든 간에 부르주아지와의 문화적·이데올로기적 친연성을 분명히 드러낸다고 말할 수 있겠네요. 그럼에도 저는 그것을 역사적 과정과 연결지어야 한다고 생각합니다. 제가 보기에는 19세기 초까지, 심지어 프랑스 혁명 동안에도 인민 봉기는 농민, 소장인, 비숙련노동자뿐만이 아니라 사회에 제대로 통합되지

못하고 동요하는 부류들, 예를 들자면 노상강도, 밀수업자 등처럼 어떤 식으로든 국가의 법률, 합법성의 통치 체계에 의해 거부당한 모든 사람들에 의해 주도되었습니다. 19세기에 프롤레타리아트는 스스로를 매우 분명한 요구를 지닌 권력으로 인정받게 만든 동시에 폭력적인 배제와 속박에서 벗어나게 만든 정치 투쟁 과정에서, 어찌 됐든 자기 자신을 여타 선동에 휩쓸린 인구 집단으로부터 분리하지 않을 수 없었습니다. 노동조합이 설립되었을 때, 인정받기 위해서는 온갖 모반자 집단과 사법 체계에 대한 거부자들로부터 자신을 분리할 필요가 있었습니다. 우리는 살인자가 아니며, 사람이나 재화를 공격하지 않는다. 우리가 생산을 중단한다면, 그것은 완전한 파괴로 돌진하기 위한 것이 아니라, 아주 정확한 요구와 함께 가는 것이다. 18세기 말까지 민중 집단에서는 전혀 통하지 않았던 가정 도덕은, 19세기 초에 이르면 프롤레타리아트가 나름의 품위를 구축할 수 있는 유일한 수단이 되었습니다. 민중적 미덕, 좋은 노동자, 좋은 아버지, 좋은 남편, 이 모든 것은 사법 체계에 대한 존중과 맞물려 있었습니다. 이러한 이미지는 18세기 이래로 부르주아지가 프롤레타리아에게 제시하고 부과해온 것으로, 이는 프롤레타리아를 온갖 형태의 폭력적 선동과 반란으로부터, 그리고 권력과 권력의 규칙을 찬탈하려는 온갖 시도로부터 돌려놓기 위한 것이었습니다. 실상 프롤레타리아트는 이 이미지를 체득해 종종 자신들의 투쟁에 도움이 되는 방식으로 사용했습니다. 어느 정도까지 그러한 '도덕성'은, 1848년부터 졸라Emile Zola와 조레스Jean Jaurès에 이르는 19세기 후반을 통틀어 프롤레타리아트와 프티부르주아지 간의 결합을 성사시켜준 역할을 했다고 할 수 있습니다.

이제 두번째 질문입니다. 이러한 청교도주의가 혁명 지도자에게 장애물이 되지는 않을까 하는 것이지요? 현재로서는 그렇습니다. 적어도 우리 단체는 그러한 장애물이 실제로 존재한다는 의견을 갖고 있습니다. 오늘날 우리 사회에는 사회에 제대로 통합되지 못한 계층, 영구히 거부당하는 계층, 그리하여 그들 쪽에서도 부르주아 도덕 체계를 거부하는 사람들로 구성된 진정한 혁명 세력이 존재합니다. 우리의 도덕적 편견을 없애지 않고서 어떻게 그들과 함께 정치적 전투에 나설 수 있겠습니까? 결국 "나는 일하는 것보다 일하지 않는 편을 선호한다"고 말하는 만성적 미취업자들을 고려해볼 때, 또 여성, 매춘부, 동성애자, 마약 중독자 등을 고려해볼 때, 이들에겐 사회에 의문을 제기하는 힘이 있는데, 우리가 이 힘을 정치적 투쟁에서 소홀히 할 권리는 없다고 생각합니다.

사이먼: 당신의 생각을 논리적으로 계속 따라가다 보면, 수감자 재활에 관여하는 사람들이 아마도 혁명의 가장 몹쓸 적이라고까지 말할 수 있을 것 같습니다. 제 첫번째 질문으로

되돌아간다면, 우리에게 애티카를 안내해주었던 친구는 당신이 말했듯 '제대로 된' 사람, 아주 선한 의도를 지닌 사람이라는 인상을 주었지만, 상상력을 완전히 결여한 제일 위험한 적이 될 수도 있겠습니다.

푸코: 예, 저는 당신의 말이 근본적으로 옳다고 생각합니다. 당신이 문제를 아주 잘 제시했기 때문에 논의를 더 멀리 끌고 나가지는 않으려고 합니다. 우리의 방문을 담당했던 애티카의 문화 프로그램 책임자를 두고 누군가는 직접적인 의미에서 위험하다고 말할 수도 있겠지요. 우리의 방문 이후 제가 만났던 애티카의 전 수감자 중 한 명이 저에게 이렇게 말했습니다. "그 사람은 교도관 가운데서도 가장 사악한 자에 속하죠."

어쨌든 그 후에 우리는 매우 자유주의적이고, 적확한 관점으로 사태를 보는 아주 좋은 심리학자들을 만났습니다. 그렇지만 그들이 도둑질이나 은행강도, 성매매, 동성 섹스 등을 해결책 마련에 도움을 주어야 하는 개인의 심리적 문제로 여긴다면, 그들 또한 근원적으로 체제의 공범자가 아닐까요? 그들은 궁극적으로 비행이나 범죄가 우리 사회가 기능하는 방식을 가장 근본적으로 의문에 부친다는 사실을 은폐하고 있지는 않을까요? 너무나 근본적인 나머지 우리는 그것이 사회적이라는 점을 잊어버리고, 도덕적인 문제이자 개인이 해결해야 할 문제라는 인상을 받는 것이지요…

　이제 당신은 우리가 문제를 제시하는 방식을 이해할 것입니다. 저는 당신의 말에 완전히 동의합니다. 재통합과 관련된 것들, 그리고 심리적 또는 개인적 해결책과 관련된 모든 것들이 사회에 의한 이들〔수감자들〕의 제거, 그리고 사회에 대한 이들의 공격이라는 심원한 정치적 성격을 은폐하고 있는 것이 아닐까요? 제 생각에, 잘 드러나지 않는 이러한 투쟁들 모두 정치적입니다. 범죄는 "아래로부터의 쿠데타coup d'état"다. 『레미제라블Les misérables』에 나오는 문구입니다.

지리학에 관해 푸코에게 보내는 질문[1]

"…지리학은 제 관심사의 중심에 놓일 수밖에 없지요."
─미셸 푸코

『헤로도토스』: 당신이 시도한 작업은 우리가 지리학에서 수행한 성찰, 그리고 일반적으로는 공간의 이데올로기와 전략에 관한 성찰과 많은 부분 일치합니다(또 그것에 자양분을 제공합니다).

지리학에 질문을 제기하는 과정에서 우리는 지식, 권력, 과학, 담론 구성체, 시선, 에피스테메와 같은 일련의 개념을 접했고, 우리가 성찰의 방향을 잡는 데 당신의 고고학이 기여를 했습니다. 『지식의 고고학』에서 당신이 발전시킨 가정, 즉 담론 구성체는 어떠한 대상이나 양식 또는 불변하는 개념들의 게임이나 주제thématique의 지속성에 의해 정의되는 것이 아니라, 일정한 규칙성을 갖는 분산 체계로서 이해되어야 한다는 주장은 우리가 지리학적 담론을 더 잘 파악할 수 있도록 해주었습니다.

---

1   "Questions à Michel Foucault sur la géographie," *Hérodote*, n. 1,
janvier-mars 1976, pp. 71~85. 〔『말과 글』의 텍스트 n. 169.〕

따라서 지금까지 당신이 지리학에 관해 아무런 언급도 하지 않았다는 사실이 우리로서는 매우 놀랍게 느껴집니다 (제 기억이 옳다면, 당신은 퀴비에Frédéric Cuvier에 관한 강연에서 지리학의 존재를 잠깐 언급한 적이 있는데, 이는 지리학을 자연과학 안으로 밀어 넣기 위해서였을 뿐이었지요).[2] 그러나 역설적인 말이겠지만, 헤겔이나 칸트와 같은 예외가 있긴 해도 철학자들이 일반적으로 지리학을 간과하고 있는 상황에서, 당신이 지리학을 논했더라면 우리는 역시 깜짝 놀랐을 것입니다. 이는 지리학자들이 비달 드 라 블라쉬Vidal de La Blache 이래로 사회과학, 마르크스주의, 인식론, 과학사의 보호 아래 틀어박혀 있는 탓일까요? 아니면 자연과학과 사회과학에 양다리를 걸친, 분류 불가능하고 '제자리에 있지 않은' 지리학에 반감을 품은 철학자들의 탓일까요? 당신의 지식의 고고학에는 지리학의 '자리'가 있습니까? 지리학에 대한 고고학적 작업을 수행하면서 혹시 당신은 자연과학(조사, 도표)과 인간과학(검사, 훈육)의 분할을 재생산하고, 그럼으로써 지리학이 설 자리를 없애버리고 만 것은 아닌가요?

푸코: 일단 평이하게 경험적인 대답을 해보겠습니다. 그러고 나서 그 뒤에 할 만한 이야기가 더 있는지 보도록 하지요. 만

---

2   "La situation de Cuvier dans l'histoire de la biologie"(Conférence), M. Foucault, *Dits et écrits*, II, n. 77을 보라.

일 제가 논의해야 했는데 하지 않았던, 하지만 이런저런 식으로 그 주변을 맴돌고 있었던 모든 과학, 인식, 지식 영역의 목록을 작성한다면, 아마도 그것은 끝도 없는 작업이 될 것입니다. 저는 생화학이나 〔제도화된 분과학문으로서〕 고고학에 대해서 논의한 적이 없습니다. 또한 저는 역사학의 고고학을 수행하지도 않았습니다. 그저 흥미롭다든가, 중요하다든가, 또는 그 역사가 본보기가 될 만하다는 이유로 특정한 과학을 〔고고학의 대상으로〕 취하는 것은 좋은 방법같이 보이지 않습니다. 물론 정확하고 적절하며 개념적으로 무색무취의 역사 연구를 바란다면, 그것도 괜찮은 방법일지 모르겠습니다. 그러나 의미, 쓸모, 정치적 효력을 갖는 역사 연구를 바라는 순간부터, 우리는 대상 영역 안에서 펼쳐지는 투쟁들에 어떤 식으로든 연결되어 있는 한에서만 제대로 연구할 수 있습니다. 제가 처음 계보학적 역사 연구를 시도해본 것은 정신의학에 대해서였는데요, 정신병원에 경험이 있었고, 거기서 전투, 전선의 형성, 충돌 지점, 긴장을 감지했기 때문입니다. 제가 〔광기의〕 역사를 다루었다면 그건 오로지 이 투쟁과 관련해서였습니다. 문제이자 관건 혹은 내기는 참이면서도 전략적으로 효과를 발휘할 모종의 담론을 포착할 수 있는지에, 혹은 어떻게 역사의 진실이 정치적으로 효과를 가질 수 있는지에 걸려 있습니다.

『헤로도토스』: 그것은 제가 당신께 제기하려는 가설과도 맞닿는 부분이 있습니다. 만일 지리학에 충돌 지점, 긴장, 전선들이 있다면, 그것들은 지리학에는 논쟁이 부재한다는 사실 그 자체에 숨겨져 있습니다. 그럼에도 철학자나 인식론자, 고고학자를 끌어당긴다면 이미 벌어진 논쟁을 중재하거나, 그로부터 뭔가 이점을 끌어내는 일에서겠지요.

푸코: 주목을 끌 수 있는 논쟁이 중요한 것은 사실입니다. 하지만 저는 그것이 어떤 과학이든 상관없이 진실의 담론을 포착해야 한다거나, 또는 그러고 싶어 하는 부류의 철학자는 아닙니다. 모든 과학에 통용되는 법칙을 구축하는 것은 실증주의의 기획입니다. '개량된' 마르크스주의의 특정 유형들에서도 비슷한 시도를 발견할 수 있겠지요. 과학들의 과학으로서 마르크스주의가 과학 이론을 구성하고 과학과 이데올로기 사이의 구분을 정초할 수 있다고 주장하는 식으로 말입니다. 그런데 제가 결연히 거부하는 역할이 바로 이러한 중재자, 심판, 보편적 증인의 위치입니다. 제가 보기에 그것은 대학 제도상의 철학과 연결되어 있습니다. 제가 어떤 분석들을 한다면, 그것은 중재하고자 하는 논쟁이 있기 때문이 아니라, 제가 의학이나 정신의학, 형벌 제도 등에서의 어떤 투쟁들에 연루되어 있었기 때문입니다. 달리 말하면, 저는 인간과학의 일반사를 쓰려고 하지 않았고, 과학의 가능성에 대한 일반적인

비판을 시도하지도 않았습니다. 『말과 사물』의 부제는 인간 과학에 대한 하나의 고고학이지 유일한 고고학이 아닙니다. 지리학에서 일어나고 있는 바와 직접 관련을 맺고 있고, 지리학을 경유하는 권력의 온갖 대립을 마주하고 있는 여러분이 바로 그것들에 대적해야 하며 거기서 투쟁할 수 있게 해줄 도구들을 개발해야 합니다. 당신은 제게 기본적으로 이렇게 말해야 했을 것입니다. "스스로 그다지 관련되어 있지도 않고, 잘 알지도 못하는 문제에 매달리지 마십시오." 그러면 저는 이렇게 대답했을 것입니다. "제가 정신의학과 형벌 제도, 자연사에 활용할 수 있다고 믿었던 한두 가지(접근 또는 방법)가 당신에게 도움이 될 수 있다면 기쁘겠습니다. 만약 당신이 제 도구들을 변형해야 한다거나 다른 것〔도구〕들을 〔추가로〕받아들이지 않을 수 없다면, 제게도 알려주십시오. 저한테도 도움이 될 테니까요."

『헤로도토스』: 당신은 뤼시앵 페브르Lucien Febvre나 브로델 Fernand Braudel, 르루아 라뒤리Le Roy Ladurie 같은 역사학자들을 자주 참고합니다. 여러 기회에 그들에게 경의를 표하기도 했지요. 이 역사가들은 지리학과 대화하고, 지리사géo-histoire 혹은 지리인류학anthropogéographie을 정초하고자 했던 사람들이었습니다. 이 역사가들을 통해서 지리학과 만날 기회를 가질 수 있었습니다. 게다가 당신은 정치경제학이나 자연사를

2부 권력의 공간화

연구하면서 지리학의 영역을 슬쩍 건드리고 지나갔습니다. 이처럼 〔당신의 작업에서〕 지리학과 지속적으로 접촉한 흔적을 찾아볼 수 있지만, 그것이 명확한 참조점으로 등장하는 적은 없더군요. 제가 이 질문을 통해 지리학에 대한 가설적인 고고학을 요구한다거나, 진심 어린 실망을 표현하는 것은 아닙니다. 그저 놀라웠다는 말일 뿐이지요.

푸코: 조심스럽긴 하지만, 이 문제에 대해서는 구체적인 주장들로 답하는 수밖에 없겠습니다. 어쨌든 저는 우리가 '본질에의 의지意志'를 의심해야만 한다고 믿습니다. '당신이 무엇인가에 관해 말을 하지 않는다면, 그것은 분명 우리가 격퇴해야 할 장애물들이 있기 때문이다'라고 믿는 것 말입니다. 그런데 우리는 무언가에 대해 무의식적인, 그래서 접근할 수 없는 지식을 가지고 있기 때문이 아니라, 단지 그것을 잘 모르기 때문에 말을 하지 않을 수도 있습니다. 당신은 제게 지식의 고고학 안에 지리학의 자리가 있는지 질문하셨지요. 문장을 바꾼다는 조건 아래, '그렇다'고 말할 수 있습니다. 지리학을 위한 자리를 발견한다는 것은 지식의 고고학이 지식 영역 전체를 광범위하고 철저하게 포괄하려는 기획이라는 의미일 것입니다. 그런데 그것은 제가 머릿속에서 구상하는 바가 전혀 아닙니다. 지식의 고고학은 단지 하나의 접근 방식일 뿐입니다. 적어도 데카르트 이래 서양 철학은 언제나 인식의 문제

와 연계되어온 것이 사실입니다. 거기서 빠져나가진 못할 것입니다. 철학자가 되고 싶어 하는 사람이 "인식이란 무엇인가?" 또는 "진리란 무엇인가?"와 같은 질문을 하지 않는다면, 대체 어떤 의미에서 철학자라고 말할 수 있겠습니까? 제 관심사가 진리에 있다면, 스스로 아무리 철학자가 아니라고 말한들, 전 철학자입니다. 그런데 니체 이후로 이 질문은 변화했습니다. 그것은 더 이상 "대문자 진리로 가는 가장 확실한 길은 무엇인가?"가 아니라, "진리는 어떤 불확실한 길을 걸어왔는가?"가 되었습니다. 이것이 바로 니체의 문제의식이었고, 후설이 『유럽 과학의 위기』에서 탐구한 질문이었습니다.[3] 과학, 참된 것le vrai에 대한 구속, 진리에 대한 의무, 진리 생산의 의례적 절차들이 지난 수천 년간 유럽 사회 전역을 가로질렀고, 이제는 보편화된 나머지 모든 문명의 일반 법칙이 되었습니다. 그 역사는 무엇이고, 효과는 어떠했으며, 그것은 권력 관계들과 어떻게 맞물려 있을까요? 만일 우리가 문제의 노선을 이렇게 잡는다면, 지리학도 유사한 방법[즉 고고학]의 소관 사항일 수 있습니다. 잘은 모르겠지만, 약리학이나

---

3 E. Husserl, *Die Krisis der europäischen Wissenschaften und die transzendentale Phänomenologie*, I, Belgrade, Philosophia, 1936, pp. 77~176 (*La Crise des sciences européennes et la Phénoménologie transcendantale*, trad., G. Granel, Paris, Gallimard, 1976). [에드문트 후설, 『유럽학문의 위기와 선험적 현상학』, 이종훈 옮김, 한길사, 2016.]

미생물학, 인구학에 대해 취하는 방법을 지리학에 대해 시도해야 할 것입니다. 엄밀한 의미에서의 〔고고학에 지리학의〕 자리는 없겠지만, 지리학적 지식에 대한 고고학을 수행할 수는 있어야 할 것입니다.

『헤로도토스』: 당신이 탐색하고 발굴을 시도하는 장 안에서 지리학이 잘 보이지도 잡히지도 않는다면, 그것은 아마도 실제의 시간 요인을 우선시하는 역사학이나 고고학의 의식적 과정에 연계되어 있기 때문이 아닐까 합니다. 그래서인지 당신의 저작에서는 시대구분에 대한 엄격한 고려가 있는 반면, 장소특정localisations에 있어서는 상대적으로 불명확하고 유동적인 면모를 찾아볼 수 있습니다. 당신이 논의의 준거로 삼는 공간은 기독교 사회, 서구 세계, 북유럽, 프랑스 등으로 무차별적인데, 이 공간들은 제대로 정당화되지 않거나 때로는 적시조차 되지 않습니다. 당신은 다음과 같이 쓴 바 있습니다. "각각의 시대구분은 역사 속에서 일정한 층위niveau의 사건들을 구획하고, 역으로 각 층위의 사건들은 그에 인접한 시대구분을 호출한다. 우리는 선택한 층위에 따라 상이한 시대구분을 수행해야 하며, 우리가 부여한 시대구분에 따라 상이한 층위들에 도달할 것이기에 그렇다. 이렇게 해서 우리는 복잡한 불연속성의 방법론에 이르게 된다." 공간과 공간적 스케일과 관련해서도 불연속성의 방법론을 개념화하고 구축할 수 있으며, 그래야 할 것입니다. 사실상 당신은 유동적이고 불분명한 공간화 내지 경계 획정의 위험을 무릅쓰고, 시간 요인을 특권화하는 것으로 보입니다. 시대, 시기, 시간 구획에 세심하게 기울이는 배려와는 대조적으로 공간화는 불명확하다는 뜻이지요.

푸코: 여기서 우리는 방법의 문제만이 아니라, 자료의 문제를 건드리게 되는데요, 한 사람이 역사를 얼마나 답파할 수 있는가 하는 아주 단순한 것입니다. 정확히 말하면, 프랑스 형벌 제도의 역사 말입니다. 결국 그것이, 〔『감시와 처벌』에서〕 과잉도 있었지만 어느 정도 준거와 고정점을 두고 제가 진행했던 작업의 핵심이었습니다. 제가 그 핵심을 말하지 않고서, 약간은 서구중심적이고 약간은 흐릿한 경계를 떠돌도록 내버려두었다면, 그것은 제가 다룬 자료가 프랑스를 살짝 넘어섰을 뿐만 아니라, 프랑스에서 벌어졌던 현상을 이해하기 위해서 종종 다른 곳에서 일어난, 별로 명시적이지 않고, 시간상 선행하며, 모델로 기능하는 것들을 참조하지 않을 수 없었기 때문입니다. 바로 이런 이유로 저는, 지역적 혹은 국지적인 편차가 있었다는 유보 조건 아래, 이 현상들을 앵글로색슨이나 스페인 또는 이탈리아 사회에도 위치시킬 수 있었습니다. 저는 그 이상으로 적시하지는 않았는데요, "나는 전 유럽에 관해 논한다"고 말하는 것만큼이나 "나는 프랑스에

관해서만 논한다"고 말하는 것이 기만적으로 여겨졌기 때문입니다. 실제로는 이러한 유형의 과정이 어디에서 멈추었는지, 어디서부터 우리가 "다른 일이 일어난다"고 말할 수 있는지 적시해야—그런데 이는 여럿이서 함께 수행해야 할 작업입니다—했겠지요.

『헤로도토스』: 이러한 불명확한 공간화는 위치, 이동, 장소, 장 같은 공간적 은유의 풍부한 활용과 대비를 이룹니다. 때로는 영토, 영역, 토양, 시계視界, 군도, 지정학, 지역, 풍경 같은 지리학적 은유도 있고요.

푸코: 자, 그럼 이 지리학적 은유들 몇 개를 다시 살펴봅시다. 영토는 분명히 지리학적 용어이지만 우선적으로 법적-정치적 용어이기도 합니다. 모종의 권력에 의해 통제받는 곳이지요. 장champ은 경제적-법적 용어이고, 이동은 군대, 부대, 인구의 자리 옮김을 뜻합니다. 영역domaine은 법적-정치적 용어이고, 토양은 역사적-지질학적 용어입니다. 또 지역région은 재정적, 행정적, 군사적 용어이고, 시계horizon는 회화에서 쓰이지만 전략적인 용어이기도 합니다. 정말 지리학적인 용어는 단 한 개가 있는데, 군도가 그것입니다. 저는 그것을 솔제니친Aleksandr Solzhenitsyn의 영향으로 딱 한 번—감옥 군도 archipel carcéral[4]—사용했습니다. 그것은 특정 유형의 형벌 제

도가 사회 곳곳에 퍼져 전체를 뒤덮고 있는 상태를 가리키기 위한 것이었습니다.

『헤로도토스』: 물론 그것들이 엄밀하게는 지리학 용어가 아닐지도 모릅니다. 그렇지만 모든 지리학적 언표의 기반을 이루는 용어입니다. 이렇게 해서 우리는 지리학적 담론이 개념들을 거의 생산해내지 못하고, 여기저기서 끌어왔다는 사실을 알게 되지요. 예컨대, 풍경은 회화의 용어이지만, 전통적인 지리학의 핵심 대상이기도 합니다.

푸코: 그런데 당신은 제가 이 용어들을 지리학이 그것들을 빌려온 학문에서가 아니라, 지리학에서 바로 빌려왔다고 확신하실 수 있습니까?

『헤로도토스』: 여기서 강조해야 할 부분은 어떤 공간적 은유들은 지리학적인 만큼이나 전략적인 성격을 지닌다는 점입니다. 이는 아주 자연스러운 일인데, 왜냐하면 지리학은 군대의 그늘 아래 발전했기 때문입니다. 지리학적 담론과 전략적 담론 사이에서 용어들의 순환을 관찰할 수도 있지요. 지리학에서의 지역région은 [어원상] 다름 아닌 군사적 지역(관리받

---

4   푸코가 『감시와 처벌』(1975)에서 쓴 표현으로, 초판 이후 삭제되었다.

는regere, 명령받는)이며, 지방〔관구〕province은 정복된 영토 (승리한vincere)입니다. 또 장은 전장의 장이고…

푸코: 사람들은 종종 제게 공간 강박증이 있다고 비난했는데, 실제로 그러한 강박증에 사로잡혀 있긴 했습니다. 그런데 저는 그것을 통해서 제가 마음속으로부터 찾고 있던 것을 발견했다고 생각합니다. 바로 권력과 지식 사이의 관계가 그것입니다. 일단 지식을 지역, 영역, 정착, 이동, 이전 같은 용어로 분석할 수 있게 되면, 지식이 권력으로서 기능하고 효력을 발생시키는 과정을 포착할 수 있게 됩니다. 지식의 행정, 지식의 정치학, 지식을 경유하는 권력 관계가 있는 것이지요. 누군가 이러한 권력 관계를 기술하고자 한다면, 당연히 장, 위치, 지역, 영토 등의 용어가 의거하는 지배 형태들을 참조해야 합니다. 그리고 정치적-전략적 용어는 군사적인 것과 행정적인 것이 어떻게 하나의 토양 위, 여러 형태의 담론들 속에 효과적으로 각인되는지 알려줍니다. 담론 분석을 시간적 연속성의 차원에서만 고려하는 사람은 불가피하게 그것을 개인 의식의 내적 변환으로서 파악하고 분석하게 됩니다. 그는 거대한 집합 의식을 구축하게 될 테고, 그 속에서 여러 일이 벌어진다고 보겠지요.

시간 관련 어휘들을 중심으로 담론의 전환을 은유한다면, 필연적으로 개인 의식과 그 고유한 시간성이라는 모델을

활용하게 됩니다. 반대로 공간적, 전략적 은유들을 통해 담론
을 해독하고자 한다면, 담론이 권력 관계 속에서, 그 관계를
통해, 그 관계로부터 변화하는 지점들을 정확히 포착할 수 있
을 것입니다.

『헤로도토스』: 『자본론을 읽는다』에서 알튀세르는 비슷한
의문을 제기하고 다음과 같이 묻습니다. "이 텍스트에서 사
용하는 〔…〕 공간적 은유들에 대한 참조는 한 가지 이론적인
문제를 제기한다. 과학을 자임하는 담론 안에서 그것들이 존
재 자격이 있는가 하는 문제이다. 이 문제는 다음과 같이 진
술될 수도 있을 것이다. 왜 특정 형태의 과학적 담론은 불가
피하게 비과학적 담론에서 빌려온 은유의 활용을 요구하는
가?"[5] 이처럼 알튀세르는 공간적 은유에 대한 호소를 불가피
하지만, 퇴행적이고 엄밀하지 않은 것이라고 말합니다. 그러
나 실상은 이와 반대가 아닌가 생각하게 됩니다. 공간적 은유
는 반동적이거나 기술관료적이거나 기만적이거나 부당하기
는 고사하고, '전략적' '투쟁적' 사유의 징후로서 담론 공간을
정치적 실천의 지대이자 쟁점으로 설정합니다.

5   L. Althusser, P. Macherey, J. Rancière, *Lire le Capital*, I, Paris,
     Maspero, 1965 ; L. Althusser, É. Balibar, R. Establet, *Lire le Capital*,
     II, Paris, Maspero, 1965. 〔루이 알튀세르·에티엔 발리바르,
     『자본론을 읽는다』, 김진엽 옮김, 두레, 1991.〕

푸코: 사실 그러한 표현들에서 문제가 되는 것은 바로 전쟁, 행정, 정착, 권력의 관리입니다. 오랜 세월 동안 지배적인 것이 되어버린 공간에 대한 평가절하를 비판해야 할 것입니다. 그러한 평가절하는 베르그손Henri Bergson과 함께, 아니면 그 이전부터 시작되었을까요? 공간은 죽어 있고 굳어 있고 움직이지 않고 변증법적이지 않은 데 반해, 시간은 풍부하고 비옥하고 살아 있고 변증법적이라는 식의 논리 말입니다. 공간적 용어들을 쓰면 어떤 이들은 반역사적이라는 인상을 받는 듯합니다. 그들은 역사를 진화, 살아 있는 연속체, 유기적 발전, 의식의 진보 또는 실존의 기투projet 같은 낡은 형태들과 혼동합니다. 만일 누군가 공간의 용어들로 이야기한다면 그는 마치 시간의 중요성에 반대하는 사람 취급을 받습니다. 멍청이들이 말하듯, '역사를 부정하는' 사람, '기술관료'가 되어버리는 것이죠. 그들은 〔담론적 사실들의〕 이주 정착, 경계 획정, 대상 분할, 도표화, 영역 조직을 식별하는 가운데 권력 과정—당연히 역사적인—이 표면에 떠오르게 된다는 점을 이해하지 못합니다. 담론적 사실들을 공간화하는 서술은 그것들에 연계된 권력 효과에 대한 분석에 열려 있습니다.

『헤로도토스』: 『감시와 처벌』과 함께 이러한 사유의 전략화는 새로운 단계로 도약했습니다. 판옵티즘에서 우리는 단순한 은유의 수준을 넘어섭니다. 거기서 문제가 되는 것은 건축과 공간적 형상의 측면에서 제도들을 기술하는 것이니까요. 심지어 당신은 결론에서 감옥촌ville carcérale의 '상상적 지정학géo-politique imaginaire'에 관해 언급합니다. 이 판옵티콘의 형상은 그 총체로서 국가기구를 염두에 둔 것인가요? 당신의 최근 저작[『감시와 처벌』]에는 권력의 잠재적 모델이 나타납니다. 즉 미시권력들의 산재, 단일한 기구도 본거지나 중심도 없이 흩어져 있는 기구들의 네트워크, 여러 제도와 테크놀로지 들 간의 연계 같은 것이죠. 그런데 당신은 그때까지 종교 집단이나 자선 단체가 담당해온 소년원이나 감화원, 학교, 병원의 국가화에 대해 주의를 환기합니다. 이와 더불어 스스로는 보이지 않으면서 모든 것을 보이게 하는, 철저하고 영구적인 감시를 수행하는 중앙집중화된 내치가 자리 잡습니다. "18세기에 내치기구의 조직은 훈육의 일반화를 뒷받침했고, 국가적 차원에까지 다다르게 된다."

푸코: 판옵티즘이라는 용어로 저는 권력이 이용하는 모든 일련의 절차 가운데서 작동하는 메커니즘의 총체를 겨냥했습니다. 판옵티즘은 권력 층위에서의 기술적 발명으로, 생산 층위에서 증기기관과 같은 위상을 지닙니다. 이러한 발명은 학교, 병영, 병원 같은 국지적 수준에서 먼저 이용되었다는 특징이 있습니다. 거기서 사람들은 포괄적 감시를 실험했습니

다. 사람들은 서류를 작성하고, 분류와 표식 체계를 구축하고, 이 개별 자료들을 통합적으로 관리하는 법을 터득하였습니다. 물론 경제—그리고 조세—는 이미 이러한 절차들 가운데 몇몇을 활용한 바 있습니다. 하지만 학생이나 환자 집단에 대한 지속적인 감시는 완전히 다른 문제였지요. 그리고 이러한 방법들은 어느 시점에서부터인가 일반화되었던 것입니다. 이러한 확산 과정에서 내치기구는 주요한 벡터 가운데 하나였는데, 나폴레옹 행정부 또한 일익을 담당했습니다. 저는 제정 시기 검찰관의 역할은 바로 '황제의 눈'이라는 아주 멋진 서술을 인용한 적이 있는데요, 파리의 검찰총장에서부터 지방의 검사 대리에 이르기까지, 모두 무질서를 감시하고 범죄의 위험을 예방하며 온갖 사소한 일탈에 대해서 제재를 가하는, 유일하고도 동일한 시선을 갖는다는 것입니다. 이 편재하는 시선에서 우연히 어느 한 곳이 느슨해진다면, 어딘가에서 그것이 잠들어버린다면, 국가는 머지않아 붕괴에 이를 터입니다. 판옵티즘이 국가기구들에 의해 징발당했다기보다는, 기구들이 국지적이고 분산된 일종의 작은 판옵티즘들에 의존하고 있었던 셈입니다. 따라서 권력의 메커니즘을 복잡하고 세세한 부분에 이르기까지 제대로 포착하기 위해서는 국가기구들의 분석에만 머물러서는 안 되는 것이지요. 우리는 권력을 국가기구에만 위치 짓고서, 그것을 한 계급이 다른 계급에 대해 행사하는 유일무이하고 중차대한 특권적 도구라도 되는 것처럼 바라보는 도식적 사고—더욱이 정작 마르크스에게서는 발견할 수 없는—를 피해야 합니다. 실제로 권력의 행사는 훨씬 더 멀리까지 이루어지고, 훨씬 더 섬세한 경로를 거쳐 가며, 훨씬 더 모호하고 불투명합니다. 사실상 각각의 개별자가 일정한 권력을 가지고 있으며, 이러한 제한 속에서 권력을 실어 나르기 때문입니다. 권력은 생산 관계를 재생산하는 하나의 기능만 수행하는 게 아닙니다. 지배의 네트워크와 착취의 회로는 서로 간섭하고 교차하고 또 의지하지만, 양자가 일치하지는 않습니다.

『헤로도토스』: 국가기구가 모든 권력의 벡터는 아니라는 점에 동의하지만, 그렇더라도 국가기구가 도 단위의 판옵티콘 체제와 더불어 훈육 실천의 대부분을 포괄했다는 사실 또한 부인할 수 없지 않을까요? 특히 프랑스에서는요.

푸코: 대단히 중앙집중화되어 있었던 루이 14세와 15세 시기의 행정 군주제가 아마도 최초의 모델이었을 겁니다. 잘 아시다시피, 경찰 제도는 루이 15세 시절 프랑스에서 발명되었습니다. 국가권력의 중요성과 영향력을 과소평가하려는 의도는 조금도 없습니다. 다만 제가 우려하는 것은 국가의 배타적인 역할에 대한 지나친 강조가 국가기구를 직접 거치지 않는 모든 권력 메커니즘과 효과를 누락시킬 위험이 있다는 점입

니다. 대개 국가기구는 권력을 가장 잘 지탱하고 연장하며 최대한의 효율성을 부여합니다. 소비에트 사회의 예만 보더라도, 국가기구는 기존의 통제 방식을 바꾼 후에도 사회적 위계질서, 가족 생활, 섹슈얼리티, 신체 등을 거의 자본주의 사회에서처럼 내버려두고 있습니다. 당신은 작업장에서 기술자와 반장, 노동자 간에 작동하는 권력 메커니즘이 소련과 이곳이 아주 다르다고 생각하십니까?

『헤로도토스』: 당신은 정신의학 지식이 수용소의 벽을, 분과 학문들이 감옥 모델을, 비샤Marie François Xavier Bichat[6]의 의학이 병원의 담장을, 정치경제학이 공장의 구조를 어떻게 그 안에 품고 있었는지, 또 어떻게 그것을 전제했고 요구했는지 보여주었습니다. 이러한 논의의 연장선에서, 임기응변으로 만들어낸 가설이라 생각될 수도 있겠지만, 지리학 지식이 국가나 지방, 지역 등 〔행정 단위의〕 경계 권역을 담고 있지 않은지 자문해볼 수 있을 것입니다. 그리고 당신이 부각시킨 유폐의 형상들—광인, 범죄자, 환자, 프롤레타리아—에 시민형 군인citoyen soldat의 형상을 추가해야 할 듯합니다. 그렇다면 유폐의 공간은 훨씬 더 광활하고 덜 촘촘한 것이 아닐까요?

---

6   〔옮긴이〕 조직학과 일반 병리학을 정립한 18세기 프랑스의
     해부학자.

푸코: 대단히 흥미로운 발상입니다. 그러니까 당신은 유폐당한 군상에게도 국적이 있었다는 말씀이지요? 경계를 정당화하는 지리학 담론은 바로 민족주의 담론일 테니 말입니다.

『헤로도토스』: 지리학은 이러한 민족주의 담론을 구성하는 역사의 일부이기도 합니다. 여기서 쥘 페리Jules Ferry의 에콜 설립은 중요한 기점이 되는데, 시민 정신과 애국심을 심어주고 함양하는 임무를 역사학과 지리학에 부여합니다.

푸코: 그 결과가 바로 정체성의 구성일 테지요. 제 가설에 따르면, 권력이 힘을 행사하고 쓰러뜨릴 수 있는 미리 주어진 개인은 존재하지 않습니다. 여러 특성과 정체성, 자기 자신에 고정성을 갖는 개인은 신체, 다양성, 운동, 욕망, 힘 들에 대해 권력 관계가 작동한 결과물입니다.

　　게다가 지역 정체성의 문제라든지, 그것이 민족 정체성과 빚어낼 수 있는 온갖 갈등에 관해서도 해야 할 말이 아주 많겠지요.

『헤로도토스』: 권력-지식의 도구로서 지도는 당신이 구분한 세 가지 문턱, 즉 그리스 시대의 측정mesure, 중세의 조사 enquête, 18세기의 검사examen를 넘나듭니다.[7] 지도는 이 각각의 문턱과 결합하면서 측정 도구로부터 조사 도구를 거쳐 오늘날에는 검사 도구(선거 지도, 인지 지도 등)로 변모했습니다. 하지만 지도의 역사(혹은 고고학)가 '당신이 제시한' 연대기에는 그다지 잘 들어맞지 않더군요.

푸코: 투표나 선거 결과의 지도는 검사의 도구입니다. 저는 역사 속에서 세 가지 모델이 연속적으로 나타났다고 생각합니다. 하지만 당연히도 이 세 가지 기법은 상호 간에 고립적으로 머물러 있지 않았으며, 즉각적인 영향을 주고받았습니다. 조사는 측정을 활용했고, 검사는 조사를 활용했습니다. 검사는 다른 두 가지 기법을 바탕으로 새로운 국면을 맞았습니다. 그러므로 우리는 첫번째 질문에서 한 가지 측면을 다시 생각해볼 수 있습니다. 검사와 조사의 구분은 사회과학과 자연과학의 분리를 연장하는 것이 아닐까요? 사실 저는 재정·행정·정치적 도식이자 모델로서의 조사가 세계를 누비고 다

7 〔옮긴이〕푸코는 서구 사회의 역사에서 권력을 행사하는 수단과 지식을 정립하는 규칙이 떼려야 뗄 수 없게 결합해 있음을 부각시키면서 그 형태들이 어떻게 변화해왔는지를 논한다. 이 과정에서 그는 측정, 조사, 검사 등을 일종의 이념형으로 제시한다. 측정은 고대 그리스에서 도시의 구성과 공정한 질서의 수립을 위해 생겨난 권력-지식의 한 유형이다. 14세기 이래 중세 국가 형성과 관련되어 있는 조사는 사실, 사건, 행위, 속성, 권리 등을 확인하고 복원하는 절차로 경험과학과 자연과학의 모태가 되었다. 또 산업 사회에 고유한 통제, 배제, 처벌 체계와 연관되는 검사는 인문사회과학의 근간을 마련했다. 미셸 푸코,『지식의 의지에 관한 강의』, 양창렬 옮김, 난장, 2017 참조.

니는 사람들이 정보를 수집했던, 중세 말 이래 18세기까지 일어난 이 거대한 도정들에 어떻게 모태를 제공할 수 있었는지 알고 싶습니다. 그들은 정보를 그저 있는 그대로 수집했던 것은 아니었습니다. 어느 정도 명료하고 의식적인 그들 나름의 도식에 따라, 문자 그대로 조사를 했습니다. 제가 보기에, 자연과학은 사실상 이러한 일반적인 조사 형식 안에 자리 잡고 있습니다. 개인에 대한 감시 및 기록 절차들이 개발된 시점부터 인간과학이 태어났던 것과 마찬가지로요. 하지만 그것은 출발점에 불과했습니다. 그리고 금방 여러 교차점이 생겨나면서 조사와 검사는 서로 간섭했고, 그 결과 자연과학과 인간과학은 그 개념, 방법, 결과에 있어서 서로 엮이게 되었습니다. 저는 지리학이 조사, 측정, 검사를 체계적으로 이용하는 분과학문의 대표적인 사례일 것이라고 생각합니다.

『헤로도토스』: 더욱이 지리학 담론 어디에나 있는 한 가지 형상이 있습니다. 목록 또는 일람표가 그것입니다. 그런데 이러한 유형의 목록은 조사, 측정, 검사라는 삼중의 장부를 이용합니다. 지리학자는—아마도 이것이 핵심적이며 전략적인 기능일 텐데—정보를 수집합니다. 날것 상태의 목록은 그다지 흥미롭지 않으며, 사실상 권력에 의해서만 이용 가능합니다. 권력은 과학이 아니라, 수많은 정보를 필요로 합니다. 권력이 그 전략적 위치에 힘입어 활용할 수 있는 정보 말입

　　　　　2부　권력의 공간화

니다.

이렇게 해서 우리는 지리학적 연구들이 권력기구에는 상당한 이익이 되는 데 반해, 인식론적 중요성은 미약한 이유를 더 잘 이해할 수 있습니다. 17세기의 여행자들이나 19세기의 지리학자들은 식민당국, 전략가, 상인 또는 기업가 들이 직접 이용할 수 있는 정보를 수집하고 지도화하는 중개인들이었습니다.

푸코: 저는 여기서 진위를 장담할 수 없는 일화를 하나 소개하고자 합니다. 루이 14세 치세 문서의 전문가가 17세기의 외교 서신을 열람하다가 다음과 같은 사실을 발견했습니다. 여행자들의 이야기 속에서 수없이 되풀이되던, 불가사의 및 신기한 식물, 괴이한 동물 등에 대해 보고하는 수많은 이야기가 실제로는 암호화된 전언이었다는 것이죠. 그것은 그들이 거쳐갔던 국가의 군사적 수준, 경제 자원, 시장, 부富의 정도, 외교 관계의 가능성 등에 관한 구체적인 정보들이었습니다. 그러므로 사람들이 흔히 18세기 박물학자와 지리학자 들의 오랜 무지와 순진성에서 비롯했다고 여겼던 이야기들이 실상은 엄청나게 정확한 보고서였고, 우리는 이제 그 해독의 열쇠를 찾은 것으로 보인다는 말입니다.

『헤로도토스』: 지리학에서는 왜 아무런 논쟁이 없었는지 자문하면서 우리는 마르크스가 지리학자들에게 미미한 영향만을 끼쳤다는 점을 금세 떠올렸습니다. 마르크스주의 지리학이 있기는커녕, 지리학에서의 마르크스주의적 경향도 없었습니다. 마르크스주의를 내세웠던 지리학자들은 사실 전지구적·평균적 스케일을 중시하면서 경제학이나 사회학으로 분기했습니다. 마르크스주의와 지리학은 서로 접합하기가 대단히 어려웠던 것입니다. 아마도 마르크스주의가, 또는 적어도 『자본론』과 경제학 텍스트들이 일반적으로 시간 요인에 강조점을 두는 바람에, 공간화하는 접근을 할 수 없었는지도 모르겠습니다. 여기서 당신이 한 인터뷰에서 다음과 같이 지적한 대목에 대해 말해보고 싶습니다. "〔마르크스가〕 리카도의 분석에 얼마나 대단한 수정을 가했든 간에, 저는 그의 경제학적 분석이 리카도가 정초한 인식론적 공간을 벗어나 있다고 보지 않습니다."

푸코: 제게 마르크스는 존재하지 않습니다. 무슨 말인가 하면, 사람들이 〔마르크스라는〕 하나의 고유명사를 둘러싸고 구축한 것에 어떠한 실체, 개인을 가리키기도 하고, 그가 저술한 것 전체를 가리키기도 하고, 또 그로부터 유래한 거대한 역사적 과정을 가리키기도 하는 그러한 실체는 없다는 뜻입니다. 제가 보기에, 그의 경제학적 분석, 자본 형성을 분석하는 그의 방식은 대부분 리카도 경제학의 골조에서 끌어온 개

넘들에 의지하고 있습니다. 이는 사실 제 주장이 아니라, 마르크스 자신이 한 말입니다. 하지만 파리 코뮌에 대한 그의 분석이나 『루이 보나파르트의 브뤼메르 18일』[8]을 들여다보면, 확실히 18세기적인 모델에 의존하지 않는 유형의 역사적 분석을 발견할 수 있습니다.

독창성과 내적 일관성을 지닌 분석이 하나의 담론적 광맥 안에 자리한 '저자'로서 마르크스를 기능하게 만드는 것은 언제든 가능합니다. 어쨌거나 누군가는 마르크스를 '강단화' 할 수 있겠지요. 그러나 이는 그가 만들어낸 단절을 제대로 이해하지 못한 처사입니다.

『헤로도토스』: 공간적인 요구를 경유해 마르크스를 다시 읽어보면, 그의 저작은 불균질해 보입니다. 놀라운 공간적 감수성을 드러내는 구절들이 많다는 것이지요.

푸코: 대단히 탁월한 대목들이 있지요. 예컨대, 마르크스가 군대에 관해, 그리고 정치권력의 발전에서 군대의 역할에 관해 쓴 글 전부가 그렇습니다. 잉여가치에 관해서는 끊임없이

---

8   K. Marx, "Der Achtzehnte Brumaire des Louis Bonaparte," *La Révolution*, n. 1, 20 mai 1852 (*Le 18 Brumaire de Louis Bonaparte*, Paris, Éditions sociales, 1969). 〔카를 마르크스, 『루이 보나파르트의 브뤼메르 18일』, 최형익 옮김, 비르투, 2012.〕

주석이 달리는 반면, 이러한 분석들은 아주 중요한데도 사실상 내팽개쳐져 있었지요. 저는 여러분과의 이 인터뷰가 매우 좋았습니다. 인터뷰가 시작하고 끝나는 사이에 제 의견을 변화시킬 수 있었기 때문입니다. 솔직히 여러분이 지리학의 자리를 강력히 주장할 때는 자연과학 시간이나 음악 시간을 축소한다고 항의하면서 교육 개혁에 저항하는 교수들 같다고 생각했습니다. 속으로 중얼거렸지요. "내가 자기들의 고고학을 해주길 바라는 건 감사한 일이지만, 결국에는 자기들이 직접 해야 할 문제일 텐데." 저는 당신들의 반대가 무엇을 의미하는지 전혀 간파하지 못했습니다. 이제야 저는 당신들이 지리학과 관련해 제기한 문제들이 제게 얼마나 핵심적인지 이해합니다. 지리학은 제가 관계 지었던 다양한 요소들 간의 버팀목이자 하나에서 다른 하나로 넘어가기 위한 가능성의 조건이었습니다. 저는 그것들을 유보 상태로 두거나, 자의적인 관계를 설정했는데 말이죠.

논의를 계속 해나갈수록, 담론들의 형성과 지식의 계보학은 의식 유형이나 지각 양태 또는 이데올로기 형태로부터가 아니라, 권력의 전략과 전술로부터 분석되어야 할 것으로 보입니다. 정착, 분포, 분할, 영토의 통제, 권역의 조직을 통해 전개되는 전략과 전술 들은 일종의 지정학을 구성할 수 있는데, 바로 거기서 제 관심사가 여러분의 방법에 합류하겠지요. 앞으로 몇 년간 제가 연구하고자 하는 주제는 바로 지식과 조직의 모태로서의 군대입니다. 요새라든지 '[군사]원정' '[부대]기동,' 식민지, 영토 등의 연구가 필수적입니다.[9] 지리학이 제 관심사의 중심에 놓일 수밖에 없지요.

9   이 연구들은 실제로 베갱F. Béguin, 카바P. Cabat, 그리고 Cerfi와
         함께 수행되었다. [옮긴이] Cerfi는 제도교육 및 연구센터Centre
         d'études, de recherches et de formation institutionnelle의 약자로,
         1965년 정신의학자 펠릭스 가타리Felix Guattari 중심으로
         프랑스 공산당에 반기를 든 사회과학 연구자들이 결성한
         연구단체이다. 이 단체와 푸코의 관계에 관해서는 다니엘
         드페르, 「'헤테로토피아'—베니스, 베를린, 로스앤젤레스 사이,
         어떤 개념의 행로」, 미셸 푸코, 『헤테로토피아』, 이상길 옮김,
         문학과지성사, 2014, pp. 108~13 [개정판: 2023, pp. 114~19] 참조.

『헤로도토스』에 보내는 푸코의 질문[1]

제가 무슨 지식이 있어서 여러분에게 이런 질문을 제기하는 건 아닙니다. 그보다는 저 자신에게 제기하는 질문에 가까운 데요, 여러분이 분명히 이 여정에서 저보다 훨씬 앞서 있으리라고 생각하여 여러분에게 질문을 보냅니다.

1. 우리가 지식, 그리고 그것이 권력과 맺는 관계를 분석하고자 한다면, 전략 개념이 핵심적입니다. 그 개념은 우리가 문제 삼는 지식을 통해서 **전쟁**을 한다는 의미를 반드시 함축하는 것일까요?

    전략은 권력 관계를 **지배**기술로서 분석하게 해주지 않을까요?

    아니면 지배는 전쟁이 연장된 형식에 지나지 않는다고 말해야만 할까요?

    다시 말해서, 여러분은 **전략** 개념의 외연을 어떻게 확장할 수 있다고 보시는지요?

---

1   "Des questions de Michel Foucault à *Hérodote*," *Hérodote*, n. 3, juillet-septembre 1976, pp. 9~10. 〔『말과 글』의 텍스트 n. 178.〕

2. 제가 제대로 이해했다면, 여러분은 공간들에 대한 지식을 구성하고자 노력하는 것으로 보입니다. 여러분은 그 지식을 과학으로 구성하는 일이 중요하다고 생각하십니까?

아니면 과학의 문턱을 나타내는 절단coupure이라는 개념이 어떤 지식들을 평가절하하거나 〔진지한〕 검토에서 제외시키는 방식일 따름이라는 주장에 동의하십니까?

과학과 비과학적 지식의 분할은 대학, 연구소와 같은 기관 내에서의 인식의 제도화와 연계된 권력 효과인 것일까요?

3. 제 생각에 여러분은 공간 혹은 공간들에 대한 분석을 생산과 '자원'보다는 권력 행사에 연계시키는 것 같습니다.

여러분이 생각하는 권력이 무엇인지 묘사해주실 수 있는지요? (국가와 그 장치들과 관련해서, 또 계급 지배와 관련해서.)

아니면 여러분은 권력과 그 메커니즘이나 작용 영역에 대한 분석이 아직 시작 단계에 있을 뿐이며 일반적인 정의를 제시하기에는 너무 이르다고 생각하시는지요?

여러분은 특히 '누가 권력을 가지는가'라는 질문에
답변할 수 있다고 생각하십니까?

4. 여러분은 의료(질병이 아닌, 의료적 개입 지대 및 작
용 양상 등과 더불어 의료 시설들implantations) 지리
학—또는 스케일에 따라서는, 지리학들—을 수행
하는 일이 가능하다고 생각하십니까?

권력의 눈[1]

장-피에르 바루: 제레미 벤담Jeremy Bentham의 『판옵티콘』
은 18세기 말에 편집된 거의 알려지지 않은 저작이었습니다.[2]
그런데 이 책과 관련해 당신은 "인간 정신의 역사에서 하나
의 사건" "정치적 층위에서의 콜럼버스의 달걀"과 같은 뜻밖
의 문구들을 쓰셨더군요. 또 저자인 영국의 법 이론가 벤담을

1   "L'œil du pouvoir" (entretien avec J.-P. Barou et M. Perrot), in J.
      Bentham, *Le Panoptique*, Paris, Belfond, 1977, pp. 9~31. 〔『말과
      글』의 텍스트 n. 195.〕

2   〔옮긴이〕 벤담은 1791년 『판옵티콘 혹은 감시의 집*Panopticon
      or the inspection-house*』과 『판옵티콘 추가본 1·2*Panopticon
      Postscript, Part 1·2*』를 통해 판옵티콘의 구상 및 설계 등 실행
      방안을 상세히 밝혔다. 한편 같은 해 프랑스에서는 정치가
      미라보Honoré Mirabeau의 비서이자 벤담의 신봉자였던 에티엔
      뒤몽Etienne Dumont이 벤담의 동의 아래 영어판에서 핵심적
      내용을 편지 형식으로 축약한 텍스트 『판옵티콘—감시 시설, 특히
      감옥을 구성하는 새로운 원리에 관한 논문*Panoptique. Mémoire
      sur un nouveau principe pour construire des maisons d'inspection, et
      notamment des maison de force*』을 의회에 제출했고, 프랑스 의회는
      이를 곧 출간했다. 제러미 벤담, 『판옵티콘』, 신건수 옮김, 책세상,
      2019 및 역자 해제 참조. 『감시와 처벌』이 큰 반향을 일으키면서
      1977년 벤담의 프랑스어 판본 『판옵티콘』 역시 재간행의 기회를
      맞았다. 푸코의 대담은 이를 계기로 이루어졌으며, 『판옵티콘』
      재간본에 일종의 서문으로 실렸다.

"치안 사회의 푸리에Jean-Baptiste Jeseph Fourier"로 소개했습니다. 우리에겐 매우 어리둥절한 일이었습니다. 어떻게『판옵티콘』을 발견하셨는지요?

푸코: 임상의학의 기원을 연구하면서였습니다. 저는 의료 기관의 대대적인 개혁 운동이 벌어지던 18세기 후반의 병원 건축에 관한 연구를 계획 중이었고, 의학적 시선이 어떻게 제도화되고 어떻게 사회적 공간 안에 효과적으로 각인되는지, 새로운 의료 형태는 어떻게 해서 새로운 시선의 효과이자 버팀목이 되었는지 알아보고자 했습니다. 1772년에 있었던 오텔디외Hôtel-Dieu 병원의 두번째 화재 이후 나타난 다양한 건축 기획을 검토하면서, 저는 중앙집중화된 시선 아래 놓인 신체, 개인, 사물의 완전한 가시성이라는 문제가 불변하는 지도적 원리들 가운데 하나였음을 간파해냈습니다. 병원의 경우, 이 문제는 부가적인 난점을 가져다주었습니다. 통풍과 환기를 확실히 보장하면서도 사람들의 접촉, 감염, 근접과 밀집을 피해야만 하는 상황에서 공간을 분리하는 한편 열린 상태로 유지해야 했고, 감시해야 할 개인들을 세심하게 구분해서 총체적인 동시에 개별적인 감시를 실행할 수 있어야 했습니다. 오랫동안 저는 이것이 18세기 의학과 그 믿음에 고유한 문제들이었다고 생각했었지요.

　이후에 형벌 제도에 관한 연구를 하던 중 감옥의 재정비와 관련된 모든 거대 기획들이 동일한 주제를 다루었고(이것들은 약간 늦은 시기, 그러니까 19세기 전반에 나타납니다), 이 경우 거의 언제나 벤담의 영향을 소환하고 있었다는 점을 알아차렸습니다. 감옥과 연관된 텍스트나 기획 가운데 벤담의 '고안물'이 나오지 않는 사례는 거의 찾아볼 수 없었지요. 그러니까 판옵티콘 말입니다.

그 원리는 이렇습니다. 중앙에 탑이 있고, 이를 원형의 건물이 둘러싸고 있습니다. 이 탑에는 원형 건물의 안쪽 면을 향해 커다란 창문들이 나 있지요. 둘러싼 건물은 작은 감방들로 나뉘어 있으며, 각각의 감방은 건물 폭만큼의 크기를 갖습니다. 감방에는 두 개의 창문이 있는데, 하나는 안쪽으로 나 있어 탑의 창문과 마주 보고 있으며 다른 하나는 바깥쪽으로 나 있어서 빛이 완전히 통과하게 되어 있습니다. 따라서 중앙탑 안에 한 명의 감시자를 배치하고, 각 방에는 광인이나 환자, 범죄자, 노동자, 학생을 감금하는 것만으로도 충분합니다. 역광 효과 덕분에 감방에 구금되어 있는 자들의 작은 실루엣이 빛 속에서 뚜렷하게 드러나는 모습을 중앙탑에서 볼 수 있습니다. 간단히 말해, 지하 독방의 원리가 뒤집히는 것입니다. 환한 빛과 감시자의 시선은 어둠에서보다 수감자를 더 잘 포착해낼 수 있다는 것이지요. 어둠은 필경 수감자를 보호해줄 테니까요.

놀라운 것은 벤담 이전에도 마찬가지의 관심이 이미 나

타나 있었다는 점입니다. 수감자를 고립시키는 이러한 가시성의 초기 모델 가운데 하나는 1751년 파리 군사학교의 기숙사와 관련해 실행된 것으로 보입니다. 생도들은 각자 유리창이 있는 독방을 배정받았는데, 거기서 밤새도록 다른 사람의 시선에 노출되어 있어야 했으며 동료는 물론 하인과도 아무런 접촉도 할 수 없었습니다. 이발사가 생도들의 몸에 손을 대지 않고 머리를 손질할 수 있게 하려는 목적으로만 생겨난 아주 복잡한 메커니즘도 존재했습니다. 즉 생도들이 머리만 일종의 벽 구멍으로 내놓게 하고 몸은 유리로 된 칸막이벽 안에 머물러 있게 해서, 이를 통해 모든 움직임을 볼 수 있도록 한 겁니다.

벤담은 판옵티콘이 자기 동생이 군사학교를 방문했다 떠올린 아이디어라고 회고했습니다. 어쨌거나 이 주제는 당시 널리 퍼져 있었지요. 클로드 니콜라 르두Claude-Nicolas Ledoux의 작품들, 특히 아르케스낭Arc-et-Senans에 지은 제염공장은 이와 동일한 가시성 효과를 지향하면서도 한 가지 요소를 더했습니다. 그러니까 권력 행사의 본거지인 동시에 지식이 기재되는 장소인 중앙 지점이 있었던 것입니다. 여하튼 판옵티콘의 발상이 벤담 이전으로 거슬러 올라간다고 할지라도, 그것을 제대로 정식화하고 그렇게 명명한 사람은 바로 벤담입니다. '판옵티콘'이라는 용어 자체도 아주 중요한데, 그것이 전체적인 원리를 가리키기 때문입니다. 그러니까 벤담은 단순히 감옥이나 학교 또는 병원과 같은 특정 시설의 문제를 해결하기 위한 건축학적 형상을 상상했던 것만은 아니었습니다. 그는 진정한 발명을 선포했고, 그것이 "크리스토프 콜럼버스의 달걀"이라고 말했습니다. 사실상 그는 의사, 형법학자, 기업가, 교육자 들에게 바로 그들이 찾던 것을 제시했습니다. 감시의 문제를 해결하기에 적합한 권력 테크놀로지를 발견했던 것입니다. 한 가지 중요한 점을 지적해두자면, 벤담은 그의 시각적 방식 그 자체가 권력을 쉽고 효과적으로 행사하기 위한 위대한 혁신이라고 믿었고 그렇게 말했다는 사실입니다. 실제로 그 혁신은 18세기 말 이래로 널리 사용되어왔습니다. 그러나 근대 사회에서 작동하는 권력 절차들은 이보다 훨씬 많고 다양하고 풍부합니다. 가시성의 원리가 18세기 이후의 모든 권력 테크놀로지를 지배한다고 말한다면 거짓이겠지요.

미셸 페로: [가시성의 원리는] 건축을 거치지요! 정치적인 조직 양식으로서 건축에 대해서는 어떻게 보아야 할까요? 결국 18세기 사상에서는 물질적인 것뿐만 아니라 정신적인 것까지도 모든 것이 공간적이니까요.

푸코: 18세기 말의 건축에는 인구, 건강, 도시공학의 문제들과 연계된 부분이 생겨납니다. 이전의 건축술은 무엇보다도

권력, 신성성, 힘을 드러내야 한다는 필요에 부응했습니다. 왕궁과 교회가 대표적인 형태였고, 거기에 요새를 추가할 수 있을 것입니다. 사람들은 〔건축을 통해〕 권능을, 주권을, 신을 현시했지요. 건축은 오랫동안 이러한 요구를 둘러싸고 발전했습니다. 그런데 18세기 말에 새로운 문제들이 출현합니다. 공간 구획이 어떻게 정치경제적 목적에 복무하게 할 것인가 하는 질문이지요.

특수한 건축이 자리를 잡습니다. 제가 생각하기에, 필립 아리에스Philippe Ariès는 18세기까지 집이라는 공간이 분화되지 않고 있었다는 사실과 관련해 중요한 기술을 했습니다. 그냥 자거나 먹거나 손님을 맞는 이런저런 방들이 전부였죠. 이후에 점차 공간이 세분화되고, 기능적으로 변해갑니다. 우리는 그러한 사례를 1830~70년 사이에 생긴 노동자 주거단지 건설에서 찾아볼 수 있습니다. 노동자 가족은 주거단지에 정착하고, 모종의 도덕성을 처방받게 됩니다. 부엌과 식당 역할을 하는 방, 생식을 위한 장소인 부부의 방, 그리고 아이들의 방으로 이루어진 생활공간을 할당받음으로써 말이죠. 간혹 아주 조건이 좋은 경우에는 여자아이용 방과 남자아이용 방이 따로 있었습니다.

거대한 지정학적 전략들에서 정치경제학적 식민지 이주를 거쳐 주거지, 제도적 건축, 교실 혹은 병원 조직에 이르는 작은 전술들까지, 우리는 공간들의 전체 역사를 다시 써야 할 것입니다―그것은 동시에 권력들의 역사이기도 합니다. 공간의 문제가 역사적·정치적 문제로 등장하기까지 얼마나 오랜 시간이 걸렸는지 보면 그저 놀라울 뿐입니다. 지금까지 공간은 자연적인 차원으로, 달리 말해 주어진 것, 원초적 결정요인, 물리적 지리, 그러니까 역사 이전의 층위로 여겨지거나, 그러지 않으면 거주 장소 또는 특정한 민족, 문화, 언어, 국가의 연장으로서만 개념화되었습니다. 한마디로, 사람들은 그것을 **땅**으로 또는 **공기**로 분석했습니다. 중요한 것은 **기층**이나 **경계**였습니다. 마르크 블로크Marc Bloch와 페르낭 브로델Fernand Braudel에 이르러서야 비로소 농촌 공간 혹은 해양 공간의 역사가 발전하기 시작합니다. 단순히 공간이 역사를 미리 결정하고, 역사는 다시 공간을 만들며 그 안에 침전한다고만 볼 것이 아니라, 〔블로크나 브로델 식의〕 그러한 역사쓰기를 뒤따라야 합니다. 공간적인 뿌리내림은 구체적인 연구가 필요한 정치경제학적 형식입니다.

공간 문제가 그렇게나 오랫동안 관심의 대상이 되지 못한 이유에는 여러 가지가 있겠지만, 저는 그중에서 한 가지만 말해두고자 합니다. 그것은 다름 아닌 철학자들의 담론과 관련이 있습니다. 심사숙고를 거친 공간의 정치학이 발전하기 시작한 시기(18세기 말)에 이론물리학과 실험물리학이 새로운 연구 성과를 내놓으면서, 철학은 세계, **우주**, 유한하거나 무한한 공간에 관해 말할 수 있는 오랜 권리를 빼앗겼습니다.

정치적 기술과 과학적 실천이 양쪽에서 공간에 공력을 쏟으면서, 철학은 시간의 문제 틀로 내몰렸습니다. 그리하여 칸트 이래 철학자들의 사유 대상은 바로 시간이었지요. 헤겔이 그랬고, 베르그손이 그랬고, 하이데거가 그랬습니다. 이는 공간에 대한 상대적인 평가절하를 동반했지요. 공간은 분별 가능한 것, 분석 가능한 것, 개념적인 것, 죽은 것, 굳은 것, 불활성 쪽에 놓였습니다. 10여 년 전 제가 공간의 정치학에 관해 논했을 때, 다음과 같은 응대를 받았던 기억이 납니다. 공간을 그렇게 강조하는 것은 반동적이라고요. 시간, 기투야말로 생명이고 진보라고요. 이러한 비난을 한 사람이 심리학자였다는 사실을 말해두어야 하겠습니다—19세기 철학의 실상이자 수치이지요.

페로: 지나가며 언급하자면, 섹슈얼리티 개념이 대단히 중요해 보입니다. 당신은 그것을 군인들에 대한 감시라는 맥락에서 언급한 적이 있는데, 노동자 가정에서도 다시 문제로 떠오르네요. 섹슈얼리티는 틀림없이 근본적인 문제겠지요.

푸코: 물론이지요. 감시, 특히 학교에서의 감시 문제와 관련해서는 섹슈얼리티의 통제가 건축 안에 각인되어 나타납니다. 군사학교의 경우, 건물의 벽 구조가 동성애와 자위에 맞선 투쟁을 웅변하고 있습니다.

페로: 건축에 관한 이야기를 계속해보자면, 18세기 말 사회 정책에 상당히 관여했던 의사 같은 사람들이 일종의 공간 개발자의 역할을 담당했던 것으로 보이지 않습니까? 이 당시에 사회 위생hygiène sociale이 탄생합니다. 건강과 청결을 명목으로 이런저런 사람들의 거처가 통제 아래 놓이지요. 더구나 히포크라테스 의학의 부활과 더불어 의사들은 환경, 장소, 온도 문제에 가장 민감한 집단이 되었습니다.[3] 그런 문제에 관한 자료를 우리는 감옥에 관한 하워드의 조사 보고서에서 다시 발견합니다.[4]

푸코: 그 당시의 의사들은 한편으로는 공간 전문가였습니다. 그들은 네 가지 근본 문제를 제기했습니다. 첫째는 부지의 문제(지역 기후, 토양, 습도와 건조한 정도)입니다. (그들은 '조

---

3   〔옮긴이〕 18세기 후반 근대 국가의 형성과 더불어
     프랑스에서는 감염병 관리가 중요한 의제로 대두하고, 의학은
     인간의 생물학적·신체적 차원뿐만 아니라 정치적·사회적
     차원까지 포괄하는 종합과학으로 부상한다. 이러한 맥락에서
     히포크라테스는 의학에 대한 당대의 요구에 부응하는 의사의
     이상형으로 여겨졌고, 히포크라테스 의학은 의학철학과 과학적
     방법론의 차원에서 새롭게 조명되었다.
4   존 하워드John Howard는 자신의 조사 결과를 『잉글랜드와
     웨일즈의 감옥 현황The State of the Prisons in England and Wales,
     with Preliminary Observations and an Account of Some Foreign Prisons
     and Hospitals』(1777)이라는 저작을 통해 공표한다.

성'이라는 이름 아래, 국지적 결정요인과 계절별 변이가 결합해 특정 시점에 특정한 유형의 질병을 유행시키는 현상을 연구했습니다). 둘째, 공존의 문제(인구밀도와 근접성과 관련된 '사람들 간의 공존,' 상하수도 시설 및 환기 시설 등을 다루는 '인간과 사물의 공존,' 축사와 도축장과 관련된 '사람과 동물의 공존,' 그리고 묘지에서 드러나는 '산 사람과 죽은 사람의 공존')입니다. 셋째는 거주의 문제(주택, 도시계획)입니다. 넷째는 이동의 문제(사람들의 이주, 질병의 전파)입니다.

군인과 더불어 의사는 집합 공간에 대한 최초의 관리자였습니다. 그런데 군인들이 주로 요새와 '원정'(그러니까 '이동') 공간에 관해 고민했다면, 의사들은 특히 주거지와 도시 공간에 관심을 기울였습니다. 사회학적 사유의 주요 발전 단계를 몽테스키외와 오귀스트 콩트에서 찾으려 했던 사람이 있었는데 누구였는지 기억이 안 납니다만, 뭘 제대로 모르는 겁니다.[5] 사회학적 지식은 차라리 의사 같은 사람들의 실천 속에서 형성되었다고 보아야 할 것입니다. 예를 들면, 19세기 초 의사 게팽Ange Guepin은 도시 낭트에 관한 훌륭한 분석을 내놓은 바 있습니다. 사실 이 시대에 의사들의 개입이 핵심적

---

5   〔옮긴이〕 레몽 아롱의 저작 『사회학적 사유의 단계들Les étapes de la pensée sociologique』을 암시한다. 1967년 이 책의 출간 직후 푸코와 아롱은 라디오 방송에서 이 책에 관한 대담을 가진 바 있다. 미셸 푸코 · 레몽 아롱, 「대화」, 김현경 옮김, 『문학과사회』, 27권 1호, 2014, pp. 594~635 참조.

이었다면, 온갖 새로운 정치경제적 문제들, 즉 인구 관련 **사실**들의 중요성이 그것을 요청했기 때문일 것입니다.

페로: 게다가 우리는 벤담의 성찰에서 사람들의 수를 언급하는 것에 놀라지 않을 수 없습니다. 여러 차례 되풀이해서 그는 '소수의 손에 놓인 다수의 사람'이라는 상황이 제기하는 훈육의 문제를 해결했다고 말합니다.

푸코: 벤담은 그의 동시대인들과 마찬가지로, 인간의 축적이라는 문제에 직면했습니다. 하지만 경제학자들이 부의 측면에서 그 문제를 제기했던 데 반해(노동력, 경제 활동의 원천, 소비와 관계된 인구-부, 그리고 과잉이나 나태와 관련된 인구-빈곤), 그는 권력의 측면에서 보았습니다. 지배 관계의 표적으로서 인구라는 문제를 제기한 것이지요. 프랑스 군주제처럼 잘 발전된 행정 군주제에서조차 권력 메커니즘은 아주 성긴 그물코들이 출현하도록 내버려두었습니다. 빈 구석이 많고 불확실하며 포괄적인 체제여서, 권력은 세부에까지 제대로 들어가지 않고 결속력 있는 집단들에만 행사되거나 본보기의 방법(조세나 형사재판의 경우에서 잘 볼 수 있듯이)을 쓰는 등, 사진 용어로 말하자면 낮은 해상도를 지니고 있었습니다. 사회체에 대해 철저하면서도 개별화하는 분석을 수행할 능력이 없었지요. 그런데 18세기에 일어난 경제적 변

화는 권력 효과가 점점 더 섬세하고 다양한 경로를 통해 개개인, 나아가 그의 신체, 몸짓, 일상생활의 활동 하나하나에 이르기까지 순환되게끔 만듭니다. 다수의 사람을 상대로 영향을 미치면서도 한 사람에게 대응하듯 효율적으로 작동하는 권력인 셈이지요.

페로: 18세기의 인구 압력이 틀림없이 그러한 권력의 발전에 이바지했을 것입니다.

바루: 프랑스 혁명기에 라파예트La Fayette[6] 같은 사람들이 개인적으로 판옵티콘의 계획을 환영했다는 점이 놀랍지 않습니까? 우리는 벤담이 그의 배려로 1791년에 '프랑스 시민'이 되었다는 사실을 알고 있습니다.

푸코: 저로서는 벤담이 루소를 보완하는 인물이었다고 말하겠습니다. 수많은 혁명가를 자극하고 고무했던 루소의 꿈은 무엇이었을까요? 그의 이상은 한마디로 투명한 사회였다고 할 수 있을 것입니다. 각각의 부분을 낱낱이 볼 수 있고 읽어낼 수 있는 사회. 어두운 구역도, 왕권의 특혜나 이런저런 집

---

6 〔옮긴이〕 프랑스 혁명기에 국민위병을 지휘하는 사령관을 맡았고, 유럽 최초의 인권 선언인 '인간과 시민의 권리 선언'의 초안 작성에도 참여했던 프랑스의 군인이자 사상가.

단의 특전 또는 무질서로 인해 구획된 구역도 없는 사회. 각자 어디에 자리하든 자기 위치에서 사회 전체를 볼 수 있고, 모든 가슴이 서로 소통할 수 있으며, 모든 시선이 아무런 장애물을 만나지 않고, 각자에 대한 각자의 의견이 지배하는 사회. 이 주제에 관해 스타로뱅스키Jean Starobinski는『투명성과 장애물La transparence et l'obstacle』, 그리고『자유의 발명 L'invention de la liberté』이라는 책에서 아주 흥미로운 이야기를 쓴 적이 있습니다.

벤담은 이 모든 것인 동시에 그 정반대이기도 하지요. 그는 가시성의 문제를 제기하지만, 지배하며 감시하는 시선을 중심으로 철저하게 조직된 가시성을 구상했습니다. 그는 엄격한 동시에 면밀한 권력의 수립에 이바지하는 보편적 가시성의 기획을 작동시켰던 것입니다. 이렇게 해서 어떤 의미로는 혁명의 서정성이라고도 할 만한 거대한 루소적 테마에 벤담의 강박관념이었던 '모든 것을 바라보는omniregardant' 권력 행사의 기술적 발상이 접속했습니다. 루소의 서정성과 벤담의 강박관념, 이 둘은 합쳐지고, 하나의 전체로서 작동합니다.

페로:『판옵티콘』에 이런 구절이 있더군요. "모든 동료가 감시자가 된다."

푸코: 루소였다면 아마도 반대로 말했겠지요. 모든 감시자는 동료라고 말이죠. 『에밀*Emile*』을 보세요. 에밀의 가정교사는 감시자입니다. 그는 또 동료가 되어야만 했지요.

바루: 프랑스 혁명 당시에는 벤담을 오늘날과 같이 해석하지 않았을 뿐만 아니라, 그의 기획에서 인도주의적 목표를 발견했습니다.

푸코: 그렇습니다. 프랑스 혁명이 새로운 정의正義에 관해 자문했을 때, 과연 무엇이 그 동력으로 꼽힐 수 있었을까요? 그 것은 바로 여론opinion이었습니다. 다시 이야기하자면, 문제는 사람들을 처벌받도록 하는 것이 아니었습니다. 그보다 모든 사람이 전면적인 가시성의 장 안에 잠겨 있다고 느낌으로써 아예 나쁜 행동을 할 수조차 없도록 만드는 것이었습니다. 그 장 안에서 타인의 여론, 타인의 시선, 타인의 담론은 사람들이 잘못이나 해악을 범하지 않도록 제지한다는 것이지요. 이러한 발상은 혁명의 텍스트들 속에서 계속해서 나타납니다.

페로: 급박한 상황이 프랑스 혁명 중에 판옵티콘을 채택하는 데 이바지했습니다. 이 시기에 감옥은 현안이었지요. 1770년대부터 영국에서나 프랑스에서나 이 주제는 걱정거리였는데

2부 권력의 공간화

요, 1788년에 프랑스어로 번역된, 감옥에 관한 하워드의 조사를 통해 이를 잘 알 수 있습니다. 병원과 감옥은 당시 파리의 살롱과 계몽주의 서클에서 두 가지 커다란 논쟁거리였습니다. 감옥이 악덕과 범죄의 학교이자, 위생 시설 미비로 수감자들이 죽어가는 곳이라는 사실은 스캔들로 여겨졌습니다. 의사들은 그와 같이 열악한 장소에서 인간의 신체가 얼마나 손상되고 소진되는지 말하기 시작했습니다. 그리하여 프랑스 혁명이 발발했을 때 유럽 전역의 감옥에 대한 실태조사에 착수했던 것입니다. 뒤케노이Adrien Cyprien Duquesnoy라는 인물이 감옥과 병원을 포괄하는 용어인 이른바 '인도주의' 시설들에 관한 보고서를 담당했습니다.

푸코: 모종의 공포가 18세기 후반을 사로잡고 있었습니다. 사물과 인간 그리고 진실에 대한 완전한 가시성을 가로막는 암흑의 장막, 어두운 공간이 그것이었죠. 빛에 맞서는 밤의 파편들을 없애버리기. 사회 안의 어두운 그늘을 일소하기. 정치적 독단, 군주의 변덕, 종교적 미신, 폭군과 사제들의 음모, 무지의 허상과 전염병을 빚어내는 컴컴한 방들을 깨부수기. 혁명 이전부터도 성, 병원, 시체안치소, 유치장, 수도원은 과대평가가 덧대진 의혹과 미움을 자극했습니다. 새로운 정치질서와 도덕질서는 그러한 어둠을 제거하지 않고는 성립할 수 없었던 것입니다. 혁명의 시대에 공포소설들은 부랑자와

귀족, 수도사, 반역자 들이 의미심장한 공모 아래 몸을 숨긴 성벽, 으슥한 곳, 은신처, 지하 감옥에 대한 환상을 발전시켰습니다. 앤 래드클리프Ann Radcliffe 소설의 배경은 산과 숲, 동굴, 폐허가 된 성채, 어둠과 적막이 전율을 자아내는 수도원들입니다. 그런데 이러한 상상적 공간들은 당시에 사람들이 구축하고자 했던 투명성과 가시성의 '반대 형상' 같은 것이었습니다. 이 시대에 그토록 자주 끌어들였던 '여론'의 지배란 바로, 일종의 즉각적이고 집합적이며 익명적인 시선을 통해 사람들을 볼 수 있고 물정을 알 수 있다는 사실만으로 행사될 수 있는 권력의 작동 양식입니다. 주된 동력이 여론에 있는 권력은 어두운 구석을 용납할 수 없을 것입니다. 벤담의 계획이 관심을 모았다면, 그 이유는 그가 상이한 영역들에 적용할 수 있는 '투명성에 의한 권력' '조명mise en lumière'에 의한 예속화assujettissement라는 정식을 제시했기 때문입니다. 판옵티콘은 '성'(사방이 벽으로 둘러싸인 중앙탑)의 형태를 활용하는데, 이를 통해 역설적으로 면밀한 가독성의 공간을 창출했던 것입니다.

바루: 이 계몽Lumières〔빛〕의 시대에 일소하고자 했던 것이 바로 인간의 어두운 부분이기도 했지요.

푸코: 정확히 그렇습니다.

페로: 판옵티콘 내부에서 이용하는 권력기술들도 매우 놀랍습니다. 그것은 근본적으로는 시선이고 또 말parole이기도 한데, 중앙의 감독관과 각각의 감방을 그 유명한 강철관—굉장한 발명품이죠—으로 연결하기 때문이지요. 벤담에 따르면, 하나의 감방에는 한 명의 수감자가 아니라, 여러 명으로 이루어진 작은 집단이 들어갑니다. 마지막으로 벤담의 텍스트에서 특징적인 것은 억지력의 중요성입니다. 그는 이렇게 씁니다. "끊임없이 감시자의 눈 아래 놓일 수밖에 없다. 사실상 악을 행할 힘과 그것을 원하는 마음조차 잃어버리게 되는 것이다." 여기에 바로 혁명의 주된 관심사가 있습니다. 즉, 사람들이 악행을 하지 못하게 만들기, 그런 짓을 하려는 의욕을 제거하기. 모든 것이 이렇게 요약됩니다. 할 수도 없고, 원하지도 않는 것.

푸코: 우리는 지금 두 가지 주제를 이야기하고 있습니다. 시선과 내면화intériorisation가 그것이죠. 그리고 근본적으로 문제가 되는 것은 바로 권력의 비용이 아닐까요? 실제로 권력 행사에는 비용이 들기 마련입니다. 경제적인 비용이 들어간다는 것은 당연한데, 벤담도 이에 대해 말합니다. 감시자는 몇 명이나 필요할 것인가? 그러니까 이 기구를 실현하는 데 얼마나 비용이 들 것인가? 그런데 정치적인 비용도 있습니

다. 〔권력이〕 지나치게 폭력적이라면, 오히려 반란을 자극할 위험도 있습니다. 또 아주 띄엄띄엄 불연속적으로 개입한다면, 그 사이에 정치적 비용이 많이 드는 저항과 불복종 현상이 발전할 가능성도 있을 것입니다. 사실 군주제 권력은 바로 이런 식으로 작동했습니다. 예를 들면, 사법 기관은 극소수의 범죄자들만 체포했습니다. 그러면서 이렇게 주장했지요. 다른 사람들에게 공포감을 심어주려면 처벌은 통렬할 수밖에 없다고 말입니다. 말하자면, 권력이 폭력을 행사하고 그것을 본보기로 삼음으로써 기능상의 연속성을 확보했던 것이지요. 그러나 18세기의 새로운 이론가들은 이를 반박했습니다. 그러한 권력은 하찮은 결과에 비해 비용이 너무 많이 든다는 것이었지요. 폭력에 엄청난 지출을 했지만, 결국 본보기의 가치는 별로 없었습니다. 그 결과, 다시 더 많은 폭력을 써야만 했는데, 그로 인해 반란 또한 더 많이 일어났습니다.

페로: 공개 처형대에서 벌어진 폭동들이 그랬지요.

푸코: 반면 이제 거의 비용이 들지 않는 시선이 등장했습니다. 군대도, 신체적 폭력도, 물질적 속박도 필요 없게 되었습니다. 다만 시선이 있을 뿐이지요. 감시하는 시선, 그리고 각 개인이 자신을 짓누르는 그것의 존재를 느끼면서 스스로를 관찰하는 수준에 이르기까지 내면화하게 될 시선. 이렇게 해

2부 권력의 공간화

서 각자는 자신에 대해, 그리고 자신에 맞서 이러한 감시를 수행하게 됩니다. 마침내 하찮은 비용만 들이고도 끊임없이 작동하는 권력이라는 경이로운 정식이 생겨났지요! 벤담은 자신이 이를 발견해냈다고 자평했는데, 그가 생각하기에 그것은 군주제 권력의 정식을 그대로 뒤집어놓은 "정치적 층위에서의 콜럼버스의 달걀"이었습니다. 실제로 시선은 근대에 개발된 권력기술들 가운데 대단한 중요성을 띠고 있었습니다. 하지만 제가 이미 언급한 것처럼, 그것은 실제로 작동한 도구 가운데 유일한 것도, 심지어 가장 중요한 것도 아니었습니다.

페로: 이와 관련해 벤담은 권력의 문제를 소집단들에 대해 제기하는 것처럼 보입니다. 그 이유가 무엇일까요? 부분은 이미 전체나 다름없으므로, 집단의 수준에서 성공한다면 그 모델을 사회 전체에 확장할 수 있다고 생각했을까요? 아니면 사회 전체, 그리고 사회 전체 수준의 권력이란 그 당시에는 실체화된 것이 아닌, 주어진 개념이었을까요? 왜 그랬을까요?

푸코: 제동이 걸리거나 방해받지 않고 피해 가는 것이 문제였지요. 앙시앵 레짐에서 성직자부터 법관, 동업조합에 이르는 특권층, 행정 기관들이 권력의 결정에 대해 내놓는 반대

같은 것을요. 부르주아지는 새로운 법제 혹은 새로운 헌법만으로는 자신들의 헤게모니를 보장받기에 충분하지 않다는 점을 잘 알고 있었습니다. 그들은 권력 효과가 사회체 구석구석 가장 미세한 지점에까지 관류하도록 만들 새로운 테크놀로지를 창안해야 한다는 점을 깨달았습니다. 바로 이러한 지점에서 부르주아지는 정치혁명을 했을 뿐만 아니라, 그 이후로 한 번도 바뀌지 않을 사회적 헤게모니를 확립할 줄 알았습니다. 그래서 이 모든 발명들이 그렇게나 중요했던 것이고, 벤담은 분명 권력 테크놀로지의 창안자들 중에 가장 대표적인 인물인 겁니다.

바루: 하지만 벤담이 권장한 이렇게 조직된 공간이 누구에게 이익을 주는지 알 수 없군요. 중앙탑 안에 머물고 있거나 그곳에 방문하러 오는 사람들에게 좋은 것인가. 우리는 감시 대상자들만이 아니라 감시자들까지 아무도 벗어날 수 없는 끔찍한 세계에 있다는 느낌을 받습니다.

푸코: 이러한 발상은 물론, 그것에 바탕을 둔 모든 실행 조치에는 무언가 사악한 것이 있습니다. 한 사람에게 온전히 어떤 역능이 주어지고, 그가 이 역능을 타인들에게 완전히 개별적으로 행사하는 것과는 경우가 다릅니다. 그것은 권력이 행사되는 사람들뿐만이 아니라 권력을 행사하는 사람들 역시도

사로잡혀 있는, 모두가 빠져나올 수 없는 일종의 기계입니다. 제가 보기에는, 바로 이것이 19세기에 정초된 사회의 본령입니다. 더 이상 권력은 태생적으로 그것을 소유하거나 행사할 수 있는 일개인과 실질적으로 동일시될 수 없습니다. 아무에게도 귀속할 수 없는 기계장치가 되었으니까요. 물론 이 기계 안에서 모든 사람이 똑같은 자리를 차지하지는 않습니다. 어떤 자리들은 훨씬 우세하며, 패권을 발휘할 수 있게 해줍니다. 그 결과, 그 자리들은 권력을 개인적 힘과 분리하는 한, 계급 지배를 보장할 수 있는 것이지요.

페로: 이러한 관점에서 판옵티콘의 기능작용은 다소 모순적입니다. 중앙탑에는 수감자들을 감시하는 주 감독관이 있습니다. 그런데 그는 하급자들, 즉 감시원들 또한 감시합니다. 주 감독관은 그들에 대해서도 아무런 신뢰가 없습니다. 그는 심지어 자신과 좀더 가깝다고 여겨지는 이 감시원들에게 다소 경멸적인 말까지 합니다. 귀족주의적 사고방식이지요! 전前 산업사회에서의 이 관리직원의 문제와 관련해 한 가지만 지적해두고자 합니다. 공장을 감시하고 관장할 수 있는 기술자나 작업반장을 찾는 것은 공장주에게 간단한 일이 아니었습니다.

푸코: 그것은 18세기에 상당히 중요한 문제로 대두되었습니

다. 군대의 사례에서 그 문제가 두드러지게 나타나지요. 소총의 개량이 막 끝난 상황이라 한층 까다로워진 전술이 요구되었고, 이에 따른 작전 수행 시 부대의 효율적 지휘를 위해 적실한 지식을 충분히 갖춘 '하사관들'을 구성해야만 했기 때문입니다. 작전 기동, 부대 이동, 전열 정비, 그리고 행군 시에 바로 이러한 훈육관들이 필요했던 것입니다. 이후 작업장에서 같은 문제가 그 나름의 방식으로 제기됩니다. 선생, 교원, 감시관이 있는 학교 역시 그렇게 되지요. 당시에 교회는 아마도 유능한 하급 관리직이 존재했던 몇 안 되는 조직체 중 하나였습니다. 수십만 명의 아이들을 교육해야만 했을 때, 글을 아주 잘 알지는 못하지만 영 모르지도 않는 수도사, 신부, 보좌신부는 필수불가결했습니다. 국가는 훨씬 나중이 되어서야 유사한 하급 관리직을 확보합니다. 병원도 마찬가지입니다. 병원의 관리직원 대다수가 수녀들로 구성되어 있었던 것은 그리 오래전의 일이 아닙니다.

페로: 수녀들은 여성의 노동 배치에서도 상당한 역할을 담당했습니다. 19세기의 유명한 기숙사 시설에서는 공장식 훈육 교육을 받은 특별한 수녀들의 통제 아래 여성 직원들이 거주하면서 일했습니다. 판옵티콘은 [노동 배치나 통제 같은] 그러한 관심사와 결코 무관하지 않았습니다. 그래서 관리직원에 대한 주 감독관의 감시와, 중앙탑의 창을 통한 모든 사람

2부 권력의 공간화

에 대한 감시가 이루어졌지요. "모든 동료는 감시자가 된다"는 말을 떠올리게 만드는 끊임없는 시선의 연속이 펼쳐지는데, 그 창안자조차 완전히 장악하지 못할 발명 앞에서 우리는 정신이 약간 아찔해지는 기분을 느낍니다. 애초에 벤담은 단일한 권력, 즉 중앙의 권력을 신임하고자 했습니다. 그런데 그의 텍스트를 읽어가면서 우리는 자문하게 됩니다. 벤담은 그 중앙탑 안에 누구를 배치했을까요? 신의 눈일까요? 그러나 그의 텍스트에는 신이 거의 나오지 않습니다. 종교는 그저 기능적인 역할만을 할 따름입니다. 그렇다면 누구일까요? 끝에 가서는 벤담 자신도 누구에게 권력을 위탁해야 할지 명확히 모르고 있었다는 결론을 내리지 않을 수 없습니다.

푸코: 벤담은 아무도 신임할 수 없었겠지요. 그 누구도 앙시앵 레짐에서의 왕처럼 권력과 사법의 근원이 될 수도 없고, 되어서도 안 되니까 말입니다. 군주제 이론은 왕을 신임해야만 한다는 관념을 함축했습니다. 신의 의지를 대변하는 자로서 왕은 그 존재 자체로 사법과 법률, 권력의 원천이었습니다. 인격 안에 깃들어 있는 권력은 선한 것이어야만 했지요. 나쁜 왕은 역사의 우연한 사고, 아니면 절대적으로 선한 주권자인 신의 형벌과 다름없었습니다. 다른 한편 권력이 일종의 기계, 즉 각자의 태생이 아니라 자리가 결정적인, 복잡한 톱니바퀴 장치에 따라 작동하는 기계로 개조된 상황에서는 그

누구도 신임할 수 없겠지요. 만일 그 기계가 외부의 누군가가 오롯이 관리 책임을 맡고 있는 구조라고 한다면, 권력은 한 사람과 동일시될 수 있을 테고, 우리는 군주제 유형의 권력으로 되돌아가겠지요. 판옵티콘에서 각 개인은 자기 자리에서 다른 모든 사람으로부터 혹은 어떤 타인들로부터 감시당합니다. 여기서 우리는 절대적인 지점이 없기에 전면적이고도 순환적인 불신의 기구에 직면합니다. 감시의 완성은 바로 악의의 총합이지요.

바루: 말씀하신 대로, 아무도 피해 갈 수 없는 사악한 기계장치군요. 아마도 그것이 오늘날 권력의 이미지인지도 모르겠습니다. 그런데 당신은 우리가 어떻게 이러한 상태에 이르렀다고 보십니까? 도대체 누구의 어떤 의지에 따라 이렇게 된 것일까요?

푸코: 권력의 문제를 단지 법제나 헌정Constitution, 혹은 국가나 국가기구의 차원에서만 제기한다면 빈약한 질문이 될 것입니다. 권력은 전체 법률이나 국가기구와 다르게 훨씬 복잡하고 빽빽하며 분산되어 있습니다. 만일 권력기구들이 없었더라면, 자본주의 사회에 고유한 생산력의 발전도 없었을 테고 기술적 발달도 상상할 수 없었을 것입니다. 18세기의 대규모 작업장들에서 노동 분업의 사례를 들어보지요. 생산력

관리라는 수준에서 권력의 새로운 배분이 없었더라면, 사람들이 어떻게 그러한 과업의 분담에 이를 수 있었을까요? 근대적 군대 조직의 경우도 마찬가지입니다. 새로운 유형의 군사 장비나 충원 체제만으로는 충분하지 않았습니다. 그와 동시에 훈육이라고 불리는 새로운 권력 배분이 이루어져야만 했습니다. 그에 걸맞은 위계질서, 간부 배치, 검사, 훈련, 조정, 조련과 더불어서 말이지요. 그런 것들이 없었더라면 18세기 이래 작동해온 방식대로의 군대는 존재하지 못했을 것입니다.

바루: 그런데 어떤 개인 혹은 집단이 그러한 과정 전체를 추진하는 것일까요?

푸코: 여기서 구분이 필요합니다. 군대나 공장 또는 그와 유사한 다른 기관 같은 장치 안에서 권력망이 피라미드 형태를 따른다는 점은 명백합니다. 즉, 권력의 정점이 있다는 말이죠. 하지만 그처럼 단순한 사례에서조차 이러한 정점이 권력의 '원천' 또는 '원리'는 아닙니다. 모든 권력이 그로부터 파생하는 일종의 광원(군주제가 스스로 표상하는 이미지가 이것이지요)은 아니라는 뜻입니다. 위계질서의 정점과 그 하위 요소들은 상호 지지와 조건화 관계 속에 있습니다. 서로 떠받쳐주는 구실을 하는 거죠(권력, 쌍방 간 무한정한 '협박'). 그

러나 만일 당신이 새로운 권력 테크놀로지의 역사적 기원이 자신의 이해관계에 복무시키고 사회체를 이용 가능하게 만들기 위해 권력을 활용하기로 마음먹은 어떤 개인이나 특정된 집단에 있느냐고 묻는다면, 저는 아니라고 대답할 것입니다. 이 전술들은 국지적 조건과 특수한 필요성으로부터 창안되고 조직된 것입니다. 그것들은 계급 전략이 그것들을 응집력 있는 거대한 총체로 응고시키기 전에 조각조각 그려진 것입니다. 더구나 지적해두어야 할 것은 그 총체 또한 동질화의 결과가 아니라, 제각기 특수한 성격을 지니는 여러 다른 권력 메커니즘이 서로 떠받쳐주는 복잡한 게임으로 구성된다는 점입니다. 그러므로 현실적으로 아이들과 관련해 나타나는 가족, 의학, 정신의학, 정신분석, 학교, 사법 체제 간의 게임은 이 상이한 심급들을 동질화하기보다는 그것들 사이에 연관성, 참조, 상보성, 제한 등을 설정하는데, 이는 각 심급이 어느 정도까지는 고유한 양태를 유지하면서 이루어집니다.

페로: 당신은 상부구조로서의 권력 개념에는 반대하지만, 권력이 어떤 의미로는 생산력 발전과 불가분의 관계에 있고 그 일부를 이룬다는 발상에는 반대하지 않으시는군요.

푸코: 물론이지요. 권력은 계속해서 생산력과 함께 변화합니다. 판옵티콘은 일종의 유토피아 프로그램이었습니다. 그런

데 사실상 벤담 시대에 움직이지 못하게 하고 바라보는 권력, 한마디로 규율화하는 권력이라는 주제는 인구 현상의 조절 및 변동 통제, 불규칙성을 조절할 수 있게 하는 한층 더 정교한 메커니즘들에 이미 포위당한 상태였습니다. 벤담은 시선에 중요성을 부여했다는 점에서는 '구식'이었지만, 일반적으로 권력기술에 중요성을 부여했다는 점에서는 아주 근대적이었습니다.

페로: [벤담에게] 총체적 국가는 없었습니다. 소사회들, 소우주들의 정착만이 있었지요.

바루: 그렇다면 판옵티콘의 전개와 관련해 산업 사회를 문제 삼아야 할까요? 아니면 자본주의 사회에 책임을 돌려야 할까요?

푸코: 산업 사회와 자본주의 사회 가운데 어느 쪽이냐고요? 뭐라 대답해야 할지 모르겠지만, 사회주의 사회에서도 이러한 형태의 권력을 찾아볼 수 있다고는 말할 수 있겠습니다. 그것은 다른 사회로 즉각 전이되었지요. 하지만 이 문제에 관해서는 저 대신 역사학자[미셸 페로]가 발언하는 게 더 좋겠군요.

페로: 실상 자본의 축적은 산업 테크놀로지와 온갖 권력장치의 확립에 의해 이루어졌습니다. 그러나 유사한 과정이 소비에트 사회주의 사회에서 나타난다는 것 또한 사실입니다. 스탈린주의 역시 어떤 면에서는 자본의 축적과 강한 권력의 수립 시기에 부합하지요.

바루: 여기서 우리는 이윤의 문제를 다시 만납니다. 벤담의 비인간 기계가, 최소한 어떤 이들에게는, 얼마나 귀중했겠는가 하는 것이죠.

푸코: 물론입니다! 19세기 댄디들이 가졌던 모종의 순진한 낙관주의가 있어야만 부르주아지를 바보라고 상상할 수 있겠지요. 하지만 실제로는 그와 정반대로 부르주아지의 기발한 재능을 인식해야 합니다. 그러한 재능 가운데 하나가 바로 그들이 이윤의 순환을 보장하는 권력 기계를 구축하기에 이르렀다는 사실입니다. 이윤의 순환은 다시 권력장치를 강화하고 조정하는데, 이러한 과정은 유동적이고 주기적인 방식으로 이루어집니다. 특히나 징세와 지출을 바탕으로 작동했던 봉건제 권력은 자신의 기반을 스스로 갉아먹었습니다. 부르주아지는 자신의 권력을 보존에 의해서가 아니라, 계속적인 전환에 의해서 갱신하고 연장했습니다. 이에 따라, 그 권력의 배치는 봉건제와 같은 형상으로 역사 속에 흔적을 남기

지 않았습니다. 그 결과는 권력의 불안정성과 창조적 유연성입니다. 부르주아지 권력의 몰락과 혁명의 가능성은 그 역사 속에 아예 처음부터 배태되어 있던 것입니다.

페로: 제가 보기에, 벤담은 노동 문제에 큰 부분을 할애했으며, 끊임없이 그 주제로 되돌아오곤 했습니다.

푸코: 그것은 권력기술이 생산의 요구에 부응하기 위해 창안되었다는 사실과 관련이 있습니다. 저는 생산 개념을 넓은 의미에서 쓰고자 합니다(군대의 사례에서는 파괴를 '생산'하는 문제도 관련될 수 있습니다).

바루: 지나가며 말해두자면, 당신이 저작에서 쓰는 '노동travail'이라는 용어는 생산적 노동과는 별로 관계가 없어 보이더군요.

푸코: 그 이유는 제가 관심 있는 인구 집단이 생산적 노동 바깥에 놓여 있는 광인, 병자, 죄수, 그리고 요즘엔 어린이이기 때문입니다. 그들에게 노동은, 자신들이 수행해야만 하는 경우에는 특히나 훈육적 가치를 갖는 것이었지요.

바루: 사실 노동이야 언제나 조련dressage의 한 형태가 아니었

나요?

푸코: 물론 그렇지요. 노동의 기능에는 세 가지가 있는데, 생산적 기능, 상징적 기능, 그리고 조련 혹은 훈육 기능입니다. 제가 다루는 인구 집단에서 생산적 기능은 거의 영에 가까운 데 반해, 상징적 기능과 훈육 기능은 매우 중요합니다. 그러나 대개 세 요소가 공존하고 함께 나타나지요.

페로: 어쨌거나 벤담은 스스로에 대해 확신이 있었고, 시선의 통찰력에 대한 신념이 확고했던 것으로 보입니다. 교정하고 사회에 재통합시켜야 할 대상—지독한 죄수들—의 불투명성과 저항의 정도를 그가 제대로 가늠하지 못했다는 느낌도 듭니다. 마찬가지로 벤담의 판옵티콘은 어느 정도 권력에 대한 환상이 아니었을까요?

푸코: 그것은 여론에 막강한 힘이 있다고 믿었던 18세기의 거의 모든 개혁주의자가 갖고 있던 환상이었습니다. 그들은 여론이 아무런 매개 없는immédiate 사회체 전체의 의식이기 때문에 좋을 수밖에 없다고 보면서, 사람들이 응시 대상이 된다는 사실만으로도 덕성을 지니게 될 수 있다고 믿었지요. 그들에게 여론은 〔사회〕계약의 자생적인 재활성화와도 같았습니다. 그들은 여론 형성의 실제 조건인 미디어를 간과했지요.

2부 권력의 공간화

신문 잡지나 출판, 그리고 영화, 텔레비전의 형태로 경제와 권력 메커니즘 속에 들어 있는 물질성 말입니다.

페로: 그들이 미디어를 간과했다는 말은 그들이 미디어를 경유해야 한다는 점에 무지했다는 뜻인가요?

푸코: 그뿐만 아니라 미디어가 반드시 정치경제적인 이해관계에 따라 작동한다는 점도 놓치고 있었습니다. 그들은 여론의 물질적·경제적 구성 요소들을 포착하지 못했지요. 그들은 여론이 본질상 올바른 것이고, 저절로 확산하며, 일종의 민주적 감시 체제라고 믿었습니다. 근본적으로는 19세기의 중요한 혁신이었던 저널리즘이야말로 시선의 정치가 지닌 유토피아적인 성격을 드러냈던 셈이지요.

페로: 일반적으로 이 사상가들은 자신들이 구상한 시스템을 '채택하게' 될 때 부딪힐 어려움에 대해 잘 모르고 있었습니다. 그들은 [권력의] 그물망에는 언제나 빠져나갈 구멍이 있고 저항의 역할이 있다는 사실을 깨닫지 못했던 것입니다. 감옥의 영역에서 보자면, 수감자는 결코 수동적인 사람들이 아닙니다. 벤담은 우리가 정반대로 가정하도록 만들었지요. 형벌 담론 자체는 마치 그 앞에 어떤 사람도 없는 것처럼, 아니면 백지상태의 인간, 교화하고 나서 생산 회로 속에 집어넣어

야 할 인간만 있는 것처럼 전개되었습니다. 실제로는 엄청난 저항을 벌이는 질료—즉 수감자—가 있는데 말입니다. 테일러주의에 대해서도 마찬가지 이야기를 할 수 있을 것입니다. 이 시스템은 빈둥거림, 나아가 생산을 지연시키는 모든 것에 맞서서 싸우고자 했던 한 기술자의 놀라운 발명품입니다. 그런데 우리는 이렇게 질문해볼 수 있을 것입니다. 테일러주의가 정말 그대로 작동한 적이 있었을까요?

푸코: 사실 바로 그 점이 벤담을 비현실적이라고 평가하게 만드는 또 다른 요인입니다. 사람들의 실질적인 저항을 고려하지 않은 것이죠. 또 그것은 미셸 페로 당신이 연구해온 주제이기도 합니다. 작업장이나 주거단지에서 사람들은 어떻게 지속적인 감시와 등록 체제에 저항하는가? 그들은 이러한 감시의 구속하고 예속화하는 끔찍한 특징을 의식했는가? 아니면 그저 당연한 것으로 받아들였는가? 말하자면, 시선에 대한 반란이 있었는가?

페로: 실제로 시선에 대한 반란이 있었습니다. 노동자 주거단지 입주에 대한 노동자들의 반감은 명명백백했지요. 노동자 주거단지는 아주 오랫동안 실패였습니다. 판옵티콘에 뚜렷이 존재했던 시간 배분 또한 마찬가지였고요. 공장과 시간표는 오랫동안 수동적인 저항을 불러일으켰습니다. 노동자

들은 아주 단순하게 일을 하러 나오지 않는 식으로 반항했지요. 그것이 19세기 '성스러운 월요일'에 담긴 경이로운 역사입니다. 노동자들은 매주 구속에서 벗어나기 위한 날을 임의로 만들었던 것입니다. 초창기엔 공장주들이 물러서지 않을 수 없을 정도로 강력한, 산업 시스템에 대한 여러 형태의 저항들도 있었고요. 또 다른 사례를 들면, 미시권력 체계는 금세 정착하지는 못했습니다. 그러한 유형의 감시와 관리는 우선 여성이나 어린이처럼 이미 복종에 익숙한 사람들이 다수를 이루는 기계화된 부문에서 발전했다가, 이후 여성으로부터 그들의 남편으로, 어린이로부터 그들의 가족으로 확장해나갔습니다. 그러나 금속 공업같이 이른바 남성적인 부문들에서는 상황이 완전히 달랐습니다. 공장주는 감시 체제를 곧바로 구축할 수 없었으며, 19세기 전반 동안에는 자기 권력을 위임해야만 했습니다. 그는 최고 연장자나 가장 숙련된 기술자인 수장을 통해 노동자 집단과 계약을 맺었습니다. 우리는 숙련노동자들에게서 진정한 대항권력이 행사되는 현상을 발견하게 됩니다. 이 대항권력은 종종 양면성을 띠었습니다. 한편으로는 공장주에 맞서 노동자 공동체를 수호하는가 하면, 노동자들 스스로에게 맞서기도 했는데, 하급 관리자가 동료나 견습공을 억압하는 경우도 있었기 때문입니다. 사실 이러한 형태의 대항권력은 공장주가 장악할 수 없었던 작업들을 기계화하게 될 때까지 존재했습니다. 공장주는 이렇게 해서 숙련노동자의 권력을 철폐해버릴 수 있었습니다. 수많은 예가 있지요. 준자동화된 기계들이 갖춰지기 전까지 작업반장은 압연기에 대해 저항할 수단을 가지고 있었습니다. 그런데 재료가 적절한 상태인지 판단하는 압연공의 눈짓—여기에서도 시선이 문제가 됩니다—을 대신해서 온도조절 장치가 들어왔고, 이제 온도계를 확인하는 것만으로도 충분해졌지요.

푸코: 그러니 판옵티콘에 대한 저항의 총체는 전략과 전술의 차원에서 분석해야 합니다. 한쪽의 공격은 다른 쪽의 반격에 받침점으로 쓰인다고 간주하면서 말이죠. 권력 메커니즘에 대한 분석은 권력이 익명적인 동시에 언제나 성공적이라는 점을 보여주고자 하는 것이 아닙니다. 오히려 그 반대로 각자의 위치와 행동 양식, 저항의 가능성과 상대방에 대한 역공의 가능성을 탐지하는 것이 문제입니다.

바루: 전투, 실행과 대응, 공격과 역공이라니 마치 전략가처럼 말씀하시는군요. 그런데 권력에 대한 저항은 본질상 신체적인 성격을 띠는 것일까요? 투쟁의 내용은 무엇이고 그 투쟁은 무엇을 기대하는 것일까요?

푸코: 그것은 정말이지 이론적·방법론적으로 중요한 문제

입니다. 저는 우리가 정치 담론에서 세력 관계rapports de forces 와 관련된 어휘를 많이 사용한다는 점에 놀라움을 느낍니다. '투쟁'이라는 용어는 가장 빈번히 등장하는 어휘 가운데 하나입니다. 그런데 우리는 그것에서 어떤 결과를 끌어내거나, 그 단어에 내재하는 문제를 제기하는 일을 주저하고 있는 것 같습니다. 예를 들어, 이러한 '투쟁'을 전쟁의 일화처럼 분석해야 할까요, 아니면 전략과 전술의 틀에 따라 해독해야 할까요? 정치의 층위에서 세력 관계는 전쟁과 마찬가지의 관계일까요? 개인적으로 저는 이러한 질문들에 대해 지금 당장 그렇다거나 아니라는 식으로 단정적인 답을 내릴 준비가 되어있지 않습니다. 다만 한 가지 말씀드릴 수 있는 것은 무조건 투쟁을 단언한다고 해서 권력 관계를 철저히 분석하는 데 도움이 되지는 않는다는 것입니다. 이 투쟁이라는 주제는 우리가 각각의 사례에서 누가 무엇을 둘러싸고 투쟁하고 있는지, 투쟁이 어떻게 어디에서 어떠한 수단으로 어떠한 합리성에 따라 펼쳐지는지를 구체적으로 규정할 때에만 쓸모를 발휘하게 됩니다. 달리 말해, 권력 관계의 핵심에 투쟁이 있다는 언명을 진지하게 다루고자 한다면, 낡고 호기로운 모순 '논리'는 그 실제의 과정들을 규명하는 데 결코 충분하지 않다는 사실을 깨달아야만 합니다.

페로: 그러니까 판옵티콘의 문제로 되돌아오자면, 벤담은 단

순히 유토피아 사회를 투사할 뿐만 아니라, 이미 존재하는 사회를 기술합니다.

푸코: 그는 어떤 일반적인 시스템의 유토피아 안에 실제로 존재하는 특수한 메커니즘을 기술하지요.

페로: 수감자들 입장에서 중앙탑을 장악하는 일은 의미가 없었을까요?

푸코: 물론 있었겠죠. 그것이 작전의 최종 목표가 아니라는 전제 아래서 말이죠. 감시관들 대신에 수감자들이 중앙탑 안의 자리를 차지하고 판옵티콘 장치를 작동시키는 편이 훨씬 더 나았을 것이라고 생각하시나요?

18세기의 건강정치[1]

수요 공급의 메커니즘에 따르며 개인의 자발성이 이끄는 사적이고 '자유주의적인' 의료. 그 옆에, 아니 어쩌면 그 앞에 있는, 엄격한 법 제도에 의해 틀지어지고 행정기구에 의지하면서 사회 구성원 전체를 대상으로 삼는 [보건]당국 주도의 의료 관리. 이 둘을 분명하게 맞세워 놓고서 두 가지 유형의 의료 가운데 어떤 것이 먼저이고 어떤 것이 파생물인지 찾는 작업이 과연 생산적일까? 서양 의학의 기원에 집합적 성격의 실천이 있었고, 여러 형태의 개인적 관계가 그로부터 점차 떨어져 나왔을 것이라고 가정해야 할까? 아니면 근대 의학은 우선 고유한 관계들(고객과의 관계와 임상 관계) 속에서 발

---

1   "La politique de la santé au XVIIIe siècle," *Les Machines à guérir. Aux origines de l'hôpital moderne*, Bruxelle, Pierre Mardaga, coll. «Architecture-Archives», 1979, pp. 7~18. 〔『말과 글』의 텍스트 n. 257.〕 프랑스에서 1976년 나왔던 저작 『치료 기계─근대 병원의 기원』의 개정판 서문. 푸코의 텍스트는 새로운 내용을 포함하고 있다. 〔참고로 푸코의 초판 서문은 『말과 글』의 텍스트 n. 168로, 원래 출전은 다음과 같다. "La politique de la santé au XVIIIe siècle," *Les Machines à guérir. Aux origines de l'hôpital moderne, dossiers et documents*, Paris, Institut de l'environnement, 1976, pp. 11~21.〕

전했다가 일련의 조정과 적응을 거쳐 정치에, 그리고 전체적 관리에 통합되었다고 상상해야만 할까?

이런 식의 문제제기는 다소 허구적인 단절을 전제한다. 사실 질병, 환자가 질병을 경험하고 표현하는 방식, 환자와 타인들이 생각하는 질병과 건강의 차이, 환자에게서 감지되는 질병의 신호들, 질병이 유발하는 행동들은 모든 사회에서 집합적 시스템들로 귀속된다. 더 풀어 말하면, 의사의 개입, 그의 행동 유형, 치료 비법과 그 효력까지도 적어도 부분적으로는, 언제나 개인적 불행과 고통의 범주를 넘어서는 질병이라는 사건에 대한 집단의 응답을 구성한다. '사적' 의료는 질병에 대한 집합적 반응 양식이다. 그러므로 문제는 무엇이 선행하는가가 아니다. 중요한 것은 오히려 주어진 시기 특정한 사회 내에서 의사와 환자 간 개인적 상호작용이 질병 일반 또는 특정한 환자에 대한 집합적 개입과 접합되는 특수한 방식일 테다. 의료 '전문직'의 역사, 혹은 더 정확히 말해 의사의 '전문직화'가 취하는 상이한 형태들의 역사는 그러한 문제들을 분석하기 위해 좋은 공격 지점을 제공한다.

이러한 역사에서 18세기는 중요한 계기를 이룬다. 양적인 차원에서는 의사의 수가 증가하고 병원들이 신축되었고, 보건진료소가 문을 열었으며, 모든 사회 계급에서 의료의 소비가 팽창했다. 질적인 차원에서는 의사 교육이 한층 표준화되었고, 의사들의 실습과 의학적 앎의 발전 간의 관련성이 한층 뚜렷해졌으며, 의사들의 지식과 그 효능에 더 큰 신뢰가 주어졌다. 이는 또한 전통적인 '[민간]요법'에 부여된 가치를 상대적으로 감소시켰다. 의사는 좀더 확실하게 다른 치료 제공자들과 분리되고, 사회체 내에서 훨씬 광범위하고 비중 있는 자리를 차지하기 시작한다.

이러한 과정은 천천히 진행되었으며, 그중에 어떤 것도 결정적이거나 완전히 새롭지는 않았다. 하지만 1720년부터 1800년에 이르는 시기를 특징짓는 것은 아마도 의사의 전문직화가 '건강정치'를 바탕으로 이루어졌다는 사실일 것이다. 질병이 초래한 어느 정도 조율된 집합적 반응들—예컨대, 감염병에 맞선 싸움—가운데, '건강정치'는 여러 면에서 구별되는 특징을 지닌다. 그것은 다음과 같은 사항들을 전제한다.

1. 목표의 일정한 전환 혹은 확장: 질병을 그 발원지에서 제거하는 것뿐만이 아니라 예방하는 것이 중요하다. 그것이 무엇이든 간에 모든 질병을 가능한 한 예방하는 것이 관건이다.

2. 건강 개념의 이원화: 전통적인 건강 개념의 규범적 의미(질병에 대립하는 것)에 기술적記述的 의미가 부가된다. 이제 건강은 일군의 자료(질병의 빈도, 각 질병의 중증도와 지속성, 질병 유발 요인들에 대한 저항)를 통해 관찰 가능한 결과가 된다.

3. 한 집단이나 집합체에 특징적인 변수들의 규정: 사
   망률, 평균 수명, 연령대별 기대 수명, 특정 인구의
   건강을 특징짓는 질환들의 감염병적 또는 풍토병적
   형태.

4. 엄밀한 의미에서의 치료술이나 의학과 아예 무관한
   개입 유형들의 발전: 이러한 유형들은 생활 조건과
   생활 양식, 영양 섭취, 주거, 환경, 자녀 양육 방식 등
   과 관련된다.

5. 끝으로, 부분적일지라도 의학적 실천의 정치경제적
   관리 안으로의 통합, 그리고 이를 통한 사회의 합리
   화 추구: 의학은 더 이상 단순히 집합체가 결코 초연
   할 수 없는 개인의 생사에 관련된 중요한 기술에 불
   과한 것이 아니다. 그것은 전체의 결정이라는 틀 안
   에서 집합체의 유지와 발전에 필수적인 요소가 된다.

건강정치는 우선 집합적 관리 책무로서의 의료가 부분적으
로 구호기술에서 벗어나기 시작한다는 사실로 특징지어진
다. 도식적으로 말해서, 공동체에 의한 질병의 관리 책무는
언제나 빈민에 대한 구호를 통해 이루어졌다. 물론 여러 예외
도 있었다. 감염병 시기에 적용되는 규제, 페스트가 도는 도
시에 취해진 조치, 거대한 항구들에 부과된 검역은 구호의 필
요와 유기적으로 연계되어 있지 않은 권위적 의료화의 형태

2부 권력의 공간화

를 띠었다. 하지만 이러한 극단적 사례들을 제외하면 '서비스'
로서 이해되고 시행된 의료는 '원조'의 요소 중 하나일 따름
이었다. 그것은 경계를 확실히 정할 수는 없지만 '가난한 환
자'라는 대단히 큰 범주를 대상으로 했다. 경제적으로 이러한
의료 서비스는 요컨대 자선기금들이 뒷받침했다. 제도적으
로는 다양한 목적을 표방한 (종교적 또는 세속적) 조직의 틀
안에서 이루어졌다. 식량과 의복의 배급, 버려진 아이들의 생
계 보조, 노인과 장애인 들의 마지막 보호처, 기초 교육과 도
덕적 선전, 작업장과 취로 사업장 개설, 경우에 따라서는 '불
안정'하거나 '수상한' 인자들에 대한 감시와 제재(도시에서
병원 당국은 부랑자와 걸인에 대한 관할권을 가지고 있었고,
가톨릭 본당과 자선협회 또한 아주 명시적으로 '나쁜 신민'에
대한 고발자 역할을 자임했다). 기술적인 관점에서 보자면,
고전주의 시대 병원의 기능에서 치료술이 차지하는 부분은
생존에 불가결한 기초적 부조에 비해 매우 한정적이었다. 빈
민구호병원[2] 수용이 필요한 '불쌍한 빈민'의 형상 속에서 질

2   [옮긴이] 여기서 말하는 고전주의 시대(즉 17세기)의 병원은
    정확히는 빈민구호병원 혹은 구빈원의 의미를 띤다. 이 시기
    프랑스에서는 왕의 칙령에 의해 병기창, 상이군인 병원 같은 여러
    시설이 단일한 행정기구 안에 편입되었고, 이는 시설 안팎의
    빈민들을 모두 관할하는 이른바 구빈원이 되었다. 구빈원은
    빈민에 대한 질병 치료보다는 행정적·사법적 관리와 치안, 교정,
    처벌 등의 포괄적 기능을 갖춘 기관이었고, 파리에서 시작해 곧
    프랑스와 유럽 전역으로 그 설치 범위를 확장했다. 절대 왕정

병은 장애, 나이, 구직 불가능성, 굶주림 등의 온갖 요인 가운데 하나에 불과했다. 질병-의료 서비스-치료술의 연쇄는 '원조'의 복잡한 정치경제 안에서 제한된 자리만을 차지했다.

구호의 혼성적이고 다면적인 절차는 18세기 동안 맹렬하게 비판받았다. 투자 양식의 일반적인 재검토에서부터 출발해 그러한 절차의 철폐가 요청되었다. 사실 '기금'은 상당액이 고정적으로 유지되면서 그 수익을 실직자들에게 일자리를 마련해주는 데 쓰이지 않고 그냥 놀고먹으려는 사람들을 부양하는 데 쓰였다. 자선은 경제적 합리성을 전혀 고려하지 않고 임의에 따라 현금을 나누어주었다. 원조는 빈민에 대한 부자의 도덕적 의무이자 포괄적인 책무의 결과여선 안 되었다. 그것은 세심한 계산의 대상이 되어야만 했다. 이는 인구를 더 촘촘하게 분할하고, 마구잡이로 자선 대상이 되었던 빈민층의 상이한 범주들을 구별하는 작업을 함축했다. 전통적인 위상이 점차 약화되면서 '빈민'은 제일 먼저 사라져야 할 것 가운데 하나가 되었고, 그 자리에 일련의 기능적 구

치하에서 왕권과 부르주아지의 지배질서가 구축한 이 구빈원 체제는 빈민, 실업자, 부랑자들을 수용해 사회적 무질서의 근원인 구걸과 게으름을 척결하고 노동력을 확보하는 데 이용되었다. 『광기의 역사』에서 푸코는 고전주의 시대에 광인들이 구빈원에 대대적으로 감금당하고, 이전까지 종교적 차원에서 진리의 계시로 이해된 광기가 노동 윤리의 차원에서 게으름의 표상이 되는 변화를 상세히 분석한 바 있다. 미셸 푸코, 『광기의 역사』, 이규현 옮김, 나남, 2020, 1부 참조.

2부 권력의 공간화

분이 들어섰다(나쁜 빈민과 좋은 빈민, 자발적 게으름뱅이와 비자발적 실업자, 뭐라도 일을 할 수 있는 사람과 할 수 없는 사람). 그 조건 및 효과 측면에서의 게으름에 대한 분석이 '빈민'에 대한 다소 포괄적인 신성화를 대체하는 경향이 있었다. 이러한 분석은 빈곤층을 생산기구에 배치함으로써 유용하게 만드는 데 실질적인 목표가 있었고, 그렇게 안 될 경우 적어도 빈곤층이 사회 여타 부분에 가져다줄 부담을 최대한 완화하고자 했다. '멀쩡한' 빈자들에게 어떻게 일을 시킬 것인가? 전혀 부유하지 않은 사람들이 그들에게 특징적인 질병이라든지 일시적이거나 지속적인 노동 불능 상태에 대해 스스로 알아서 경제적 책임을 지게 할 수 있을 것인가? 버려진 아이들의 교육과 고아들을 위해 지출하는 비용을 어떻게 장단기적으로 수익성 있게 만들 것인가? 이처럼 빈곤을 실용적으로 해체하는 가운데 질병이 노동에 대한 절대적 요청 및 생산의 필요성과 맺는 관계라는 특수한 문제가 출현하기 시작한다.

건강정치의 등장은 또 훨씬 더 일반적인 과정과의 관계속에서 논의되어야 한다. 그것은 사회의 복지bien-être를 정치권력의 핵심 목표 중 하나로 만든 과정을 가리킨다. "우리는 상식을 통해 정부가 통치자(들)의 특권이나 이윤, 쾌락, 영광을 위해서가 아니라, 사회 전체의 선과 행복을 위해 세워졌다는 점을 안다⋯ 공공선bien public을 목적으로 삼는 왕이 정당성을 지닌다."³ 이는 분명 전통적으로 존재해온 관념이지만, 17~18세기에는 과거보다 훨씬 강렬하고 명확한 의미를 띠었다. 사람들은 더 이상 전쟁, 무질서, 법률과 판관의 불공정성, 기아, 수탈을 제거하면 인류 역사에 나타날 행복, 평안, 정의만을 염두에 두지 않았다. 이제 '공공선'은 천연자원과 노동 생산물과 그 유통, 교역 규모 등에 더해, 도시와 도로의 재정비, 생활 조건(주거, 섭식 등), 거주자 수와 수명, 노동에 대한 의욕과 적성 등이 서로 게임을 벌이는 복잡한 물질적 장 전체를 적극적으로 지시했다. 그리고 이 공공선은 그저 법과 전통을 존중하는 데 만족하는, '어질기만' 한 정부에게 기대해서는 안 되었다. 그것은 특수한 지식에 따라 계측되어야 하는 개입(혹은 개입과 자유의 미묘한 게임) 없이는 얻어질 수 없을 것이었다. 개별 영역들에 적용되는 온갖 관리기술이 있어야만 했던 것이다. 그러니까 하나의 정치une politique가 아니라, 여러 정책des politiques이 필요했던 셈이다.

평안과 질서 너머 이 '공공선'을 확보하기 위해 작동시켜야 하는 수단의 총체는, 독일과 프랑스에서 대체로 '내치 police'라고 불렸던 것으로, 달리 말하면 "국력의 확립과 증대, 국가의 무력 선용과 신민의 행복 증진에 이바지할, 한 국가의 내정에 관련되는 법과 규제의 총체"이다.⁴ 이렇게 이해된 내

3   A. Sydney, *The Governor*, traduction française, Paris, An II, p. 197.

4   J. von Justi, *Eléments généraux de police*, traduction française, Paris,

치는 그 영역을 감시와 질서 유지보다 훨씬 멀리까지 확장했다. 그것은 다음과 같은 다양한 문제에 주의를 기울여야 했다. 언제나 국부와 국력의 원천으로 정의되었던 인구의 다대한 정도, 생명과 그 유지를 위한 기본적인 필수사항(식량의 양과 가격과 질, 도시와 주택의 위생, 감염병의 예방 또는 저지), 개인들의 활동(게으른 빈민과 걸인의 감시, 원조의 적정한 배분에 대한 기여, 직업에 대한 각종 규제의 확립), 사물과 사람의 순환(유통 상품에 대한 징세권, 이주민에 대한 감시, 다양한 커뮤니케이션 경로의 양호한 상태와 질서).

내치는 사회'체〔신체〕'의 관리 일체를 뜻했다. '신체'라는 용어를 단순히 은유적으로 이해해서는 안 된다. 여기서는 개인들의 '신체' 이외에도, 그들의 생명을 보장하고 행동의 틀과 결과를 구성하며 이동과 교환을 허용하는 물질적 요인들의 총체를 포함하는 복합적이고 다중적인 물질성이 문제가 되기 때문이다. 개입의 계측적 양식이자 제도적 총체로서 내치는 사회체의 '물리적' 요소, 즉 시민 사회의 일종의 물질성에 대한 책임을 떠맡았다. 더욱이 이 시대는 시민 사회의 위상과 법적 형태에 대한 사유를 모색하던 때이기도 했다.

그런데 이 물질성의 중심에서 17~18세기에 계속 그 중요성이 확고해지고 증가한 한 가지 요소가 출현한다. 바로 인

1769, p. 18.

구가 그것이다. 인구는 거주 가능한 면적에 대비해 산출한 거주자의 수라는 전통적인 의미 말고도, 공존 관계를 맺고 있으며 그런 이유에서 특수한 실재를 구성하는 개인들의 총체라는 의미를 띠었다. '인구'는 그 자체의 성장률이 있으며, 그 자체의 사망률과 발병률, 존재 조건―인구의 생존에 필요한, 또는 그 발전과 향상을 보장하는 요소들―이 있다. 겉으로 보기에, 그것은 개별 현상들의 총합이나 다름없지만, 사람들은 거기서 인구에 고유한 상수와 변수들을 관찰한다. 그리고 그것들을 변화시키려면 특수한 개입이 요청되는 것이다.

18세기 동안 건강정치는 새로운 구호 경제, 그리고 사회체의 관리―사회체의 물질성에서 '인구'에 특유한 생물학적 현상들에까지 이르는―가 교차하는 지점에서 형성되었다. [구호 경제와 사회체 관리라는] 이 두 과정은 확실히 동일한 총체를 구성했다. 구호의 통제와 그 혜택의 유용한 배분은 '내치'의 문제 중 하나였고, 경제적 생산 및 교환 기구에 맞춘 인구의 조정은 내치의 주요 목표 가운데 하나였다.

그런데 분석상의 여러 이유로 인해 그러한 목표들의 특수성을 **주장**하는 편이 유용하다. 첫번째는 실제로 재산, 연령, 노동 능력과 의지에 따라 차등적으로 제기되었던 질병의 문제를 자선 구호와 분리시키는 것이다. 두번째는 역으로 질병 문제를 일반적인 생활 조건에, 병자들을 인구 전체에, 의료를 사회의 정치경제적 관리에 통합하는 것이다. 첫번째 경우엔

2부 권력의 공간화

구호대상자들이라는 불특정 대중으로부터 특정된 병자들로 이행한다. 두번째 경우엔 질병에 대한 특수한 반응이 존재와 공존 형식들에 대한 통제에 합쳐진다. 구호는 의료화로 흐름을 바꾸고, 의료화는 구호를 합리적이고 효율적으로 만든다고 주장하면서 그것을 정당화한다. 그런데 의료는 인구의 복지와 건강을 명시적인 목적으로 설정한 행정 체계 안에서 종속 혹은 협력 형식으로 다양한 자리를 차지할 수 있었다.

이것들이 18세기에 형성된 건강정치의 두 가지 모티브이자 축이었다. 병자들을 병자로서 부양할 수 있는 기구의 구성(이 장치와의 관련 속에서 건강은 회복해야 할 상태이자 도달해야 할 목표로서 의미를 지닌다), 그리고 질병이 일련의 요소 가운데 한 가지 종속변수에 지나지 않는 인구의 '건강 상태'를 지속적으로 관찰하고 측정하고 개선할 수 있게 해주는 장치의 정비.

18세기에 건강정치와 관련해 발전한 몇 가지 주요한 테마로부터 우리는 다음의 세 가지 양상을 이해할 수 있다.

1. 아동기의 특권과 가족의 의료화: '아동' 문제—출생 아동 수, 출생률-사망률의 관계—에 더해 '아동기'의 문제—성인기까지의 생존, 이러한 생존을 뒷받침하는 신체적·경제적 조건, 성장 기간에 유용한 필요충분의 투자량, 한마디로 특수하

면서도 목적성이 있는 것으로 지각되는 이 '단계'의 조직—
가 중요해졌다. 이제 적정한 수의 아이를 낳는 것뿐만 아니
라, 이 연령대를 적절하게 관리하는 것이 문제가 되었다.

그리하여 부모와 아이의 관계가 새롭고 아주 명확한 규
칙들에 따라 규약화되었다. 물론 순종 관계와 그것이 요구하
는 기호 체계에는 거의 별다른 변화가 없었지만, 이후 부모와
자식 모두에게 각종 의무가 부과되었다. 신체적 차원의 책임
(돌봄, 접촉, 위생, 청결, 신경 써서 곁에 붙어 있기), 모유 먹
이기, 깨끗하게 옷 입히기, 신체의 적절한 발달을 위한 운동
시키기. 즉 어른과 아이 사이의 지속적이고 구속적인 몸과 몸
의 관계. 이로 인해 가족은 사회적 지위나 친족 체계, 재산 상
속 메커니즘 안에 새겨진 관계망에 그치지 않게 되었다. 그것
은 아이의 신체를 감싸주고 지탱시키고 성장하도록 도와주
는 항구적이고 불변하며 촘촘하고 충만한 물리적 환경이 되
어야만 했다. 이제 가족은 훨씬 밀접한 범위로 구획되면서 물
질적인 형상을 띠게 되었다. 그것은 아이 가까이에 있는 사
람들로 조직되고, 아이에게 생존과 성장의 직접적인 틀이 되
기에 이르렀다. 이는 핵가족(부모와 아이의 집단)을 구성하
는 요소들과 관계를 긴밀화하거나 적어도 강화시키는 효과
를 낳았다. 그것은 또한 축의 전도를 가져왔다. 즉 혼인 관계
는 더 이상 두 조상[집안]을 결합하는 역할만이 아니라(이는
심지어 일차적 역할도 아닐 수 있다), 개인을 성인으로 길러

내는 모태 역할을 하게 되었다. 두 사람을 연결시킴으로써 후손을 생산하게 하는 것은 물론, 가능한 최상의 조건에서 인간 존재가 성숙한 상태에 도달하게끔 한다. 이처럼 새로운 '혼인 관계'는 오히려 부모와 아이를 결합하는 관계가 되었다. 거대한 전통적 가족-인척 관계의 내부에서 가족—협소하고 국지화된 교육기구—이 공고해졌다. 동시에 건강—그 맨 앞에 아이의 건강이 있었다—은 가족의 가장 강박적인 목표 가운데 하나가 되었다. 부모-자식의 사각형은 일종의 건강 항상성의 사각형이 되어야만 했다. 어쨌거나 18세기 말 이래 온전하고 청결하며 건장한 몸, 깨끗하게 청소가 되어 있고 통풍이 잘되는 방, 사람과 장소와 침대와 식기의 의학적인 최적의 배치, '돌보는 사람'과 '돌봄 대상'의 게임은 가족의 필수적인 도덕 규칙을 구성했다. 이 시대부터 가족은 의료화의 지속적인 매개자가 되었다. 18세기 중반 이후 그것은 의학적 변용이라는 거대한 기획의 표적으로 부상했던 것이다. 그 첫번째 물결은 어린이, 특히 갓난아기를 어떻게 돌보아야 하는지의 문제로 향했다.

이와 관련한 대표적인 저작으로는 앙드리Andry의 『소아정형술L'orthopédie』(1749), 방데르몽드Vandermonde의 『인류를 완벽하게 만드는 방법Essai sur la manière de perfectionner l'espèce humaine』(1756), 카도간Cadogan의 『영유아의 수유 및 양육법Manière de nourrir et d'élever les enfants』(1748, 프랑스어

번역은 1752), 데제사르츠Desessartz의 『유아기의 신체 교육 논고Traité de l'éducation corporelle en bas âge』(1760), 발렉세르 Ballexserd의 『아동 체육 논고Dissertation sur l'éducation physique des enfants』(1762), 롤랭Raulin의 『아동 관리De la conservation des enfants』(1768), 니콜라Nicolas의 『갓난아기를 위한 자연의 외침Le Cri de la nature en faveur des enfants nouveau-nés』(1775), 데 냥Daignan의 『인간 생활의 다양성 일람표Tableau des variétés de la vie humaine』(1786), 소세로트Saucerotte의 『임신 중 아이 관리De la conservation des enfants pendant la grossesse』(1796), 버캔 W. Buchan의 『어머니와 아이의 건강 관리자Le conservateur de la santé des mères et des enfants(1803, 프랑스어 번역은 1804), 밀로Millot의 『프랑스의 네스토르Le Nestor français』(1807), 라플라스-샹브르Laplace-Chanvre의 『아동 체육과 도덕 교육의 몇 가지 쟁점Sur quelques points de l'éducation physique et morale des enfants』(1813), 르레즈Leretz의 『아동의 위생Hygiène des enfants』(1814), 프레보스트-레고니Prevost-Leygonie의 『아동 체육론Essai sur l'éducation physique des enfants』(1813)이 있다. 이러한 종류의 문헌은 19세기 들어 민중 계급을 독자로 겨냥하는 일련의 신문 잡지들이 등장함에 따라 더욱 팽창했다.

예방 접종과 백신 접종을 둘러싼 오랜 캠페인도 아이들을 의학적으로 돌보고자 했던 이러한 조직적 움직임 속에서 자리를 잡았다. 여기서 가정은 도덕적 책임을 지녀야 했고,

일말의 경제적 부담을 져야만 했다. 다른 경로들을 통해서이 긴 했지만, 고아들을 위한 정책도 유사한 전략을 뒤따랐다. 우선 고아들을 수용하고 특별한 돌봄을 제공하는 기관—런던의 파운들링 병원이나 파리의 기아보호소—이 문을 열었다. 고아들에게 보모를 붙이거나 다른 가정에 입양시키는 배정 시스템도 조직되었다. 아이들은 집안일에서 작은 역할이라도 담당함으로써 자신들의 쓸모를 증명할 수 있었다. 나아가 새로운 가정은 그들의 성장에 우호적인 환경을 제공했다. 청소년기까지 갇혀 있어야 하는 병원에 비해 경제적으로도 비용이 훨씬 적게 들었다.

　　18세기 유럽 전역에서 윤곽이 드러난 의료 정책의 첫번째 효과는 의료 개인화의 일차적·직접적 층위로서의 가족, 더 나은 표현을 쓰자면 가족-아이 복합체의 조직이었다. 가족은 사회체를 건강하게 유지하려는 일반적인 목표와 돌봄에 대한 개인의 필요 내지 욕망을 연결해주는 경첩 역할을 부여받았다. 그것은 위생의 집합적 통제에 기초한 좋은 건강에 대한 '사적' 윤리(부모와 아이의 상호 의무)를, 국가가 보증하고 추천하는 전문직 의사 집단이 개인과 가족의 요구에 따라 수행하는 과학적 치료 기법과 접합시켰다. 자신과 타인의 건강과 관련된 개인의 권리와 의무, 의료 행위의 수요와 공급이 만나는 시장, 공중 위생과 질병과 관련해서 일어나는 권력의 권위적인 개입, 의사와의 사적 관계에 대한 제도화와 보호.

이 모든 것이 18세기의 건강정치가 다양하면서도 일관성 있게 드러낸 광범위한 기능작용을 특징짓는다. 그런데 그것은 의료화되고-의료화하는 가정이라는, 18세기에 형성된 핵심 요소를 빼놓고서는 결코 이해될 수 없을 것이다.

2. 위생의 중요성과 사회 통제의 층위로서 의학의 기능작용:

예방의학의 양식이자 생활 규칙으로 이해되었던 기존의 생활 태도 개념이 일반적인 수준에서 포착된 인구의 집합적인 '생활 태도'로 확장되는 경향을 띠었다. 그것은 감염병 대유행 없애기, 사망률 낮추기, 평균수명 연장하기라는 삼중의 목표를 가지고 있었다. 인구의 건강을 위한 생활 태도로서의 [공중]위생은 의학 쪽의 일정한 권위적 개입과 통제를 함축했다.

그것은 우선 도시 공간 일반을 대상으로 이루어졌다. 도시 공간이 아마도 인구의 건강을 위협하는 가장 위험한 환경일 터이기 때문이었다. 상이한 구역 부지와 습도 및 방향, 도시 전체의 통풍과 환기, 오염수의 배출과 하수구 시스템, 묘지와 도살장 부지, 인구밀도 등이 주민의 사망률과 발병률을 좌우하는 결정적인 요인으로 나타났다. 도시는 주요한 공간적 변수들과 더불어 의료화해야 할 대상으로 떠올랐다. 지역에 대한 의료 지형학은 기후 관련 자료나 지질학적 사실을 분석했는데, 이를 통제하는 것은 불가능했고 기껏해야 보호 또는 보상 척도를 제시하는 데 쓰일 뿐이었다. 이에 반해, 도시에 대한 〔의료〕 지형학은, 의도적이진 않을 수 있지만, 잘 계산된 도시공학urbanisme의 일반 원칙들을 그려냈다. 18세기에 질병을 일으키는 도시라는 관념은 온갖 신화를 낳았고, 사람들에게 실제적인 공포를 불러일으켰다(파리에 있었던 백치 시체안치소는 이러한 공포로 가득 찬 명소 중 하나였다). 어쨌거나 그것은 도시의 사망률에 관한 의학 담론, 그리고 도시 개발과 건축과 기관에 대한 의학적 감시를 초래했다(예컨대, 모렐J. P. L. Morel의 『릴 어린이 다수를 전신 쇠약과 구루병 환자로 만드는 가장 중요한 원인들에 관한 논고Dissertation sur les causes qui contribuent le plus à rendre cachectique et rachitique, la constitution d'un grand nombre d'enfants de la ville de Lille』〔1812〕).

위생의 필요성은 질병의 본산에서 일어나는 일에 대해 한층 정확하고 국지화된 방식으로 의학의 권위적인 개입을 불러왔다. 부랑자, 거지, 장애인 들이 서로 마주치고 뒤섞이는 감옥, 배, 항구의 시설물, 종합병원이 그 대표적인 예라 할 수 있다. 병원조차도 평소에는 의학적 관리가 충분하지 않았고, 외부로 병균을 전파하지는 않더라도 환자들에게 병을 유발하거나 악화시켰다. 따라서 사람들은 도시 체계 안에서 시급히 의료화하고 의학권력을 집중적으로 행사해야 할 필요가 있는 지역들을 분리했다. 더욱이 의사는 개인이 자신과 타인의 건강을 위해 지켜야 하는 위생의 기본 규칙, 즉 식생활

과 주거에서의 위생, 발병 시 필수적인 치료법을 가르쳐야만
했다.

의료는 질병에 대한 서비스이자 치유의 수단으로서보다
는 차라리 건강을 관리하는 일반적인 기술로서의 성격을 띠
었다. 그것은 18세기 내내 끊임없이 확대되고 강화된 권력의
기계장치와 행정 구조 안에서 점점 더 중요한 자리를 차지하
게 되었다. 의사는 상이한 권력의 심급에서 확고한 기반을 확
보했다. 행정이 인구의 건강에 관한 대규모 의학적 조사의 지
지대이자 때로는 출발점 노릇을 했다면, 역으로 의사들은 자
기 활동의 점점 더 많은 부분을 권력이 규정한 일반적·행정
적 과업들에 할애했다. 사회, 건강과 질병, 생활 조건과 주거
와 습성에 관해 '의료-행정적' 지식이 형성되기 시작했다. 이
러한 지식은 19세기 사회학과 '사회경제'의 탄생에서 핵심적
역할을 했다. 마찬가지로 인구에 대한 정치적-의학적 장악이
이루어졌다. 인구는 질병뿐만 아니라 존재와 행동의 일반적
인 형태(음식과 음용수, 섹슈얼리티와 출산율, 옷 입는 방식,
주거지의 정비 유형)와 관련된 일련의 처방으로 틀지어졌다.

의사들이 '더 많은 권력'을 누린 것은 18세기 이래 위생
을 매개로 일어난 정치적인 것과 의학적인 것의 상호 침투를
증명한다. 그들은 아카데미와 학회에서 점점 더 큰 비중을 차
지했고, 백과전서에 대거 참여했다. 의료협회 조직은 권위적
조치를 취하거나 제안하는 자격으로 공식적으로 상당수의

행정 업무를 담당했다. 많은 의사가 잘 규제된 사회의 설계자로서 역할을 맡았고(경제 또는 정치의 개혁자로서 의사는 18세기 후반에 자주 등장한 인물상이었다), 혁명의회에도 참여했다. 이렇게 의사는 통치기술까지는 아니더라도, 최소한 사회적 '신체'를 관찰, 교정, 개선하고 지속적인 건강 상태로 유지하는 기술에서는 대단한 전문가이자 조언자가 되었다. 그리고 18세기에 그에게 정치적으로 특권을 부여받은 자리를 보장해준 것은 치료사로서의 특기라기보다는 위생학자로서의 기능이었다. 19세기에 의사는 경제적·사회적으로도 권위 있는 존재가 되었다.

3. **병원의 위험성과 유용성**: 이 새로운 문제들과 관련해 병원의 구조는 여러 가지 점에서 낡아빠진 것처럼 보였다. 자기 폐쇄적인 공간의 조각이자, 사람과 질병을 가두어놓는 장소로서 그것은 악[즉 질병]의 외부 확산을 막지 못하면서 내부 증식은 허용하는 엄숙하면서도 어설픈 건축물이었다. 또 병원은 그것이 위치한 도시에서 인구 전체를 위한 치료 중개자라기보다는, 차라리 죽음의 온상이었다. 병원에서 자리를 발견하기는 어려웠고, 입원을 원하는 사람에게는 까다로운 조건이 요구되었다. 병원에 들락날락하는 사람들이 많아 무질서한 상태가 계속되었고, 의학적인 감시가 제대로 이루어지지 않았으며, 환자를 효과적으로 간호하기도 어려웠다. 이 모

든 이유에서 병원은 인구 전체가 의료화의 대상이 되고 건강 수준의 전체적 향상이 목표가 되었을 때 그러한 과업의 실현 수단으로 부적합했다. 의학이 정화해야만 하는 도시 공간에서 병원은 검은 얼룩이나 다름없었다. 더구나 병원은 경제적 차원에서도 만성적인 부담이 되었다. 병원이 제공하는 구호는 결코 가난을 감소시키지 못한 채 기껏해야 일부 빈민들의 생존을 돕고, 그럼으로써 그들의 숫자를 증가시키고 질병을 연장하여 그로 인한 감염의 사회적 확산을 불러올 수 있었다.

그리하여 18세기에는 병원을 세 가지 메커니즘으로 대체하려는 발상이 널리 퍼져나갔다. 우선 자택 '요양'의 조직화. 이러한 시도는 감염병이 문제될 때는 상당한 위험성이 있을 테지만, 경제적인 이익이 적지 않았다. 환자가 병에 걸리기 전처럼 집에서 요양한다면, 사회 전체로서는 부양 비용이 훨씬 적게 들 것이기 때문이었다(사회체 수준에서 드는 비용은 그가 어쩔 수 없이 일을 하지 못해 생기는 손실의 정도를 넘지 않았으며, 그조차도 그가 실제로 일이 있는 경우에나 따질 수 있는 것이었다). 자택 요양에는 의학적 이점도 있었다. 가족이—약간의 조언을 받는다면—병원 행정에는 요구할 수 없는 맞춤형의 치료를 환자에게 지속적으로 제공할 수 있었기 때문이다. 모든 가정은 이제 작고 저렴한 병원, 일시적이고 개인적인 병원으로 기능할 수 있어야만 했다. 그런데 그와 같은 절차는 병원의 대체 기구가, 사회 안에 널리 퍼

2부 권력의 공간화

져 있으면서 진료를 제공할 수 있는 의사 집단에 의해 뒷받침 되거나, 완전히 무료이거나, 적어도 가능한 한 값싼 치료를 베푼다는 전제를 함축했다. 인구를 대상으로 산재해 있는 의료진은 지속적이고 유연하며 쉽게 이용할 수만 있다면, 전통적인 병원 대부분을 무용하게 만들 수 있었다. 마지막으로 이미 뜨내기 환자를 붙잡아두거나 가두지 않은 채 치료와 상담 그리고 투약을 제공하는 것을 일반화하려고 한 병원들도 있었다. 이것이 의학적·경제적 난점 없이 병원의 기술적 이점들만을 보존하고자 했던 보건진료소가 채택한 방법이다.

이와 같은 세 가지 방법은 특히 18세기 후반에 일련의 기획과 프로그램을 탄생시켰고, 여러 가지 실험을 촉발했다. 1769년 런던에는 빈민층 아이들을 위한 레드라이온스퀘어 보건진료소가 설립되었다. 30년 후에는 도시의 거의 모든 구역마다 이러한 진료소가 생겨났으며, 매년 여기서 무상 치료를 받는 환자 수는 약 5만 명에 이르렀다. 프랑스에서는 각 도시와 농촌에 의료진을 꽤 고르게 배분하고 확대하고 개선하는 데 중점을 두었다. 의학 및 외과 공부의 개혁(1772년과 1784년), 의사들이 대도시로 나오기 전 마을이나 소도시에서 개업하도록 한 의무조항, 왕립의학회가 주관하는 조사와 협력 작업, 지방장관들의 책무에서 건강과 위생 관리가 차지하는 비중의 증가, 행정 당국이 지명한 의사들의 주관 아래 무상 투약의 발전. 건강정치의 이 갖가지 요소들은 사회체 내

의료진의 광범위한 확산에 기대고 있었다. 병원에 대한 여러 비판과 그 대체 계획들이 한계를 갖는 지점에서 '탈병원화'의 뚜렷한 경향성이 프랑스 혁명의 상황 중에 떠올랐다. 그것은 이미 빈민위원회가 제출한 보고서에서도 잘 드러난다(농촌 각 구역에 주민을 진료하고 구호 대상 아동을 돌보며 예방접종을 담당하는 일반의나 외과의를 배치한다는 계획). 그리고 그것은 국민의회〔1792~95년에 걸쳐 열린 프랑스의 혁명의회〕시대에 명확하게 정식화되었다(구역마다 세 명의 의사를 배치해 인구 전체를 위한 건강 돌봄을 보장한다는 계획). 하지만 병원의 소멸이란 결국 유토피아적 소실점에 지나지 않았다. 건강을 책임지는 일차적 층위로 떠오른 가정, 꾸준하게 확산을 거듭한 의료진 네트워크, 그리고 인구에 대한 행정적 통제라는 세 가지 요소와의 관련 속에서 병원은 점차 특수한 역할을 담당하게 되었다. 그리고 이런 병원의 복합적 기능 작용을 정교화하는 노력이 실제로 이루어졌다. 병원의 개혁은 그러한 총체적 맥락에서 시도되었다.

우선 병원과 공간의 조화, 정확하게는 병원이 위치한 도시 공간과의 조화가 문제였다. 다양한 설립 방안을 놓고 논란과 갈등이 벌어졌다. 대형 병원이냐 아니면 소형 병원이냐가 대표적이었다. 대형 병원은 많은 환자를 다룰 수 있고, 균질적이며 통제가 쉽고 비용이 적게 드는 집단 진료가 가능하다는 이점이 있었다. 반면 소형 병원은 환자들에 대한 감시를

2부 권력의 공간화

더 잘 할 수 있고, 상대적으로 내부 감염의 위험이 적다는 장점이 있었다. 또 다른 문제는 다음과 같았다. 병원을 통풍과 환기가 잘 되고 인구에 [파스퇴르Jena-Joseph Pasteur의 세균 발견 이전에 전염병의 원인으로 여겨졌던] 장독瘴毒을 전파할 염려가 없는 도시 외곽에 지을 것인가? 이 경우 일반적으로는 거대한 건축 단지의 개발이 병행되어야 했다. 아니면 소형 병원들을 도시 곳곳에 지어 내원이 필요한 인구가 쉽게 접근할 수 있도록 해야 할 것인가? 이는 종종 병원-보건진료소의 연동을 함축했다. 어쨌거나 병원은 도시 공간 안에서 기능적인 요소가 되어야 했고, 그 효과가 측정되고 통제될 수 있어야 했다.

다른 한편으로는 더 이상 구호소가 아닌 치료소로서 병원의 내부 공간을 의학적인 효율성을 갖도록 정비해야 할 필요가 있었다. 병원은 '치료 기계machine à guérir'로서 기능해야만 했다. 소극적인 방식으로는 병원에 머무르는 사람들을 위태롭게 할 수 있는 모든 요인을 제거해야 했다(공기 안의 장독이나 독성이 한 환자에게서 다른 환자에게 옮아 가지 않도록 항상 환기를 잘하는 문제, 빨랫감을 세탁하고 이송하고 교환하는 문제). 적극적인 방식으로는 잘 조율된 치료 전략에 따라 병원을 조직할 필요가 있었다. 의사들이 병원에 상주하고 위계질서에 기초한 특권을 부여받았다. 환자에 대한 관찰·표시·기록 체계가 갖춰졌고, 이를 바탕으로 다양한 사례에 대한 지식을 획정하고 개별적인 변화를 추적하며, 장기간 인구 전체를 대상으로 하는 자료를 포괄할 수 있게 되었다. 의학적으로나 약학적으로 〔환자와 질병에 맞추어〕 더 잘 조정된 치료법들이 전통적인 처방의 핵심에 놓여 있던 미분화된 식이요법을 대체했다. 병원은 단순히 우리의 병을 낫게 할 수 있는 장소일 뿐만 아니라, 여러 심각한 증상을 치료해줄 수 있는 수단으로서 이제 의료 테크놀로지의 필수 요소가 되었던 것이다.

그 결과, 병원 내에서 의학 지식과 치료술의 효율성이 결합하지 않을 수 없었다. 이렇게 해서 18세기에 전문병원이 등장하게 된다. 물론 이전에도 미친 사람이나 성병 환자만을 수용하는 별도 시설이 없지는 않았다. 하지만 그런 시설은 치료의 전문화가 아니라, 위험성에 대한 공포 유발이나 격리를 목적으로 했다. '단일 기능'의 병원은 입원이 어느 정도 복잡한 치료 행위의 지지대이자 때로는 조건이 되었을 때부터 생겨났다. 천연두 치료와 백신 접종에 특화된 런던의 미들섹스 병원은 1745년 문을 열었다. 〔열병 환자 전문인〕 런던 열병원은 1802년에, 왕립안과병원은 1804년에 각각 세워졌다. 런던의 첫번째 조산원은 1749년에 개장했다. 파리에서는 1802년 〔세계 최초의 소아과 병원인〕 데장팡말라드가 설립되었다. 이처럼 치료 기능이 강하게 두드러지는 병원들의 네트워크가 서서히 구축되어갔다. 그러한 네트워크는 한편으로 도시나 농촌 공간을 어느 정도 지속적으로 관할하면서 그곳의 거주 인구를 담당해야 했고, 다른 한편으로는 의학 지식과 그 분류 체계 및 기술에 접합할 필요가 있었다.

끝으로 병원은 인구에 의료진을 지속적으로 공급하는 구조적 거점 노릇을 해야만 했다. 사람들이 경제적인 동시에 의학적인 이유로 자택 치료에서 병원 체제로 이행할 수 있어야 했던 것이다. 도시나 농촌의 의사들은 왕진을 통해 병원의 부담을 덜어주고, 환자의 포화 상태를 피할 수 있게 해주어야 했다. 역으로 병원은 의사들의 견해와 처방에 접근할 수 있어야 했다. 나아가 지식이 축적되고 발전되어가는 장소로서 병원은 개인 고객의 형태로 환자를 진료할 의사들에게 실습 교육의 기회를 주어야 했다. 병원 환경에서 임상 교육의 초창기 기반은 네덜란드에서는 실비우스와 그 이후 부르하버, 비엔나에서는 반 스위텐, 그리고 에딘버러에서는 에딘버러 진료소와 의과대학의 연합을 통해 갖춰졌다. 세기말에 임상 교육은 의학 교육의 재조직 과정에서 일반 원리로 떠올랐다. 그곳에 머무르는 사람들을 위한 치료 수단이었던 병원은 임상 교육과 양질의 의학 지식으로 인구 전체의 건강 수준을 향상시키는 데 이바지했다.

병원 개혁, 특히나 그 건축적·제도적·기술적 재조직 계획이 갖는 중요성은 18세기에 도시 공간, 인구 전체와 그 생물학적 특징들, 조밀한 가족 단위, 개인의 신체라는 요소들

간에 게임을 빚어낸 일군의 문제에서 나왔다. 여기서 구체적으로 문제가 될 병원의 '물리적' 변환은 바로 이러한—정치적인 동시에 경제적인—물질성의 역사 속에 새겨져 있었던 것이다.

2부 권력의 공간화

옮긴이의 말

푸코가 공간에 관한 논의를 본격적으로 펼친 사상가였다고 말하기는 어렵다. 흥미로운 점은 그럼에도 불구하고 그의 철학이 지리학, 건축학, 도시공학 등의 다양한 공간 관련 연구에 지금까지 적지 않은 영향을 끼쳐왔다는 사실이다.[1] 푸코는 그 분야 연구들에서 자주 언급되고 인용되는 몇몇 텍스트를 내놓기도 했다. 헤테로토피아 개념을 본격적으로 제시한 「다른 공간들」은 아마 그중에서도 가장 널리 알려진 소품일 것이다. 이 텍스트의 초안을 푸코는 튀니지의 시디부사이드에서 지내던 1966년 12월 라디오 채널 프랑스-퀼튀르의 강연을 계기로 작성했다. 그는 1967년 3월 파리 건축가들의 세미나에 초청받으면서 라디오 강연문을 다시 손질한 원고를 "다른 공간들"이라는 제목 아래 발표했는데, 이 글을 오랫동안 출판하지 않은 채 내버려두었다가 1984년 타계 직전에야 정식 출간한다.[2] 2014년에 나온 우리말 편역본 『헤테로토피아』

[1] Ch. Philo, "Michel Foucault," in Ph. Hubbard & R. Kitchin(eds.), *Key Thinkers on Space and Place*, London, Sage, 2011, pp. 162~70 참조.

[2] 푸코의 1966년 강연은 라디오 프로그램 '프랑스 문화Culture française'에서 '유토피아와 문학'이라는 주제로 마련한 특강

는 1966년의 라디오 강연문과 1967년의 세미나 발표문을 나란히 싣고 맥락적 이해를 돕는 사회학자 다니엘 드페르의 해설, 그리고 인류학자 폴 래비나우와의 인터뷰를 덧붙임으로써, 푸코 공간 담론의 일단을 선명하게 보여주었다. 1967년의 「다른 공간들」은 1966년의 「헤테로토피아」와 함께 어떤 면에서 공간을 바라보는 푸코 시선의 원점이자 회귀점이었다고 평가할 만하다.

하지만 같은 듯 다른 두 텍스트 사이, 구두 발표와 지면 출판의 예사롭지 않은 그 시간적 간극 위에서 공간 문제를 둘러싼 푸코의 사유가 상당한 진폭을 그리며 운동했다는 사실 또한 잊지 말아야 한다. 그 변화의 세세한 흔적은『감시와 처벌』같은 주저는 물론, 콜레주드프랑스 강의록 시리즈에 담

시리즈의 하나로, 원제는 "실제의 유토피아, 혹은 '장소와 다른 장소'Les utopies réelles ou 'lieux et autres lieux'"였다. 이 강연은 2009년 단행본 『유토피아적인 몸/헤테로토피아Le corps utopique, Les hétérotopies』(Les Éditions Ligne, 2009)에 실리면서 "헤테로토피아"라는 제목을 부여받았다. 한편 1967년 파리 건축연구회 발표문은 타자본 원고 형태로 연구회 회원들에게만 배포되었고, 1968년 이탈리아 잡지『라르키테투라L'architettura』에 그 텍스트의 일부 발췌본이 실렸다. 푸코는 1984년「다른 공간들」의 전체 원고 출간을 허락했지만, 이 과정에서 원문을 특별히 수정하지는 않은 것으로 보인다. 다니엘 드페르, 「「헤테로토피아」—베니스, 베를린, 로스앤젤레스 사이, 어떤 개념의 행로」, 미셸 푸코, 『헤테로토피아』, 이상길 옮김, 문학과지성사, 2014, pp. 95~98.〔개정판: 2003, pp. 101~103〕.

긴 논의와 역사적 사례 분석들에 잘 나타나 있다. 따라서 공간에 대한 푸코의 탐구를 뒤쫓기 위해서는 그의 주요 저작을 꼼꼼히 읽는 일이 무엇보다 중요할 터이다. 그가 공간을 어떻게 개념화하는지, 어떤 관점에서 어떤 개념들을 통해 분석하는지, 특정한 공간들에 왜 중요성을 부여하는지 따져가면서 말이다. 이 과정에서 유념해야 할 것은 푸코에게 일관되고 체계적인 '공간 이론'이 존재하지 않는다는 점이다.[3] 그는 단일하고 정형화된 권력 이론을 구성하기보다 구체적인 권력 분석들, 그리고 그 과정을 가로지르는 다양한 '이론화'의 시도만을 남겼는데, 이러한 태도는 공간에 대해서도 마찬가지로 나타난다. 게다가 그의 공간 관련 논의는 권력에 대한 이론화와 역사 서술에 부수적인 형태로, 그나마도 간헐적으로만 이루어졌다는 특징을 지닌다. 그럼에도 푸코 철학을 공간 인식의 차원에서 정리하는 작업은 나름대로 필요하며 또 유용할 것으로 보인다. 그가 정식화하지는 않았지만 여러 연구 속에서 잠재적으로 작동시킨 '권력-공간pouvoir-espace'의 분석적 형상을 명확히 떠오르게 만들기 때문이다. 이 형상 혹은 '가상적 개념'은 푸코 철학에 내재하는 공간 사유 방식의 가장 중요한 요소이기도 하다.

3 S. Elden, "Space," L. Lawlor & J. Nale(eds.), *The Cambridge Foucault Lexicon*, Cambridge, Cambridge University Press, 2014, pp. 466~71 참조.

이 책『권력과 공간』은 공간 문제에 대한 푸코의 시각과 접근법을 파악하는 데 쓸모 있을 만한 보조적 텍스트 몇 편을 골라 묶은 것이다. 독자가 여기 실린 각각의 텍스트를 서로 다른 모양, 크기, 위치를 지닌 점으로 여기면서 머릿속에서 그것들을 잇는 일종의 선분을 긋는다면, 공간을 두고 펼쳐진 푸코 사유의 궤도를 대략적이나마 그려볼 수 있을 것이다. 그렇게 얻어질 스케치가 「헤테로토피아」 이후, 그리고 「다른 공간들」 이전까지의 십수 년간 푸코가 의식적·무의식적으로 탐색했던 공간 문제의 윤곽을 드러낸다는 점에서 이 책은 당연히『헤테로토피아』와 뗄 수 없는 짝을 이룬다.

푸코의 공간—'은유'에서 '문제'로

푸코 자신의 회고에 따르면, 공간을 둘러싼 그의 철학적 관심은 1960년대에 구조주의, 그리고 새로운 역사학nouvelle histoire의 지적 영향 아래 발전한 것으로 보인다. 그는 18세기 이래 물리학을 비롯한 자연과학이 발달하면서 철학은 우주 (혹은 무한한 공간)에 관한 발언권을 포기하는 한편, 시간에 특권을 부여하는 식으로 변화했다고 지적한다. 그 결과 칸트, 헤겔, 콩트로부터 마르크스, 하이데거, 베르그손, 사르트르에 이르기까지 대표적인 철학자들은 시간의 문제에 몰두했으

옮긴이의 말

며, 이는 무엇보다도 '역사'와 '진보'의 문제를 중시하는 관점으로 이어졌다는 것이다. 하지만 20세기 중반 등장한 구조주의는 공간과 공시적 관계의 중요성을 새롭게 일깨웠고, 아날학파의 역사가들은 지리와 장소의 차원을 역사적·정치적 문제로서 인식하도록 이끌었다. 푸코는 공간에 대한 자신의 시각이 이러한 일련의 지적 흐름과 궤를 같이해 발전했다고 설명한다.[4]

하지만 이에 더해, 그의 공간 인식이 좀더 복잡한 뿌리를 가지고 있다는 점 또한 유의할 필요가 있다. 예컨대 1954년 루트비히 빈스방거Ludwig Binswanger의『꿈과 실존』번역본에 덧붙인 해제에서 푸코는 다른 세계의 경험인 꿈은 존재의 궤적을 표시하기에 실존적 의미를 지니며, 그러한 의미가 꿈속에서 풍경paysage의 본래적 공간성을 통해 나타난다는 현상학적 관점을 길게 설명한다.[5] 공간에 대한 그의 관심과 언급은 1960년대 초반의 주저들에서도 엿보인다. 이를테면, 광기와 이성의 분할이 확립되는 과정을 추적한『광기의 역사』(1961)에서 푸코는 그 배경으로 대규모의 수용 시설, 구빈원,

4   미셸 푸코·와타나베 모리아키, 「철학의 무대」,『철학의 무대』,
        오석철 옮김, 기담문고, 2016, pp. 25~35. 이하 푸코 텍스트의
        우리말 번역본을 인용하는 경우, 간혹 프랑스어 원문을 참조해
        번역을 수정하였다.

5   M. Foucault, "Introduction(1954)," *Dits et écrits*, I, Paris, Gallimard,
        1994, pp. 101~105.

교도소, 정신병원 등 다양한 공간을 논의한다. 하지만 그러한 공간들은 고전주의 시대의 자선, 통치 계획, 구제와 처벌, 종교 활동, 공공질서의 유지 같은 문제들과 더불어 정치적·제도적 차원에서 고찰될 뿐, 특별히 건축적이거나 지형적인 차원에서는 조명되지 않는다.[6] 『임상의학의 탄생』(1963)에서도 공간은 임상의학의 역사적 형성을 탐구하는 푸코의 분석틀에서 핵심어 구실을 한다. 그런데 주의할 것은 이때 그가 말하는 공간이 다분히 추상적인 개념이라는 것이다. 푸코는 18세기 후반 질병을 '공간화'하는 세 차원의 움직임, 즉 '상징적 공간(표와 그림) 속에 분류하기' '신체-공간 안에 위치 짓기' '정치·경제·사회 질서 속에서 맥락화하기'가 이루어졌고, 그 결과 의학 지식의 불연속적이고 심층적인 재구성이 일어났다고 주장한다. 이처럼 『임상의학의 탄생』에서 공간은 실제의 지리적·건축적 대상을 구체적으로 지시하기보다는 담론, 신체, 질서와 같은 이질적 단위의 범위나 영역을 포괄하는 은유로 쓰인다.[7] 이와 같은 용례는 벨라스케스의 회화 〈시녀들〉에 대한 분석으로 시작해 고전주의 시대와 근대의 에피

---

6   이런 관점에서 벗어난 분석이 영국인 의사 튜크William Tuke가
        광인들을 위해 마련한 '은거처'에 관한 논의에서 일부 나타난다.
        미셸 푸코, 『광기의 역사』, 이규현 옮김, 2003, 나남, p. 724.

7   미셸 푸코, 『임상의학의 탄생』, 홍성민 옮김, 인간사랑, 1993, 1장
        참조. 병원이나 진료소, 가정 공간에 관해 언급할 때도 푸코의
        논점은 주로 제도적 차원에 놓인다.

         옮긴이의 말

스테메를 해부하는 『말과 사물』(1966)에서도 별반 다르지 않게 나타난다.

　이러한 맥락에서 푸코가 1960년대에 집중적으로 발표한 적잖은 양의 문예 비평은 다분히 시사적이다. 물리적·사회적 공간보다 언어, 회화, 텍스트, 지식 등의 표상 공간에 치중한 그의 관심을 선명하게 드러내기 때문이다. 그가 보기에, 서양 문학은 수 세기 동안 시간에 매여 있었고, 글쓰기는 시간의 선형적 질서에 의해 지배받았다. 문학의 신화적 기능은 "기원으로의 회귀"에 그 본령이 있었다. 그런데 20세기 문학과 더불어 글쓰기는 이제 "공간의 것"이 되었다. "간격, 거리, 중개, 분산, 단층, 차이," "바로 그 안에서 지금 언어는 우리에게 주어지고 우리에게까지 오"며 "언어로 하여금 말하게 만든"다.[8] 푸코에 따르면, 시간의 고리를 풀어버린 동시대의 글쓰기 실천은 거리를 빚어내고 바깥을 향해 열리며 빈 공간을 낳는다. 문학은 자기 안으로 침잠하고 자신을 무한히 참조하는 언어의 활동으로 현현하는 것이다. 그는 이를 서로 마주보는 두 거울 사이의 공간이라는 은유로 형상화한다.[9]

8　　M. Foucault, "Le langage de l'espace (1964)," *Dits et écrits*, I, p. 407. 1955년에 나온 모리스 블랑쇼의 『문학적 공간』이 푸코의 논의에 끼친 모종의 영향을 부인하기 어려울 것이다. 역사학자 폴 벤느는 푸코가 이 무렵 블랑쇼에게 얼마나 깊이 매료되어 있었는지 회고한 바 있다. P. Veyne, "L'archéologue sceptique," in Didier Eribon (dir.), *L'infréquentable Michel Foucault*, Paris, EPEL, 2001, p. 59.

푸코가 파불라fabula(혹은 이야기fable)와 픽션을 대비시키며 전자를 유토피아, 후자를 헤테로토피아와 연결한다는 점도 유의할 만하다.[10] 헤테로토피아 개념을 처음 내놓은 『말과 사물』의 서문에서 그는 중국식 백과사전의 무질서한 항목 배열을 묘사한 보르헤스의 픽션을 모티브 삼아 분류 체계와 지식의 근본적 자의성을 문제 삼는다. 푸코가 보기에, 보르헤스의 픽션은 헤테로토피아를 산출한다. 거기에 나오는 분류 틀과 계열들은 어떠한 공통 공간도 갖지 않는데, 이는 파불라

9   프레데릭 그로, 『미셸 푸코』, 배세진 옮김, 이학사, 2022, pp. 50~54. 푸코에 의하면, 18세기 말 수사학이 사라진 이후 존재하게 된 문학은 유일하면서도 분열된 언어를 가져야만 한다. 즉 그것은 어떤 이야기를 하는 동시에, 매 순간 문학이란 무엇이며, 또 문학의 언어란 무엇인지를 보여주어야만 하는 것이다. 그리하여 작품과 문학 간에는 모종의 게임이 벌어지고, 작품은 "언어와 문학 사이에 존재하는 이 거리, 우리가 시뮬라크르라 부를 수 있을 일종의 거울 공간, 양분작용dédoublement의 공간"이 된다. 미셸 푸코, 『문학의 고고학』, 허경 옮김, 인간사랑, 2015, p. 137.

10   블랑쇼에 관한 비평문 「바깥의 사유」에서도 푸코는 픽션을 파불라와 대립시킨다. 그에 의하면, 파불라는 연속성을 복원하고 형상들의 구조를 그 기원에 연관 지음으로써 반성하게 만든다. 그런데 이는 바깥의 경험을 내면성의 차원으로 환원하는 것이다. 그에 반해 픽션은 (볼 수 없는 것을 보게 만드는 것이 아니라) 가시적인 것의 비가시성이 얼마나 비가시적인지를 보게 만든다. 픽션의 언어는 형상들을 그것들이 아무런 뿌리도 기반도 없이 놓인 공간, 말 없는 공백vide 속으로 되돌려보내 완전히 낯설게 나타나도록 만든다. 그 공간 또는 공백은 형상들을 사고할 수 있는 지반을 붕괴시킴으로써 어떤 이해 가능성도 보장하지 않는다. M. Foucault, "La pensée du dehors(1966)," *Dits et écrits*, I, pp. 523~25.

의 질서에 속하는 유토피아와 대조적이다. 유토피아는 실제의 장소로서 존재하지는 않지만, 멋지고 매끈하며 그 안에 들어찬 형상들을 조화롭게 접합한다. 아무런 잔여물 없는 응집성과 일관성으로 특징지어지는 그 공간과 언어는 이야기와 담론을 구성한다. 반면 헤테로토피아는 복잡하고 기이하고 서로 얽혀 있는 은밀한 경로들, 예측 불가능하게 소통하는 형상들로 가득 찬 공간이다. 그것은 말문을 막고 문법을 무너뜨리고 문장의 서정성을 사라지게 만든다. 이처럼 헤테로토피아는 동질적이고 연속적인 공간이 아닌 무정형의 혼란스러운 심연, 질서정연한 분포에서 벗어나 있는 법 없는 공간, 어떠한 종합의 힘도 솟아날 수 없는 분산의 빈 공간이다.[11]

주로 표상 체계에 대한 분석을 위해 공간이라는 용어를 은유적이고 추상적인 의미로 소환하는 푸코의 방식에 일정한 변화가 일어나는 것은 대략 1960년대 후반에 이르러서이다. 이와 관련해 강연문 「헤테로토피아」는 각별한 중요성을 지닌다. 이 텍스트를 기점으로 푸코의 공간 인식의 무게중심이 사회 내 실제 존재하는 경험적인 장소의 차원으로 옮겨 가기 때문이다. 말하자면, '표상 공간'에서 '사회 공간'으로 논의 축이 이동하는 것이다.[12] 이는 다시 푸코가 본격적으로 '권

---

11   미셸 푸코, 『말과 사물』, 이규현 옮김, 민음사, 2012, pp. 10~12.
12   이와 관련해 라디오 강연문 「헤테로토피아」와 세미나 발표문
      「다른 공간들」 사이의 유사성은 물론 차이점 또한 유념할 만하다.

그것들은 일차적으로 두 텍스트의 상이한 생산 방식과 관련된다. 라디오 강연에서 푸코는, 다른 강의들에서도 종종 그랬듯, 기본 착상에 관한 메모를 바탕으로 이야기하면서 즉흥적으로 내용을 더 발전시켰다(그는 말을 잘했고, 임기응변에 매우 능했다고 전해진다). 이후에 이루어진 세미나 발표는 강연 내용을 다시 한번 정리하고 명료화한 결과물이었을 테다. 따라서 두 텍스트가 주 내용은 겹치면서도 어떤 부분에서는 상당한 차이 역시 드러낸다는 사실이 영 이상한 일은 아니다. 다만 유의할 점은 이때의 차이를 단순히 특정한 문장이나 주장 수준에 한정해 이해해서는 안 된다는 것이다. 헤테로토피아 논의의 제도적 맥락이 라디오에서 세미나 현장으로, 또 일반 공중 대상의 문학 강연에서 건축가 대상의 논문 발표로 변화하면서 그 이론적 방점 역시 달라지는 것처럼 보이기 때문이다. 달리 말하면, 논의 맥락의 변화는 푸코가 「헤테로토피아」와 「다른 공간들」에서 거의 비슷한 내용을 되풀이하면서도, 전자에서는 헤테로토피아의 표상 공간적 성격을, 그리고 후자에서는 사회 공간적 속성을 좀더 부각하도록 이끈 것으로 보인다. 물론 두 경우에서 모두 헤테로토피아가 언어적·미학적·사회적 차원을 함축한 복합적·다면적 개념이라는 사실은 변하지 않지만 말이다. 이러한 관점에서 라디오 강연 내용의 '문학적 뉘앙스'라든지 그즈음 나온 푸코의 다른 문학예술 비평문들과 공명하는 지점을 강조하는 입장은 충분한 의의와 개연성을 지닌다. 하지만 그렇다고 해서 헤테로토피아 개념을 온전히 '미학적 기원'으로 환원하고, 현실의 사회 공간을 그 지시대상에서 소거하면서 '문학적 표상'에 한정해 이해하려는 시도는 성공하기도 어렵고, 타당하지도 않은 것으로 여겨진다. 그러한 시도는 끊임없이 실제 공간과 역사를 환기하는 푸코 텍스트 전체의 명시적 논의를 애써 외면한 채, 헤테로토피아를 '예술적 해석'의 좁은 틈바구니에 몰아넣는다는 점에서 문제적이다. 게다가 푸코 자신이 미완의 상태로 남겨놓은 그 개념이 이후 권력-공간에 관한 그의 사유에 영향을 끼쳤고, 무엇보다도 후대 공간 연구자들의 끊임없는 전유 대상이

옮긴이의 말

력'을 자기 철학의 중심 주체로 설정하고, 계보학적 방법론을 동원해 치밀하게 분석해나가는 기획과 맞물린다. 이 과정에서 그는 '권력-지식pouvoir-savoir'처럼 스스로 명시하지는 않았지만, '권력-공간'으로 이름 붙일 만한, 공간에 대한 고유한 시각을 암묵적으로 드러낸다. 따라서 푸코의 공간 인식과 그 변천의 경로를 탐색하는 일은 권력 이해의 진화 과정을 뒤쫓는 작업과 나란히 갈 수밖에 없다. 이를 위해서는 그의 권력론이 본격적으로 펼쳐지는 주저인『감시와 처벌』및『성의 역사 1—지식의 의지』(이하『지식의 의지』로 표기)는 물론, 1970년대의 콜레주드프랑스 강의록 시리즈와『말과 글Dits et écrits』의 텍스트들 또한 중요한 참조점을 제공한다.

감옥에서 판옵티콘까지

그런데 권력-공간의 탐색이 1970년대 푸코의 지적 여정을 뒤따라가는 일이라면, 이는 또한 그의 정치적 궤적을 부분적으로나마 되짚어보아야 하는 일이기도 하다. 권력을 새롭게 개

되어왔다는 사실 또한 무시되어선 안 될 것이다. 이상길, 「이토록 낯선 공간들—푸코의 '헤테로토피아'에 관하여」,『인문예술잡지 F』, 8호, 2013, pp. 10~19; K. T. Knight, "Placeless Places—Resolving the Paradox of Foucault's Heterotopia," *Textual Practices*, v. 31, n. 1, 2017, pp. 141~58.

넘화하려는 그의 문제의식이 학문 외적인 여러 실천과도 긴밀한 영향을 주고받으며 발전했기 때문이다. 이러한 시각에서 1970년대에 특히 활발했던 푸코의 정치적 개입과 급진주의적 투쟁은 그 정황적 맥락과 더불어 의미 있게 고려할 만하다.[13] 1966년부터 프랑스와 튀니지를 오갔던 푸코는 1968년 3월 튀니스 대학 소요 사태로부터 이어진 튀니지의 학생운동에 깊은 관심과 지지를 드러냈고, 시위 학생들을 돕는 활동에 적극 나서기도 했다. 억압적인 신식민 권력과 권위주의 정권에 맞선 튀니지인들의 혁명운동은 푸코에게 깊은 인상을 남겼으며, 이후의 정치적 참여와 권력 문제에 관한 성찰에 원동력을 제공한 것으로 여겨진다.[14]

곧 파리의 5월 혁명을 겪으며 철학적 대상으로서 '권력'에 한층 주목하게 된 푸코는 1970년 12월 콜레주드프랑스 교수에 선임되었고, 그로부터 석 달이 채 지나지 않은 1971년 2월 '감옥정보그룹Groupe d'information sur les prisons'(이하 GIP로 표기)을 창립하고 활동을 시작했다. GIP는 프랑스 교도 행

---

13   이와 관련해 디디에 에리봉의 푸코 전기, 다니엘 드페르가 재구성한 푸코 연대기, 그리고 연도별 콜레주드프랑스 강의록의 부록으로 실려 있는 '강의 정황'들은 기본적인 참고문헌을 구성한다. 디디에 에리봉, 『미셸 푸코, 1926~1984』, 박정자 옮김, 그린비, 2012, pp. 374~76 ; D. Defert, "Chronologie," in M. Foucault, *Dits et écrits*, I, Paris, Gallimard, 1994, pp. 13~64.

14   K. Medien, "Foucault in Tunisia—The Encounter with Intolerable Power," *The Sociological Review*, v. 68, n. 3, 2020, pp. 492~507.

옮긴이의 말

정과 감호 시설의 문제점을 폭로하고, 수감자 당사자의 목소리를 감옥 바깥에 중개하는 역할을 자임했다. 이 과정에서 수감자는 스스로에 관해 말하고 고유한 지식을 이용해 저항하는 정치적 주체화의 계기를 마련했다. 푸코는 지식인으로서취하기 쉬운 외부자적·지도자적 위치를 배격하고, 국지적 권력 관계 내에서 수감자들을 지원하는 전략가의 위치를 선택한다.[15] 그는 또 GIP 활동에 병행해 몇 년간 콜레주드프랑스 강의에서 형법 제도와 사법 체계 일반의 문제를 다룬다. 1973년에는 푸코가 이끈 콜레주드프랑스 비공개 세미나 팀이 2년여의 공동 연구 결과를 담은 『나, 피에르 리비에르』를 펴냈다. 이 책은 19세기 초 어머니와 남동생, 누이를 죽인 죄로 형을 선고받은 존속 살해범 피에르 리비에르를 둘러싼 그 당시의

---

15   미셸 푸코, 『푸코의 맑스』, 이승철 외 옮김, 갈무리, 2004, pp. 128~40. 푸코와 역사학자 피에르 비달-나케Pierre Vidal-Naquet, 언론인 장-마리 도메나슈Jean-Marie Domenach의 발의에 기초해 창립된 GIP는 수감자와 그 가족들 외에도 의사, 변호사, 성직자 등 여러 분야의 전문가를 회원으로 규합했고, 프랑스 전역에 지부를 내면서 활발한 활동을 벌였다. GIP에는 다니엘 드페르, 장-클로드 파스롱Jean-Claude Passeron, 로베르 카스텔Robert Castel, 질 들뢰즈Gilles Deleuze, 자크 동즐로Jacques Donzelot, 엘렌 식수Hélène Cixous 등 비판적 철학자와 사회학자 들도 다수 참여했다. GIP는 1972년 12월 해산했으며, 프랑스에서는 이 조직을 모델로 한 (보건, 수용소, 이민자 분야의) 유사한 단체들이 생겨나기도 했다.

다양한 담론을 수록하고 분석한 것이다.[16]

이처럼 70년대 초반부터 푸코는 콜레주드프랑스 강의
와 세미나, GIP 활동을 통해 형벌 체계와 법적 진실의 문제
를 정신의학 및 사회 규범이 행사하는 권력과의 관계 속에
서 재조명한다.[17] 이는 감옥, 수용소, 정신병원과 같은 물리
적·건축적 공간에 대한 그의 관심을 구체화하는 데 이바지
한 것으로 보인다. 권력-공간의 탐구를 향한 이러한 도정에
서 급진주의적 연구집단들과의 협력이 중요하게 작용했다는
점도 간과할 수 없다. 펠릭스 가타리Felix Guattari가 이끈 '제
도교육 및 연구센터Centre d'études, de recherches et de formation
institutionnelle(CERFI)'(1967~87년), 그리고 자크 랑시에르가
주도한 '논리적 반란Les révoltes logiques'(1975~81년)이 푸코
와 지적으로나 인간적으로 가까운 관계를 유지했는데, 이들
은 모두 프랑스 공산당과 교조화된 마르크스주의에 매우 비
판적이라는 공통점을 가지고 있었다.[18] 푸코는 이들과 저널

16   미셸 푸코, 『나, 피에르 리비에르―내 어머니와 누이와 남동생…을
      죽인』, 심세광 옮김, 앨피, 2008.

17   이에 관한 이론적 정리는 1973년 리우데자네이루에서 했던 강연
      〈진리와 법적 형태〉에서 이루어진다. M. Foucault, "La vérité et les
      formes juridiques(1974)," *Dits et écrits*, II, Paris, Gallimard, 1994,
      pp. 538~646. 벤느의 증언에 기대자면, 푸코는 이 초안 형태의
      강연문을 제대로 발전시키고 싶어 했다. 폴 벤느, 『푸코―그의
      사유, 그의 인격』, 이상길 옮김, 리시올, 2023, p. 52.

18   J. Rancière, *La méthode de l'égalité*, Paris, Bayard, 2012, pp. 72~73.

편집이나 연구 프로젝트, 콜레주드프랑스 세미나 등을 매개로 공동 작업을 수행했고, 그 결과물을 출간하기도 했다. 특히 1972~75년 사이 들뢰즈, 가타리를 통해 이루어진 CERFI와의 긴밀한 교류—'공간' '영토' '(집합)시설' '건축' '제도' 등이 그 핵심어 노릇을 했다—는 이 시기 푸코의 연구에도 의미 있는 영향을 끼친 것으로 보인다.[19]

68혁명의 여파 아래 1970년대 초반까지 파리 지식 사회를 휩쓸었던 급진주의적 분위기는 70년대 중반에 이르면서 점차 변화한다. 동유럽 사회주의 진영에서는 반체제 지식인들에 대한 탄압이 광범위하게 이루어지고 있었다. 그러던 와중에 스탈린 치하 소련의 재판 조작과 정치범 수용소의 참상을 생생하게 기록한 『수용소 군도』가 출판되고, 반역죄로 추방당한 저자 솔제니친이 미국에 망명하는 등 70년대 초중반에 벌어진 일련의 사건은 프랑스의 좌파 진영에도 적지 않은

---

19 1973년 CERFI의 저널 『르세르시 *Recherches*』의 13호 특집 "자본의 계보학 1—권력의 시설들"에는 푸코가 가타리, 들뢰즈 등과 가진 대담 기사 두 편이 실렸다. 이 특집호는 나중에 단행본으로 다시 나왔다. F. Fourquet & L. Murard, *Les équipements du pouvoir—Villes, territoires et équipments collectifs*, Paris, Union Générale d'Éditions, 1976. 1970년대 전반기 푸코가 CERFI와 맺고 있었던 밀접한 관계에 관해서는 다음의 글을 참고할 수 있다. Ph. Chevallier, "Un inédit de Michel Foucault—Émergence des équipements collectifs. État d'avancement des travaux," https://ici-et-ailleurs.org/contributions/politique-et-subjectivation/article/emergence-des-equipements

충격을 불러왔다. 이러한 분위기에 편승해 반反마르크스주의의 기치를 내건 이른바 신철학자들nouveaux philosophes이 각종 미디어 출연과 출판 마케팅에 힘입어 공론장의 스타 지식인 집단으로 부상한다. 그런데 제도적 영역 내에서 가장 투쟁적인 시기를 보내고 있었던 푸코는 이론적 자원으로 그를 소환하는 신철학자들에 대해 모호한 태도를 취했고, 때로 호의적인 서평을 발표하기도 해 좌파 지식인들의 반발과 의구심을 샀다.[20] 1960년대 이래 마르크스주의와 공산당에 대해 줄곧 비판적인 시각을 드러내온 그의 이력을 감안하더라도, 신철학자들에 대해 보여준 태도의 '전략적 모호성'은 푸코의 새로운 권력론이 보수적·반공주의적인 함의를 띠는 것은 아닌

20　　신철학자들은 마르크스를 기각하는 한편 니체와 하이데거를
　　　　원용하고 푸코, 라캉, 들뢰즈 등을 통속화하는 방식으로
　　　　자신들의 교의를 구축했는데, 그 내용은 대체로 다음과 같았다.
　　　　"마르크스주의는 소비에트 수용소의 테러에 어느 정도 책임이
　　　　있다, 국가는 사회적·정치적 억압의 주요 원천이기에 국가 권력의
　　　　장악을 지향하는 어떤 정치도 위험하고 헛되다, 과학은 언제나
　　　　권력 관계 내에서 작동하며 그것을 강화한다, 또는 약간 강수를
　　　　두자면, '이성'은 본래 전체주의적이다, 어떠한 정치 이데올로기도
　　　　궁극적으로는 인류에 맞선 범죄를 정당화하는 데 쓰일 수 있기에,
　　　　유일하게 '안전한' 정치적 행동 형식은 활동가 방식의 인권
　　　　수호이다." P. Dews, "The *Nouvelle Philosophie* and Foucault,"
　　　　Economy and Society, v. 8, n. 2, 1979, p. 129. 신철학자들의 담론은
　　　　1960년대를 풍미한 구조주의의 과학주의와 반인간중심주의를
　　　　배격하면서, 새로운 형태의 자유주의와 휴머니즘, 정치적
　　　　의지주의를 지지하는 경향을 보였다.

　　　　　　　　　옮긴이의 말

가 하는 강한 의문을 자아냈던 것이다. 푸코가 현실 국제정치
의 여러 사건과 관련해 친미적·친이스라엘적 노선을 견지했
다는 점도 가시지 않는 의혹으로 남았다.[21]

1970년대 초 공간에 관한 푸코의 언급들은 단편적·직관
적 성격을 띤다. 다만 그 밑바탕에는 공간이 다분히 복합적인
속성을 지니고 있어서, 그 기능과 작용 양상을 명시적인 지향
이나 목표로부터 쉽게 연역할 수 없다는 인식이 깔려 있었다.
이를테면, 1971년의 한 토론에서 푸코는 프롤레타리아의 기
준에 맞는 정의를 보장하기 위해 중국식 인민재판소를 설치
해야 한다는 마오주의자들의 입장에 맞선다. 그는 프랑스 대
혁명기의 혁명재판소가 정의의 중재자가 아닌 억압의 대리

---

21   68 이후 프랑스 정치 문화와 국제 정세 속에서 푸코가 드러낸
      정치적 입장은 대체로 전후 공산당과 사회주의 좌파에 대한 비판,
      (수정주의적·개량주의적 경향의) '제2의 좌파'에 대한 우호적
      태도, 자유에 대한 위협이자 전체주의적 기획으로서 '혁명'에
      대한 불신, 복지국가의 규율권력에 대한 문제제기, 좌우를 넘어선
      (신)자유주의 통치성에 대한 관심 등으로 특징지어질 수 있다.
      M. Dean & D. Zamora, *The Last Man Takes LSD—Foucault and the
      End of Revolution*, Verso, 2021, 2장 참조. 1970년대 후반 빚어진
      푸코와 들뢰즈의 불화는 두 철학자 간 이론적 입장 차이 못지않게,
      정치 노선의 대립에서 비롯한 것으로 알려져 있다. 한편 푸코는
      1978년에 들어서야 신철학자들에 대한 비판적 입장을 뚜렷이
      표명하게 된다. 디디에 에리봉, 『미셸 푸코, 1926~1984』, pp.
      432~43; 미셸 세넬라르, 「강의 정황」, 미셸 푸코, 『안전, 영토,
      인구』, 오트르망 옮김, 난장, 2011, p. 498; 미셸 푸코, 『푸코의
      맑스』, pp. 128~40 참조.

자 역할을 했다고 지적하면서, 사법기구가 참과 거짓, 유죄와 무죄, 정당성과 부당성을 명확히 판별해주는 중립적인 심급이 될 수 있다는 발상은 그 자체로 인민 정의와 매우 거리가 멀다고 주장한다. 이러한 맥락에서 푸코는 실제 법정 공간의 배치가 구체적으로 어떻게 이루어지며 어떤 이데올로기를 실어 나르는지 따져 묻는다. 일반적으로 법정에는 서로 거리를 둔 원고 측과 피고 측이 양편에 있고, 긴 단상이 있으며, 그 위쪽에 제3자인 판사들이 자리한다. 이 단순한 구조는 소송 당사자들에 대해 객관적이고 중립적인 위치에 있는 판사들이 양측 주장에 대한 청취와 질의응답 이후에 절대적인 정의관에 따라 판단할 것이며, 그 결정은 권위를 가지고 집행될 것이라는 복합적인 의미를 띤다. 하지만 푸코의 의견에 따르면 이는 진정한 인민 정의의 실현과 양립할 수 없는 부르주아 이데올로기에 불과하다.[22] 1972년 미국의 애티카 감옥을 방문한 뒤 가진 인터뷰에서도 푸코는 범죄자들을 분류, 재배치하고 유순한 신체를 조련하는 감옥이 자본주의 사회의 정치경제 구조와 계급투쟁에서 어떤 의미를 지니는지 질문한다. 그는 감금권력이 억압적이라기보다는 생산적인 기능을 수행한다는 문제를 제기하는데, "감옥은 순전히 부정적인 배제의 기능들로 환원되기에는 너무나 복잡한 조직"이기 때문이

<hr>

22   M. Foucault, "Sur la justice populaire. Débat avec les maos (1972)," *Dits et écrits*, II, Paris, Gallimard, 1994, pp. 345~46.

옮긴이의 말

다.[23]

　이러한 관점에서 1973년 콜레주드프랑스 강의 〈처벌 사회〉는 권력과 공간에 대한 푸코의 문제의식이 결정적인 전환점에 도달했음을 보여준다. 이 강의는 18세기 말 급작스럽게 형벌 체계pénalité 안에 등장해 그 이전의 처벌 방식을 대체한 감옥을 계보학적 탐구 대상으로 설정한다. 여기서 푸코는 전년도 강의인 〈형벌의 이론과 제도〉에서 채택했던, 형벌 체계의 억압과 배제에 초점을 맞추는 접근과 단절하고, 처벌권력의 생산적인 차원에 주목한다.[24] 그에 따라, 17~18세기 유럽 사회의 규율권력 및 권력-지식의 발달과 확산이라는 문제가 새롭게 떠오르고, 감옥은 그 과정에서 등장한 일종의 권력-공간으로 비추어진다. 이때 공간의 특성은 물리적 속성보다는 사회적 관계와 기능에 의해 조건 지어지는 것으로 나타난다. 예컨대, 그는 감옥이 수도원 제도에 직접적인 연원을 두

23　M. Foucault, "À propos de la prison d'Attica (1974)," *Dits et écrits*, II, p. 528.

24　참고로 〈처벌 사회〉 강의는 1973년 1월 3일에 시작해 3월 28일에 끝났는데, 『감시와 처벌』의 초고는 같은 해 4월에 나온 것으로 알려져 있다. 강의와 저술 사이에는 중첩되는 부분도 있지만 당연히 일정 정도 교섭, 수정과 보완이 있었을 터이다. 『감시와 처벌』의 최종본은 1974년 8월에 완성되었다. B. E. Harcourt, "Situation du cours," in M. Foucault, *La société punitive. Cours au Collège de France(1972-1973)* , Paris, EHESS/Gallimard/Seuil, 2013, p. 313.

고 있지 않다는 점을 강조하면서, 두 시설 모두 내부 성원들을 고립시키는 공간적 폐쇄성으로 특징지을 수 있지만, 그 기능상 차이 또한 분명하다고 지적한다. 즉 감옥과 달리, 수도원은 그 구성원이 바깥 세계에 접근할 가능성을 차단하는 것이 아니라, 오히려 외부로부터 침해당할 가능성에 맞서 내부 구성원의 신체, 영혼, 장소를 보호하는 기능을 갖는다는 것이다. 누구나 아무렇게나 들어오지 못하도록 가로막는 수도원의 폐쇄성은 보호받는 내부 공간을 생산하면서, 장소에 신성성이 깃드는 데 이바지한다. 그것은 빠져나갈 수 없는 장소 안에 개인의 자유를 가두고 붙잡아놓는 것이 아니라, 세계를 외부에 유지하는 것이다. 이처럼 배치와 형태상의 유사성에도 불구하고, 처벌을 위한 격리에 봉사하는 감옥의 폐쇄성과 수도원의 폐쇄성은 근본적으로 상이하다.[25]

〈처벌 사회〉 강의에서 푸코는 감옥-형식forme-prison, 판옵티콘, 그리고 규율권력에 관한 논의를 발전시킨다. 그것들은 이후 권력-공간을 잠정적으로 규정하는 모종의 개념 틀을 구성한다. 먼저 "건축적 형식을 훌쩍 뛰어넘는 하나의 사회적 형식"으로서 감옥-형식은 "한 사회 안에서 권력이 행사되는 형식"이자 "권력이 행사되기 위해 지식을 추출하는 방식, 그리고 이 지식으로부터 명령, 규정을 분배하는 방식"을 뜻

---

25   M. Foucault, 같은 책, p. 87.

한다.[26] 그것은 자본주의 사회의 임금-형식forme-salaire과 짝지어 이해 가능한데, 양자가 모두 등가 체계 안에 시간량을 도입하기 때문이다. 즉 노동시간에 따라 임금을 받듯이 범행 유형에 따라 주어지는 징역형은 임금 모델이 형벌 체계로 전이된 양태라는 것이다.[27] 감옥-형식 개념은 푸코가 감금 공간을 자본주의적 논리 위에서 권력, 지식, 신체, 시간이 복잡하게 얽힌 구성체로서 파악했음을 시사한다.

한편 판옵티콘은 푸코에게 권력-공간의 가장 중심적인 모델이자 은유로서 각별한 중요성을 지닌다.[28] 〈처벌 사회〉 강의에서 그는 벤담이 판옵티콘 장치와 기계의 발명가라면, 베를린대 형법학 교수이자 의학박사이며 감옥 개혁가였던 니콜라우스 하인리히 율리우스Nicolaus Heinrich Julius는 권력기술로서의 판옵티즘에 대한 최초의 이론가라고 지적한다. 1828년 독일에서 『감옥에 관한 강의』를 출간한 율리우스

26 같은 책, p. 230.

27 같은 책, pp. 85~86.

28 들뢰즈는 1972년 GIP 문제와 지식인의 참여 등을 주제로 푸코와 가진 대담에서 푸코가 감옥 개혁에 관한 벤담의 문헌을 발견했다는 사실을 언급한다. 한편 푸코에 의하면, 이러한 발견은 그가 임상의학의 기원을 탐구하기 위해 18세기 후반의 병원 건축을 조사하고, 형벌 제도의 변화를 연구하기 위해 19세기 전반의 감옥 재정비를 검토하는 과정에서 이루어졌다. 미셸 푸코 · 질 들뢰즈, 「지식인과 권력」, 『푸코의 맑스』, p. 197 ; 본서에 실린 미셸 푸코, 「권력의 눈」, pp. 141~44도 참조.

는 고대부터 근대에 이르는 역사에서 판옵티즘이 갖는 의의를 강조했다는 것이다.[29] 율리우스에 따르면, 그리스 문명은 하나의 사건을 어떻게 하면 많은 사람이 접근하고 볼 수 있게 할 것인지 고민했고, 이러한 특징이 그리스의 극장은 물론, 중세의 교회와 같은 건축에까지 이어졌다. 반면 영적·종교적 공동체를 벗어나 국가 사회가 되어버린 근대 문명에서는 어떻게 하면 한 명의 지배자에게 다수의 사람이 보이도록 만들 수 있을까 하는 문제로 논점이 이동한다. 이는 '스펙터클의 건축'에서 '감시의 건축'으로의 이행을 낳는데, 그리하여 최소한의 감시자가 최대한의 사람들을 시선 아래 둘 수 있는 일반적인 감시 구조, 즉 "전도된 극장의 건축"이 쟁점으로 떠오른다.[30] 이러한 변화를 율리우스는 국가가 성립, 발전하고 그에 따라 사회생활의 모든 관계에 개입과 관찰, 감시와 통제가 가능해진 탓으로 돌린다.[31]

강의는 이제 판옵티즘이라는 건축적 형식이 19세기에

---

29   푸코에 따르면, "벤담이 하나의 기술적 계획으로서 기술해둔 것을, 율리우스는 하나의 완결된 역사 과정으로 파악하였다." 미셸 푸코, 『감시와 처벌』, 오생근 옮김, 나남, 2013, p. 333.

30   M. Foucault, *La société punitive*, p. 209; M. Foucault, "La vérité et les formes juridiques(1974)," *Dits et écrits*, II, pp. 606~609.

31   M. Foucault, *La société punitive*, pp. 24~25, 40. 18세기 말을 기점으로 유럽에서 과시적이고 의례적인 처벌이 은밀한 구금과 감시로 이행한다는 푸코의 주장은 율리우스의 관점과 기본적으로 공명한다고 볼 수 있다.

얼마나 다양한 시공간에 확장적으로 적용되었는지 하는 문제로 이행한다.[32] 푸코는 특히 노동 계급의 자유를 구속하려는 기획이 생산기구를 넘어서, 교육 기관(보육원, 초등학교, 고아원), 교정 기관(재건 마을, 교도소, 감옥), 치료 기관(구제원, 수용소) 등에 확산한 국면을 환기하고, 그러한 기관들의 구조나 작용에 대해 부분적인 분석을 시도하기도 한다.[33] 그에 의하면, 이와 같은 규율 공간의 생산은 건축학적·미시사회학적 지식 축적의 노력과 함께 이루어졌다. 즉 최적의 감시를 확보하기 위한 공간 구성과 배치, 그리고 집단 내부에서 최적의 권위를 구현하기 위한 구성원들의 조직과 관리 방식에 대한 고찰 또한 나타났다는 것이다.[34] 푸코는 18세

32   또한 미셸 푸코, 『감시와 처벌』, pp. 332~34 참조.

33   한 예로, 프랑스 쥐쥐리외Jujurieu에 있던 견직물 공장의 규정에
      대한 푸코의 분석을 들 수 있다. 이 임금 없는 공장에서 노동자는
      자신의 시간을 고용주에게 저당 잡힌 채 잠깐의 휴식 시간도 없이
      생산기구에 매여 있게 되는데, 푸코는 이를 일종의 "유토피아"이자
      "제도화된 공장-병영-수도원"이라고 말한다. 그에게 규율
      공간의 분석은 이처럼 특히 자본주의적 생산 관계와 시간성,
      노동력의 생산 문제와 연계해 나타난다. 1973년 강연 〈진리와
      법적 형태〉에서 푸코는 이러한 "산업적 판옵티콘"에서 일하는
      직물 산업 여성 노동자가 프랑스 남동부의 한 지방에만 4만 명이
      있었다고 지적한다. 비슷한 시설이 영국과 스위스에도 있었고,
      미국에는 이러한 공장-감옥, 공장-수도원의 모델에 따라 조직된
      직물 공장 복합단지도 있었다는 것이다. M. Foucault, *La société
      punitive*, pp. 207~209; 미셸 푸코, 『감시와 처벌』, p. 305와 M.
      Foucault, "La vérité et les formes juridiques(1974)," pp. 609~11.

기 후반 이래 유럽에서는 규율을 정하고 강제를 부과하고 습관을 주입하는 기관들이 번창하는 상황이 펼쳐졌고, 다양한 감시 제도들이 일상적인 통제를 수행하게 되었다고 논한다. 그가 보기에, 이는 고전적인 감금enfermement과는 다른, 격리 séquestration를 통해 이루어진다. 격리는 그 대상 행위자를 자유로운 순환에서 빼내 일정한 시간 동안 어떤 특정한 지점에 고정하는 행위이고, 그 목표는 개인을 생산·양성·개조·교정 기구들—공장, 학교, 정신병원, 감옥, 감화원 등—에 묶어두는 것이다. 바로 특정한 규범을 따르는 노동자들을 확보하는 일이 문제였던 셈이다. 18세기의 감금이 가족이나 집단, 지역 공동체의 이탈자들을 사회로부터 배제하고 소외를 강화하는 기능을 지닌 데 반해, 19세기의 격리는 개인들을 사회 안에 포섭하고 규범화하는 기능을 수행했다.[35]

푸코는 18세기 말 주민 통제 수단의 중앙집중화, 국가화 경향이 있었으나, 격리 기관의 증식은 국가 아닌 민간 영역이 주도권을 잡는 양상을 보였다고 지적한다. 그럼에도 이 기관들은 구조 면에서 국가기구들을 모델로 삼았으며, 그것들에 의존해 작동했다. 즉 공장이나 작업장이 수도원이나 병영처럼 운영될 수 있었다면, 이는 바로 경찰이나 군대 덕분이

---

34   M. Foucault, *La société punitive*, p. 209.

35   같은 책, pp. 213~15 ; M. Foucault, "La vérité et les formes juridiques(1974)," pp. 613~15.

었다는 것이다. 그 결과 우리는 "격리를 형식으로 취하고, 노동력의 구성을 목적으로 하며, 규율 혹은 습관을 수단으로 삼는 기구들이 갖춰진" 규율권력의 시대에 다다른다.[36] 푸코에 의하면, 19세기 자본주의 체제의 성립에는 인간의 시간과 신체를 노동시간과 노동력으로 변형시키고 초과이윤을 산출하도록 실질적으로 이용할 수 있는 권력기술들이 필수적이었다. 사회적 삶의 차원에서 모세혈관과도 같이 미시권력의 망이 직조되어 사람들을 생산장치에 고정하고 생산의 주체로 변화시켜야 했던 것이다. 자본주의적 초과이윤sur-profit의 확보는 거대한 국가 구조 아래 가장 낮은 수준에 있는 작은 권력과 기관들의 총체인 기저권력sous-pouvoir의 작동을 통해 가능했다. 물론 간극과 불확실성은 언제나 있었지만 말이다.[37] 1973년 강의는 이처럼 규율권력을 자본주의 사회 전체를 가로지르는 중심축으로 제시하면서 일반화된 감시, 지속적인 통제의 조직화, 개인에 대한 지식의 축적을 바탕으로 처벌 사회가 생겨났다고 주장한다.

36   M. Foucault, *La société punitive*, p. 240.
37   같은 책, p. 224 ; M. Foucault, "La vérité et les formes
      juridiques(1974)," pp. 622~23.

규율, 신체, 공간

이듬해 강의 〈정신의학의 권력〉의 서두에서 푸코는 "규율권력의 작동 방식으로부터 출발해 정신의학의 메커니즘을 이해할 필요"가 있다고 전제함으로써, 새로운 권력 개념에 기초한 관점의 전환을 본격화한다. 『광기의 역사』가 머물러 있었던 다양한 표상 형태(광기의 양상, 광기에 대한 이미지와 고정관념)에 대한 연구로부터 지배적·전략적 기능을 가지는 역사적 권력장치에 대한 분석으로 이행해야 한다는 것이다. 이 과정에서 그는 주권권력과 대비해 규율권력 개념을 심화하고 정교화한다. 전자가 군주와 신민을 비대칭적으로 연결하는 권력 관계라면, 후자는 인간을 개별화해 신체를 통제하고 항구적으로 관리함으로써 주체화하는 권력 관계이다. 푸코가 보기에, 군주제적 주권권력이 작동하는 가운데 수도사 공동체와 같이 종교적 연원과 거점을 가지는 규율장치들이 오랫동안 일종의 군도처럼 남아 있다가, 17~18세기에 폭발적인 증가세를 보인다. 그것들은 학생, 방랑자, 걸인, 범법자, 창부 등으로 전이 증식colonisation을 하다가 군대, 노동 계급, 식민지 주민들에게까지 확장하는 경로를 밟고, 마침내 규율 사회의 성립을 낳았다는 것이다.[38] 푸코에 따르면, 중세까

---

38   미셸 푸코, 『정신의학의 권력』, 오트르망 옮김, 난장, 2014, pp. 113~14.

지만 해도 국지적이고 부수적인 성격을 띠었던 규율장치가 안팎의 증식 과정을 통해 사회 전체를 뒤덮어가면서, 그 구성 요소들 또한 확실히 드러나게 된다. 그것들은 바로 "공간 내에 고정하기, 최적 시간의 추출, 몸짓·태도·관심의 통제를 통한 신체에 대한 힘의 적용과 착취, 지속적인 감시와 즉각적인 처벌을 행하는 권력의 구축, 마지막으로 그 자체는 익명적·비개인적으로 작동하면서 예속화된 개인성들을 항시 포착하는 통제권력의 조직화 등"이다.[39] 말하자면, 규율은 특정한 공간 안에 위치 지어진 신체에 대한 지속적인 감시와 통제, 훈육을 바탕으로 작동하는 권력인 것이다. 이는 정신의학의 담론적·비담론적 실천 모두를 권력장치의 관점에서 분석하려는 푸코의 새로운 시도가 공간 문제에 대한 고려를 피해 갈 수 없었음을 시사한다.

〈정신의학의 권력〉 강의와 같은 해에 리우데자네이루에서 이루어진 강연 〈근대적 테크놀로지 내 병원의 통합〉에서 푸코는 규율 메커니즘이 이미 고대와 중세에도 로마 군단이나 수도원, 노예 경작지 등에서 단편적·고립적으로 나타나긴 했지만, 17~18세기 동안 점점 더 정교해지고 확산하면서 새로운 인간 관리기술이 되었다고 지적한다. 규율 메커니즘은 "인간을 통치하고 그 다양한 양상을 관리하면서 최대한도로

---

39   같은 책, pp. 114.

이용하며, 노동과 활동을 통제하는 권력 체계에 힘입어 필요한 생산물을 증진하는 새로운 방식의 기술적 발명"이라는 것이다. 학교와 군대, 병원 등을 중심으로 널리 퍼져나간 이 기술은 끊임없는 감시를 바탕으로 정보 수집과 기록을 실행하며 인간 행위의 결과가 아닌 과정을 통제하는데, 이 모든 것은 기본적으로 "개인들을 공간상에 배열하는 기술"을 전제한다. 푸코의 말을 그대로 빌려오자면, "규율은 무엇보다도 공간의 분석이다. 그것은 공간에 의한 개체화, 분류와 조합을 가능하게 해주는 개별화된 공간 내 신체의 자리매김placement이다." 이러한 규율을 매개로 권력은 개인들을 끊임없이 배열, 감시, 평가하는 검사examen를 수행함으로써 그들을 개별화하고 최대한 이용할 수 있다.[40]

1974년 강의에서 푸코는 광기가 어떻게 오류와 비이성이 아닌 교정해야 할 악덕으로 변모하는지, 또 정신의학 권력은 정신이상과 정신이상자 개념의 구성을 통해 어떤 식으로 작동하는지 보여준다. 같은 맥락에서 그는 19세기의 정신병원이 광인의 의지와 정신의학의 의지 사이의 세력 장이자, 정신병 치료에 적합한 규율장치로 구성되었다고 주장한다. 푸코에 따르면, 19세기 이래 정신의학은 가정 내에서는 결코 정

---

40   M. Foucault, "L'incorporation de l'hôpital dans la technologie
      moderne(1978)," *Dits et écrits*, III, pp. 515~16. 규율과 공간에
      관해서는 미셸 푸코, 『감시와 처벌』, pp. 222~47도 참조.

신이상자가 치유될 수 없다고 보았다. "병원에서 치유를 가져다주는 것은 바로 병원"이기 때문이다. "건축상의 배치 그 자체와 공간의 조직화, 즉 개개인이 공간에 배분되는 방식, 그 안에서 사람들이 왕래하는 방식, 보거나 보이는 방식, 이런 모든 것이 치유의 가치를 갖는"다. 병원 외에 정신의학적 처치도 치유에 도움이 될 수 있지만, 사실은 그조차 "공간의 배분을 통해 야기되는 효과에 지나지 않는다"고 여겨졌다. 그런데 병원이 정신이상자를 치유할 수 있다면, 그것이 이상적인 가정을 구현하기 때문이 아니라, "판옵티콘적 기구"이기 때문이다. 푸코에 의하면, "병원은 실제로 권력을 행사하는 기계, 벤담의 도식에 따라 권력을 발생시키고 그것을 배분하며 적용시키는 기계"이다.[41] 그곳에서는 중앙으로부터의 감시와, 격리 원칙에 따른 환자의 개별화가 이루어지고 항구적 가시성과 부단한 처벌 작용이 가능해진다. 병원은 이처럼 가정의 권력과는 매우 이질적인 미시권력의 모델에 기초해 기능하는 공간으로 자리 잡았고, 이는 광기의 의료화와 규율화를 낳았다. 리우데자네이루 강연에서도 푸코는 "병원의 무질서한 공간 내에 도입된 규율 메커니즘이 〔광기의〕 의료화를 가능하게 했다"고 지적한다. 병원의 규율화는 경제적 고려, 개인에 대한 가치 부여, 전염병 확산의 회피 의지 등으로

---

41   미셸 푸코, 『정신의학의 권력』, p. 153.

설명할 수 있는데, 이렇게 성립한 규율이 의학적 성격을 띠고 의사가 규율권력을 취할 수 있었던 데는 의학 지식의 변환이 중요한 기여를 했다는 것이다. 병원 의학의 형성은 한편으로는 병원 공간 내 규율의 도입에, 다른 한편으로는 의학 실천의 변형에 빚지고 있었다.[42]

규율권력의 개념화는 푸코가 담론적 실천은 물론, 공간에 접근하는 방식에도 실질적인 변화를 초래한 것처럼 보인다. 이제 그는 규율권력과의 긴밀한 공진화라는 시각에서 공간의 형성을 바라보게 된다. 이를 시사하는 한 가지 예가 바로 라틴아메리카 식민지 사회의 공간에 대한 그의 분석이다. 1966년 「헤테로토피아」와 1967년 「다른 공간들」의 끝부분에서 푸코는 식민지가 제국에 대해 수행하는 '헤테로토피아적 기능'을 논하기 위해 파라과이에 예수회가 세운 사회를 거론한 바 있다. 그곳에서는 십자가 모양의 엄격한 배열에 맞춰 마을이 꾸며졌고, 수도사들이 주민들의 일과 시간을 엄격히 규제했다. 새롭게 잘 정비된 식민지는 그동안 확고하게 질서 잡힌 것으로 간주되어온 제국의 공간을 상대적으로 뒤죽박죽인 양 지각하게 하고, 그런 식으로 이런저런 현실 공간들을 다르게 보이도록 만들었다. 그런데 1974년 〈정신의학의 권력〉 강의에서 푸코는 동일한 사례를 '식민지 주민의 규율화'

---

42   M. Foucault, "L'incorporation de l'hôpital dans la technologie
        moderne(1978)," p. 517.

옮긴이의 말

라는 각도에서 재조명한다.[43] 신학적·종교적·경제적 이유
등으로 노예제를 반대했던 예수회 수도사들은, 푸코에 따르
면, "인간의 삶을 직접적이고 폭력적이며 고도로 소모적으로
이용하는 대신에, 다시 말해 매우 비용이 많이 들고 거의 조
직화되어 있지 않은 노예제도의 이러한 실천 대신에, 규율 체
계를 통한 또 다른 유형의 […] 분배, 관리, 착취를 행"했다.[44]
규율권력은 철저한 행동 규약 부과, 시간별 일과 준수 요구,
공간 구조에 의거한 부단한 감시를 통해 가해졌다. 즉 모든
가정은 보도를 따라 이어진 집을 보유하고 있었는데, 각각의
집에는 덧문 없는 창이 달려 있어 길가에서 집 안을 감시할
수 있었다는 것이다. 「헤테로토피아」와 「다른 공간들」에 빠
져 있는 이러한 논의는 푸코 공간 분석의 중심추가 규율권력
쪽으로 이동했음을 분명히 알려준다.[45]

43   미셸 푸코, 「헤테로토피아」(1966), 『헤테로토피아』, pp. 25~26;
      미셸 푸코, 『정신의학의 권력』, pp. 109~11 참조.

44   미셸 푸코, 『정신의학의 권력』, p. 110.

45   사실 헤테로토피아 개념은 오랫동안 수많은 연구자에게 영감의
      원천을 제공해왔지만, 정작 푸코 자신에 의해서는 1967년 이후
      거의 다시 쓰인 적이 없다. 그가 이 용어를 거론한 극히 드문
      사례가 규율장치와 관련해 나온다는 점은 특기해둘 만하다. 그는
      유럽 사회에서 규율장치의 광범위한 확산을 설명하면서, 가정은
      의외로 규율권력이 아닌 주권권력이 행사되는 최소 단위로
      남아 있었다고 지적한다. 그것은 계약에 기초한 국지적 연대가
      작동하는 곳으로, 성씨와 가부장의 권력, 결혼과 출생이라는
      고유한 제도적 관계가 지배적이며 감시는 보완적이라는 것이다.

한편 〈정신의학의 권력〉에서 푸코가 권력-공간을 신체만이 아니라, 지식과의 관련 속에서 논의한다는 점 역시 유념할 필요가 있다. 이를테면, 그는 정신요양원에 환자가 어떻게 분류·배치되는지, 정신과 의사는 그 안에서 어떻게 편재성과 가시성을 확보하며 감시는 어떻게 조직되는지 논의한다. 요양원은 마치 의사의 신체처럼 기능하면서 권력을 행사하는 장소이자, 정신의학의 담론과 지식을 생산하는 장소로 구성된다는 것이다. 이처럼 푸코는 규율권력과 맞물려 작동하는 장치라는 차원에서 병원, 수용소, 감옥 등의 건축과 공간을 분석하면서 의학, 정신의학, 범죄학 등의 인문과학이 역사적으로 구축되는 과정을 추적한다.[46] 1974년 리우데자네이루 강연에서 푸코가 내놓은 다음과 같은 진단은 권력-공간-지식의 연계를 인상적으로 요약한다. "18세기까지 책들 속에, 또 위대한 의학 고전들에 집약된 일종의 의료 준칙 속에 자리

푸코의 주장에 기대자면, 가정은 주권권력을 토대로 개인을 학교, 군대, 작업장 등 규율 체계에 확실히 고정하는 역할, 그리고 개인을 하나의 규율 체계에서 또 다른 규율 체계로 순환시키는 이중적 역할을 맡는다. 그리하여 그것은 규율 체계의 기능에 없어서는 안 되는 주권적 단위가 된다. 이처럼 가정에는 위치가 다른(헤테로토피아적인) 관계들—주권권력 관계와 다양한 규율권력 관계들—의 착종이 있다. 이때 헤테로토피아는 동위성에 대조적인 이소성異所性의 뜻을 지니는 단어로서 은유적으로 쓰인 것이다. 미셸 푸코, 『정신의학의 권력』, pp. 126~29.

46   미셸 푸코, 『정신의학의 권력』, pp. 262~66.

잡았던 의학 지식은 텍스트가 아닌 병원이라는 장소를 점령하기 시작한다. 이제 글로 쓰인 것 혹은 인쇄된 것이 아니라, 병원이 대표하는 능동적이고 현재적인 생생한 전통 속에서 우리가 매일〔정보로서〕수집하는 것이 문제가 된다."[47]

『감시와 처벌』출간 무렵에 이루어진 1975년 강의〈비정상인들〉은 원래 여섯 권의 연작으로 예정되어 있던『성의 역사』기획의 맹아 또한 품고 있었다는 특징을 지닌다. 여기서 푸코는 규율권력이 궁극적으로 규범성(정상성)을 지향한다는 점에서 규범화normalisation(정상화) 권력이기도 하다고 지적한다. 규범화 권력은 적절한 품행을 위한 표준이나 규범을 설정하고 그로부터의 일탈을 교정함으로써 작동하는 통제 형식을 가리킨다. 이는 단순히 비행을 금지하고 처벌하는 것과는 다른 차원에 놓인다. 이러한 시각에서 푸코는 19세기 중반 정신의학의 특권적 대상으로서 이상 영역의 출현이라는 문제를, '비정상인들'—인간 괴물, 교정해야 할 개인, 자위하는 청소년—의 구성 과정과 함께 다룬다. 그리하여 법률가, 의사, 정신의학자가 범법자, '위험인물,' 정신이상자 등에 대해 행사하는 규범화 기술과 권력이 역사적인 탐구 대상으로 부상하는 것이다.

강의에서 푸코는 공간적 함의를 띠는 권력 작용의 두 모

---

47   M. Foucault, L'incorporation de l'hôpital dans la technologie moderne(1978)," p. 521.

델을 제시한다. 하나는 나병 모델이고, 다른 하나는 페스트 모델이다.[48] 중세 내내 이루어진 나환자 추방의 사례에 기반을 둔 나병 모델은 공동체를 정화하기 위해 불순한 사람들을 몰아내는 데 초점을 맞춘다. 이는 17세기 중반 거지, 부랑자, 게으름뱅이 등 유동적인 비노동 인구에 대해 이루어진 도시 외곽으로의 대대적인 추방 또는 구빈원 대감호 사건에서 단적으로 나타났다. 그런데 푸코에 따르면, 17세기 말 18세기 초즈음 나병 모델은 자취를 감추고, 오래전부터 있었던 이른바 페스트 모델이 새롭게 활성화된다. 이것은 거부와 배제가 아니라, 포용과 분할에 바탕을 둔다. 페스트가 선포되면 도시 혹은 일정 지역을 폐쇄하고 그 내부를 세심하게 구획하는 방역이 전개되었다. 페스트 상태의 도시는 지구地區, 구역, 가로街路로 분할되었고, 도시 총독, 지구 담당관, 구역 감독관, 가로의 감시인들이 일종의 권력 피라미드를 형성했다. 이들은 도시에서 일어나는 일을 지속적으로 감시하고, 시민들에 관한 정보를 수집, 분류, 조사했다.

푸코가 보기에, 나병에 대한 대응이 거부와 추방의 권력 모델을 작동시켰다면, 페스트에 대한 대응은 모든 이를 포용하고 개개인에 관한 지식을 구축함으로써 권력 효과를 증식하는 모델을 가동시켰다. 나병 모델과 달리, 페스트 모델에서

---

48   미셸 푸코, 『비정상인들』, 박정자 옮김, 동문선, 2001, pp. 62~72.

옮긴이의 말

핵심 과제는 불순한 환자 집단과 그렇지 않은 집단을 이원화하고 분리하는 것이 아니라, 건강한 시민을 배출하는 것이다. 그리하여 격자 형태로 구획된 공간 안에 모든 시민에게 각자의 자리를 배정하고 세심히 관찰함으로써 개인의 건강, 생명, 수명, 활력을 극대화하려는 시도가 나오는 것이다. 이러한 논의는 『감시와 처벌』에 다시 등장하는데, 페스트 모델에 의한 나병 모델의 대체는 부정적·억압적 권력기술에서 긍정적· 생산적 권력기술로의 이행을 표상한다. 그렇다고 '대체'라는 용어가 나병 모델과 페스트 모델이 서로 배타적이고 양립 불가능한 도식이라는 의미에서 쓰이는 것은 아니다. 오히려 둘 사이의 상호 근접과 융합, 혹은 페스트 모델에 의한 나병 모델의 병합을 주시할 필요가 있다. 푸코가 강조하듯, "'나병 환자'를 '페스트 환자'처럼 다루는 것, 감금의 혼란스러운 공간에 치밀하게 세분화된 규율을 투사하는 것, 권력의 분석적 배치 방식에 따라 그 공간을 조직하는 것, 추방된 자들을 개별화하는 것, 다만 그 추방을 명시하기 위하여 개별화의 방식을 사용하는 것"이 관건이 되는 것이다. 푸코는 이러한 절차들이 19세기 초부터 규율권력에 의해 꾸준히 작동되었다고 지적한다. "나환자가 일종의 상징적 주민을 이루고 (걸인이나 방랑자, 광인, 폭력적 행위자가 실제 인구를 형성하고 있었던) 추방 공간의 자리에 규율 중심의 분할이라는 독특한 권력기술이 적용된 것"이다. 정상/비정상의 구분에 의한 낙인

찍기와 추방, 그리고 개인에 대한 일반화된 규율 통제, 즉 나병 모델과 페스트 모델의 조합은 바로 판옵티콘의 건축 양식을 특징지을 것이었다.[49]

어쨌거나 〈비정상인들〉 강의에서 푸코는 18세기의 규율-규범화 체제에 의해 페스트 모델이 대표하는 생산적 권력이 발명되었다고 주장한다. 이것은 공간의 분할과 신체의 배치에 기초한 지식의 구성을 통해 기능하는 새로운 유형의 권력이다. 이러한 권력의 출현을 검토하면서 푸코는 고전주의 시대 통치술arts de gouverner의 형성에 눈길을 돌린다. 그는 고전주의 시대에 아동, 광인, 빈민, 노동자 등에 대한 다양한 통치기술이 출현했다고 지적하면서, 〈정신의학의 권력〉에서 중요하게 다루어진 규율을 이제 통치기술의 전형을 이루는 하나의 요소로 상대화한다. 그 결과, 신체의 규율과 영혼의 통치는 동일한 규범화 과정의 앞뒷면처럼 다루어지고, 권력 분석의 범위는 회개 의례를 둘러싸고 교회가 주조한 영혼의 통치술에까지 다다른다. 푸코에 의하면, 기독교의 영혼 관리술에서는 고백 실천이 가장 중요한 위상을 차지했는데, 이는 19세기 정신의학이 성 문제를 맞닥뜨리게 되었을 때 '강요된 고백'의 기술로 다시 나타난다. 유의할 것은 푸코가 이러한 기술이 규율이나 훈육과는 상이한 층위에서 작동한다고

---

49   미셸 푸코, 『감시와 처벌』, pp. 303~309.

옮긴이의 말

규정하면서도, 공간과의 밀접한 관련 속에서 분석한다는 것이다.

푸코에 따르면, 가톨릭교회의 전통 안에서 16세기에 고행과 같은 속죄 행위로부터 죄의 고백으로 역사적 이행이 일어난다. 이 과정에서 교회 내부에는 이전까지 존재하지 않았던 고해소가 16세기 초 처음으로 설치되었고, 사제는 고해성사하는 신자의 죄를 사해줄 권한을 부여받았다. 애당초 이 공간은 특히 여성 신자의 고백을 듣기 위한 시설로 고안되었는데, 고백 실천과 관련된 여러 규약을 구현했다. 예를 들어, 그것은 반드시 사방에서 보여 사람들의 눈에 쉽게 띄는 장소에 배치되어야 했는데, 누군가가 고백을 할 때 다른 사람들이 가까이 다가오지 못하게 하기 위해서였다. 또 고해소는 신자가자기 죄를 솔직하게 털어놓을 수 있을 만큼 은밀한 동시에, 사제 신자 간에 성적인 유혹이 생겨나지 않도록 다른 신자들로부터 완벽히 고립되어 있지는 않아야 했다. 내부에는 사제와 신자가 서로 볼 수는 없지만 잘 들을 수 있도록 쇠창살과 반가림막을 두어야 했다. 이 모든 특징을 푸코는 사제에게 고백을 들을 자격과 사면의 권한을 부여하는 "규칙들의 물질적 결정화結晶化"라고 표현한다.[50] 고해소의 공간 구성과 소품, 가구 하나하나에 사제와 신자 간의 권력 관계가 응축되어 있

50 　　미셸 푸코, 『비정상인들』, pp. 201~18, 236 참고(인용은 p. 217).

다는 것이다. 푸코가 보기에, 고백의 기술은 이처럼 특수한 공간적·물질적 배치를 바탕으로 통치 메커니즘으로 작용할 수 있었다.

17세기 이후로는 중세 신학과 고행에서 오직 죄악의 근원으로만 간주되었던 몸으로부터 살chair이라는 복합적이고 유동적인 영역이 분리된다. 감각적인 음욕과 쾌락, 희열이 깃들어 있으며 다양한 유혹이 가로지르는 육체로서의 살은 객관화와 권력 행사의 대상이 되었는데, 이는 무엇보다도 고백을 통해서였다. 가톨릭교회는 양심지도와 고해성사 같은 기술에 의해 성직자와 신자 들의 영육 모두를 관리하고자 했다. 당시 병영이나 병원, 학교 등지에 자리잡기 시작한 규율 메커니즘이 수도회나 신학교에도 도입되었고, "새로운 건축 설계 방식과 사물 및 장소의 배치, 공동 침실의 조성, 감시의 제도화, 교실 내부 책걸상 정렬, 면밀하게 고안된 공간의 가시성(변소의 형태와 배치, 문의 높이, 으슥한 구석 제거)이 살의 기독교적 담론을 건물에서 물질적으로 구현했다. 이는 몸을 정확히 분할해 분석적 공간 안에 배치시킴으로써 성과 관련해 면밀한 관찰이 이루어질 수 있게 해주었다.[51] 이처럼 푸코는 〈비정상인들〉 강의에서도 공간이 권력 관계를 구현하는 방식에 관한 세세한 논점들을 발전시켜나간다. 공간의 물리

---

51   같은 책, pp. 241, 271, 277~78 참고(인용은 p. 278).

옮긴이의 말

적 특성들은 17~18세기 이래 유럽에서 인간 신체에 대한 규율과 영혼통치권력을 작동하게 한 주요 요인들로 간주되었다. 권력-공간을 중심으로 한 분석은 건축을 넘어 도시 공간 차원으로까지 확장되는데, 이러한 면모는 이후 〈안전, 영토, 인구〉 강의에서 뚜렷하게 나타나게 된다.

생명권력, 혹은 규율과 조절의 이중주

1975년 콜레주드프랑스 강의 〈비정상인들〉과 같은 해 나온 저작 『감시와 처벌』에서 푸코는 개개인의 신체 수준에서 작동하는 규율기술이 권력의 정치경제를 어떻게 변화시켰는지 살펴보았다. 또 그는 규율권력이 예속된 신체로부터 이른바 '영혼' '자아' '내면' 등을 끌어내면서 다양한 인문·사회과학의 역사적 형성을 어떻게 조건 짓는지 보여주었다. 특히 『감시와 처벌』은 벤담의 판옵티콘 기획을, 근대 규율 사회의 권력-공간-지식 관계를 응축한 범례로 제시하고 집중적으로 분석함으로써 '권력의 공간화'에 대한 푸코의 문제의식과 접근 방식을 명확히 드러냈다. 그런데 푸코의 권력 논의는 규율권력에 머물지 않고, 다시 생명권력bio-pouvoir에 대한 개념화로 나아간다. 인종주의와 나치즘에 대한 계보학적 탐색과 맞물려 있었던 이러한 이행은 1976년 강의 〈"사회를 보호해야 한다"〉와 저작 『지식의 의지』를 통해 이루어졌다.

사실 〈비정상인들〉의 후반부에서 푸코는 18세기에 어린이와 청소년의 성이 문제로 떠오르면서 정신의학이 가정과 접합하는 과정을 분석한 바 있다. 그에 따르면, 정신의학은 개인의 가계에 의한 유전적 비정상 상태를 상정하고, 이를 관리하고 교정하는 기술로서 부상한다. 그것은 또한 가정의 섹슈얼리티에 간섭하는 역할을 자처하고, '비정상인들'에 대적해 사회를 과학적으로 보호하는 심급이 된다. 19세기에 '괴물적 범죄성'의 문제가 강력히 대두하면서 정신의학은 유전분석과 퇴화 개념을 매개로 새로운 형태의 인종주의와 결합한다. 푸코는 모종의 결함을 지닌 개인들을 제거하고 사회를 지킨다는 명목을 내건 이 내부적 인종주의racisme interne와 19세기의 민족적 인종주의(반유대주의)를 결합한 산물이 바로 나치즘이라고 주장한다.[52] 이처럼 19세기 말 20세기 초 유럽을 휩쓴 고유한 인종주의의 역사적 근원을 정신의학에서 찾는 푸코의 논의는 〈"사회를 보호해야 한다"〉에서 또 다른 방향으로 뻗어 나간다.

1976년 강의 〈"사회를 보호해야 한다"〉는 권력 관계를 분석하는 틀로서 '전쟁'의 문제들을 검토하는 한편, 17~18세기 '인종 전쟁'의 역사적·정치적 담론을 그 전제들이 출현하

---

52   미셸 푸코, 『비정상인들』, pp. 378~79.

는 16세기에서 19~20세기 국가 인종주의로의 변형에 이르기까지 계보학적으로 분석하는 데 초점을 맞춘다. 이 과정에서 생명권력이라는 개념이 새롭게 등장한다. 푸코는 먼저 규율권력이 어떻게 공간-신체-지식과 긴밀하게 맞물리는지를 다음과 같이 정리한다. "17세기와 18세기에 전체 권력기술, 그중에서도 개인의 신체에 집중된 권력기술들이 나타났다. 그 온갖 절차들에 의거해 개별 신체들을 공간적으로 배분(분리, 정렬, 종별 분류와 감시)하고 그 신체들을 둘러싼 가시성의 장을 조직하는 일이 가능해졌다. 이 〔권력〕기술들에 의해 신체들이 관할되었고, 훈련과 조련 등에 의해 신체들의 유용한 힘을 제고하려는 노력이 기울여졌다. 이는 권력의 엄밀한 경제와 합리화의 기술들에 다름 아니었는데, 이러한 권력은 감시, 위계화, 면밀한 조사, 기록, 보고서 등의 체계 전체에 의해 최소의 비용으로 행사되어야 했다."[53]

그렇다면 생명권력이란 무엇인가? 그것은 한마디로 ('신체로서의 개인'과 구별되는) '종으로서의 인간,' 사람들의 생명을 관리하는 권력으로 정의할 수 있다. 푸코에 의하면, 18세기 말 생명체로서 인구 전체에 나타나는 집합적 효과들을 조절하고 우연의 개입을 통제하려는 권력기술들이 발전한다. 이러한 생명권력에서 주로 문제가 된 것이 바로 인구

---

53   미셸 푸코, 『"사회를 보호해야 한다"』, 김상운 옮김, 난장, 2015, p. 290.

이며, 출생률, 사망률, 증감률, 수명, 재생산과 생식력, 건강과 질병 등이 이와 관련되어 있다. 다시 말해, 신체-유기체-규율-제도가 하나의 계열을 이룬다면, 인구-생물학적 과정-조절 메커니즘-국가가 또 하나의 계열을 이룬다.[54] 푸코가 보기에, 규율과 조절이라는 두 메커니즘은 상호 의존적인데, 이는 생명권력이 규율권력을 배제하지 않으며, 오히려 그것과 효과적으로 결합한다는 뜻이기도 하다. 이러한 맥락에서 푸코는 생명권력 개념을 나중에 규율권력까지 포괄하는 의미로 사용한다.

〈"사회를 보호해야 한다"〉 강의와 같은 해 나온 저작 『지

54 　미셸 푸코, 『"사회를 보호해야 한다"』, pp. 290~91, 298~99. 개인과 인구에 행사되는 권력-지식이라는 관점의 단초는 이미 1974년 리우데자네이루 강연에서 나타난 바 있다. 푸코는 병원 공간에서 규율의 적용과 더불어 개인을 고립시키고 침대에 배치하고 식단을 처방하면서 개인화하는 의학이 나타나는 동시에, 규율된 병원 공간의 체계에 의해 많은 수의 개인들을 관찰할 수 있게 되었다고 주장한다. 즉 한편으로는 개인에 대한 관찰과 감시, 앎과 돌봄이 이루어지면서 개인은 의학적 실천과 지식의 대상이 되었다. 다른 한편으로는 다수의 개인들에 대한 일상적 관찰과 등록부 작성은 다른 병원, 다른 지역과 비교되어 인구 전체에 공통된 병리학적 현상들에 대한 연구를 가능하게 해주었다는 것이다. 푸코의 말을 그대로 끌어오자면, "병원 테크놀로지 덕분에 개인과 인구는 동시에 의학적 개입과 지식의 대상으로 출현한다. 이 두 가지 의학의 재분배는 19세기에 고유한 현상이 될 것이다. 18세기 동안 형성된 의학은 개인의 의학이자 인구의 의학이다." M. Foucault, "L'incorporation de l'hôpital dans la technologie moderne(1978)," p. 521.

식의 의지』에서 푸코는 "생명에 대한 권력의 조직화는 신체의 규율과 인구의 조절이라는 두 가지 극을 중심으로 전개되었다"고 주장하며, 전자를 "인간 신체의 해부정치," 후자를 "인구의 생명정치bio-politique"라고 명명한 바 있다.[55] 그가 보기에, 이 두 정치의 교차점에는 성이 자리 잡고 있다. 성은 신체적 행위로서 개별적 통제와 영속적 감시 아래 놓이게 되는 동시에, 종족 유지와 번식의 효과로 인해 인구 단위의 생물학적 과정 안에 기입되기 때문이다. 그것은 개인 신체에 대한 미세한 감시와 끊임없는 통제, 의료와 심리 검사, 공간의 구획과 분할을 야기하는 한편, 각종 인구 현상의 통계학적 추정과 관리, 여러 사회 집단을 겨냥한 대대적인 국가 개입과 행정 조치를 이끌어낸다.[56]

　그런데 흥미로운 점은 푸코가 강의에서 생명권력의 대표적인 영역으로 성과 더불어 도시 공간을 꼽았다는 사실이다. 구체적인 예로 그가 든 것은 노동자 주거단지 같은 인공적 도시 모델이다.[57] 19세기에 구현된 일종의 유토피아적 실

55　미셸 푸코, 『지식의 의지』, 이규현 옮김, 나남, 2019, p. 158.
56　같은 책, p. 166.
57　여기서 '노동자 주거단지'로 옮긴 'cité ouvrière'는 공장이나 회사의 노동자와 그 가족을 위한 전용 주거 지역을 가리킨다. 대개 기업주가 구축하고 광대한 부지 내에 집합시설을 갖추는 경우가 많아, '기업 도시'라고도 옮길 수 있다. 이는 19세기 산업혁명 이후 먼 지역에서 온 노동자들이 공장 근처에 신속히 정착해야 하는 필요성에 의해 생겨났다. 노동력의 안정적인 확보를 위해

재였던 이 공간은 고용주들의 종종 선한 의도와 계획 아래 세워졌지만, 결코 권력의 작동으로부터 자유롭지 못했다.[58] 격자 모양의 단지 구획과 배치라든지, '집 한 채에 한 가정' '방 하나에 사람 몇 명' 하는 식의 자리 할당은 신체에 대한 규율로 작용했다. 분할된 공간에 개인들을 배정해 가시권 안에 두고 행동을 표준화함으로써 거의 자동적으로 치안을 확립했던 것이다. 그런데 푸코는 노동자 주거단지가 주민 전체에 대한 일련의 조절 메커니즘 또한 작동시켰다고 지적한다. 주

작업장 근처에 노동자 주택을 건설하는 관행은 이미 18세기부터 존재했으나, 19세기 이후에는 생산 시설과 고용 인력의 대규모화에 따라 학교, 탁아소, 보건소, 휴게소 등 집합시설을 구비하는 등 거의 완전한 도시계획의 형태를 띠고 구축되었다는 차이가 있다. 생시몽이나 푸리에의 유토피아적 사회주의나 기독교 사회주의, 위생학 등 다양한 사상적 조류가 유럽 전역에서 새로운 노동자 주거단지의 발전을 자극했다. 기업주들은 때로는 계몽주의적·온정주의적 목적으로, 또 때로는 생산성 향상을 위한 노동자 삶의 전면적인 통제를 목적으로 단지를 건설했다. 이는 노동 계급을 공간적으로 밀집시킴으로써 20세기 전반기에 노동조합과 노동운동의 효과적인 조직을 촉진하는 역설적 결과를 낳기도 했다.

58 푸코에 의하면, 18세기 프랑스에서는 광산 도시나 제련 산업의 중심지 등에 거대한 작업장들이 생겨나고 농촌 거주민들이 새로운 직업을 위해 이주하면서 노동자 주거단지가 출현하였다. 이들 노동자에게 강제로 부과되었던 노동자 수첩은 규율 체계의 상징이었다. 새로운 일자리를 구하거나 새로운 도시에서 살고자 하는 노동자는 이전 고용주와 노동 조건, 이직 사유 등을 적시한 이 수첩을 새 고용주, 관공서, 지방 당국에 제출해야만 했다. 미셸 푸코, 『정신의학의 권력』, pp. 112~13.

택 구매를 위한 저축 유도, 의료보험과 노후보험 제도, 주민의 건강과 수명 유지를 위한 공공 보건 규칙, 도시의 조직 구조가 성생활이나 가족 위생 등에 가하는 압력, 아동의 돌봄과 취학 등이 그러한 메커니즘에 해당한다.[59] 한마디로, 19세기의 이 계획도시는 전형적으로 생명권력이 가로지르는 공간이었다는 것이다. 이러한 해석은 푸코의 공간 이해 방식이 권력 개념의 정교화와 더불어 어떻게 진화했는지 알려준다. 그는 이전에 노동자 주거단지에 관해 상이한 관점에서 논평한 바 있다.

1972년 들뢰즈, 가타리와 집합시설을 주제로 가진 대담에서 푸코는 사회주의 유토피아와 달리, 자본주의 유토피아는 이미 실현되었다는 데 차이점이 있다고 말하며, 그 사례로서 19세기의 노동자 주거단지를 비판적으로 언급한다. 그에 의하면, 1840년 프랑스에서는 4만 명의 노동자가 수녀들이 관장하는 공장-수도원에 살았다. 북부 지역은 특히 다양한 집합시설들만이 아니라 집, 도로 등 마을 전체가 공장에 속해 있는 경우가 다수였다. 푸코가 보기에, 이러한 노동자 주거단지는 은행과 군대를 매개로 국가와 얽혀 있었다—예컨대, 기업주들은 거대한 산업 중심지 주위에 수비대를 배치해달라고 정부에 요청했다. 그런데 푸코는 이제 자본가와 국가 사이

---

59   미셸 푸코, 『"사회를 보호해야 한다"』, p. 300.

에 일종의 역할 교차가 일어났다고 지적한다. 더 이상 자본가 주도의 노동자 주거단지는 없지만, 국가가 건설한 영세민 임대아파트 단지HLM가 있다. 예전에는 상당수의 집합시설이 민간 소유였다면, 현재는 국가가 그것을 위임받았다.[60] 기업이 노동자 통제를 위해 더 이상 군대에 의존하지 않고 심리상담사, 민간경호원, 직장협의회 등과 같이 규범적인 억압장치를 이용한다면, 국가는 (경찰 같은) 국가기구appareil d'Etat를 토대로 임대아파트 단지를 관리한다.[61] 이 대담에서 푸코는 국가와 자본의 상이한 권력 형태라는 이분법적인 구도에 의거해 노동자 주거단지를 기술하고, 현재 상황과 대비시킨다. 전형적인 급진주의 혹은 마르크스주의의 언어로 이루어진 이 해석을, 생명권력의 관점에서 접근한 1976년의 강의 내용과 비교해보면, 푸코의 변화한 권력관이 노동자 주거단지라는 동일한 대상 공간을 어떻게 다르게 조명하도록 이끌었는지 짐작할 수 있다.

1976년 푸코는 지리학 저널 『헤로도토스』 편집진과의

---

60   HLM(Habitation à Loyer Modéré)의 제도적 전신은 HBM(Habitation à Bon Marché)이다. HBM에는 19세기 말부터 민간 이니셔티브가 중요하게 작용했다.

61   M. Foucault, "Arrachés par d'énergiques interventions à notre euphorique séjour dans l'histoire, nous mettons laborieusement en chantier des 'catégories logiques'(1973)," *Dits et écrits*, II, Paris, Gallimard, 1994, p. 456.

인터뷰를 통해 공간에 대한 자신의 관심을 재확인하고 성찰할 기회를 갖는다. 이 자리를 빌려 그는 권력 관계와 권력-지식의 분석에 공간적 용어들이 매우 유용하다는 주장을 펼쳤다.[62] 이 무렵 푸코가 공간과 관련된 몇몇 공동 연구에 참여했다는 사실도 잊지 말아야 한다.[63] 대표적으로 그는 도시 연구에 집중하던 CERFI와 함께 18세기 말 등장한 집합시설 가운데 의료 기관을 계보학적으로 분석했으며, 그 결과물을 『치료 기계』(1976)라는 공저서로 출판했다. 푸코는 또 마찬가지 방법으로 19세기 전반기의 주거 양식과 정책을 탐구했고, 이는 그가 지도한 『주거 정책 1800~1850』(1977)이라는 공동 저작으로 이어졌다.[64] 두 경우 모두 분석의 핵심에 실제의 물리적 공간 자체보다, 그것을 가능하게 하는 지식-권력의 특수한 결합이 놓여 있었다. 달리 말하면, 푸코 시선의 초점은 언제나 권력-지식-공간의 세 축이 이루는 역사적 관계에 맞

62   본서에 실린 미셸 푸코, 「지리학에 관해 푸코에게 보내는 질문」
      참조.

63   S. Elden, "Foucault's Collaborative Projects," https://
      progressivegeographies.com/resources/foucault-resources/foucaults-
      collaborative-projects/

64   M. Foucault et al., *Les machines à guérir—Aux origines de l'hôpital
      moderne*, Paris, Institut de l'environnement. 1976 ; M. Foucault(dir.),
      Politiques de l'habitat 1800-1850, Paris, CORDA, 1977 ; 다니엘
      드페르, 「「헤테로토피아」—베니스, 베를린, 로스앤젤레스 사이,
      어떤 개념의 행로」, pp. 110~13 〔개정판: pp. 116~19〕도 참조.

쳐져 있었다는 것이다. 1976년에 푸코는 건축가, 지리학자 등과 함께 파리의 녹지 공간에 대한 연구를 기획해 제안서를 제출하기도 했다. 비록 불발로 그치긴 했지만, 이 공동 연구는 녹지 문제를 공중보건, 도시 감시, 산업화, '위험한 인구'의 통제 같은 주제와 연결해 다룰 예정이었다.[65]

1977년 푸코는 1년간 콜레주드프랑스 강의를 하지 않았지만 이 시기, 권력-공간에 대한 그의 지속적인 관심을 암시하는 두 편의 대담이 있다. 하나는 벤담의 판옵티콘에 관해 논의한 「권력의 눈」이다. 여기서 푸코는 『감시와 처벌』에서 집중적으로 다룬 판옵티콘이 근대 규율권력의 분석에서 갖는 중요성을 설명하며, '권력의 역사'라는 관점에서 '공간의 역사'를 써야 한다고 주장한다. 『지식의 의지』와 관련하여 가진 또 다른 대담에서 푸코는 1973년 강의 이래 종종 써왔던 장치dispositif 개념을 정의하면서 그 안에 건축적 요소를 포함시킨다. 『지식의 의지』가 설정한 연구 대상은 바로 19세기에 부상한 섹슈얼리티 장치였는데, 이는 "담론, 제도, 건축 정비, 규제 결정, 법률, 행정조치, 과학적 언표, 철학적·도덕적·박애주의적 명제들을 포함하는 매우 이질적인 총체로서, 한마디로 언어적인 것dit과 비언어적인 것non-dit의 총체"라는 것

---

65   S. Elden, "Strategy, Medicine and Habitat—Foucault in 1976," J. W. Crampton & S. Elden(eds.), *Space, Knowledge and Power—Foucault and Geography*, Farnham/Burlington, Ashgate, 2007, pp. 73~75.

이다.[66] 이처럼 장치를 비단 '담론적인 것'만이 아닌 '물질적인 것'과 '기술적인 것'까지를 포괄하는 상이한 요소들의 복합체로 규정하면서, 푸코는 건축과 공간 문제에 대한 계보학적 접근의 개념적 통로를 열어놓는다.

안전장치와 인구, 그리고 도시 문제

1978년 푸코는 "안전, 영토, 인구"라는 제목 아래 콜레주드프랑스 강의를 재개한다. 이 강의는 〈"사회를 보호해야 한다"〉의 후반부에서 논의한 생명권력의 문제와 연속선상에 있었다. 푸코는 "인간이라는 종의 근본적으로 생물학적인 요소를 정치, 정치적 전략, 그리고 권력의 일반 전략 안으로 끌어들이는 메커니즘의 총체"로 생명권력을 정의하고, 18세기 이래 근대 서구 사회에서 그 구체적인 작동 양상을 연구하려는 목표를 제시한다.[67] 〈안전, 영토, 인구〉는 생명권력의 한 축으로서 '안전 메커니즘'에 주목한다는 점, 그리고 생명권력에서 통치성으로 주제가 이동한다는 점에서 특징적이다. 이 강의를 통해 푸코는 근대 서구 사회에서 권력기술의 변화가 도시

---

66   M. Foucault, "Le jeu de Michel Foucault (1977)," *Dits et écrits*, III, Paris, Gallimard, 1994, p. 299.

67   미셸 푸코, 『안전, 영토, 인구』, 오트르망 옮김, 난장, 2011, p. 17.

문제와 어떻게 얽혀 있었는지에 관한 자기만의 시각을 명확히 드러낸다.

먼저 이전의 생명권력 논의에서 나온 적 없는 새로운 개념인 안전 메커니즘은 그 내용과 기능상 인구 층위에 대응한다는 점에서 〈"사회를 보호해야 한다"〉의 조절 개념과 등가적 위치에 있는 것으로 보인다. 이때 안전은 위험의 완전한 제거나 결여 상태를 뜻하지 않는다. 그것은 지속적인 과정으로, 인구 전체의 수준에서 계측되는 위험의 적절한 관리와 제어를 목표로 삼는다. 푸코는 생명권력의 주요 구성 요소로 규율과 안전 메커니즘을 들면서, 이것들이 주권-법률 메커니즘과의 긴밀한 관계 속에서 어떻게 효과를 발휘하는지 살핀다. 주권권력이 인간을 자기 의지대로 행동할 수 있는 법 권리 주체로, 규율이 주어진 과제를 수행할 수 있는 신체적·유기체적 개인으로 각각 다룬다면, 안전은 인간을 생물학적 종으로서 존재하는 개인들의 집합으로 다룬다. 예를 들면, 범죄를 둘러싼 권력의 작용은 영토 내에서 유효한 형법(금지 명령)을 기반으로 하지만, 18세기 이후로는 범죄자의 감금과 훈육, 교정 같은 규율기술, 나아가 범죄 통계와 형벌 비용의 경제학적 계산 같은 안전장치 역시 개입한다. 이 메커니즘들은 상호배타적이지 않으며, 오히려 일정하게 서로를 포함하거나 지지한다.[68] 푸코는 주권, 규율, 안전이라는 구분의 단순화된 적용과 도식적 시대구분을 최대한 경계하면서도, 동시에 18세기 이후 안전 메커니즘의 중요성이 커지고 근대 권력의 작동 방식이 변화한 현상에 주의를 기울인다.

눈여겨볼 점은 그가 그러한 현상의 중심에 '인구'와 '도시 문제'를 위치시킨다는 것이다. 푸코에 의하면, 18세기에 인구에 대한 이전과는 다른 인식과 계획, 정치적 실천 들이 출현했다. 17세기 내치학자(관방학자)와 중상주의자 들에게 인구는 국부와 국력의 토대, 즉 생산력으로서 중요했다. 그것은 규율적 통제를 통해 효율적으로 분할, 고정, 훈육되어야 할 대상이자, 주권자의 신민들로 이루어진 정치적 집합체였다. 그런데 18세기에 중농주의자들 혹은 경제학자들의 등장과 더불어 인구는 "일련의 요소로 이루어진 집합, 즉 우리가 (우연한) 사고에서조차 상수와 규칙성을 목격할 수 있고, 만인의 이익을 규칙적으로 생산하는 욕망의 보편성을 포착할 수 있으며, 그것이 의존하는 몇몇 수정 가능한 변수를 포착할 수 있는 집합"으로 여겨지게 된다.[69] 이렇게 해서 인구는 생명 존재의 일반 체제 안에 배태되어 있는 한편, 주권자의 권위적이고 계산적인 개입이 펼쳐질 수 있는 새로운 실재로 떠오른다. 인구가 '자연적 현상'이자 '기술적 관리 대상'이라는 관념이 성립하고, 그 결과 권력기술의 장에 유사-자연이 진입하는 것이다.

68   같은 책, p. 50.
69   같은 책, p. 121.

인구의 출현과 함께 제기된 법적·정치적·기술적 문제들을 고찰하면서, 푸코는 〈비정상인들〉 강의에서 다룬 바 있는 통치(술) 개념을 새로운 맥락에서 본격적으로 끌어들인다. 그에 따르면, 16세기 중엽부터 출현해 18세기 말까지 폭발적으로 확산한 통치술 논의는 그 고유한 대상을 '주권'도 '가족'도 아닌 '인구'에서 발견하고, 인구를 중심으로 돌아가는 실재의 특수한 영역으로서 '경제'를 분리해낸다. 그리하여 통치-인구-정치경제학의 연쇄가 나타난다. 인구는 국가의 소여이자 해석의 장, 통치기술의 목표로 부상하고, 정치경제학은 경제 영역에 대한 하나의 과학이자 통치의 개입술로 등장하는 것이다. 이제 푸코는 "주권, 규율, 통치적 관리라는 삼각형"이 있고, "안전장치가 바로 이 삼각형의 핵심 메커니즘"이며 "인구가 바로 이 삼각형의 핵심 표적"이라고 주장하기에 이른다.[70]

이에 더해, 그는 18세기 중엽 이래 안전 메커니즘의 확산과 정교화가 도시의 발전과 맥을 같이하는 현상이라고 지적한다. 이는 도시가 새롭고 특유한 정치경제적 문제와 통치기술의 문제를 야기했기 때문이다. 푸코에 의하면, 중세 시대에 도시는 봉건제에 입각한 영토 중심의 권력 아래 어느 정도 자치권을 행사하던 구역이자 조직이었다. 그런데 17세기 이래

70   같은 책, p. 162.

로 도시에 어떻게 주권을 행사할 것인가 하는 문제가 생겨나고, 도시를 권력 내부로 통합하기 위한 새로운 장치가 필요해진다. 전통적인 주권권력의 과제가 군주의 안녕이나 영토의 정복과 유지에 있었다면, 도시와 그 부대 현상들(식량 등의 상품 시장, 전염병 발생 장소, 반란과 폭동의 거점)은 무엇보다도 인구의 안전을 핵심 과제로 제기했다. 또 영토적 권력에서 중시했던 구획, 고정, 보호, 확장의 문제는 도시의 안전장치에서는 "이동, 교환, 접촉, 확산 형식, 배분 형식 등 매우 넓은 의미에서의 순환"의 문제로 변모했다.[71] 좋은 순환과 나쁜 순환을 가려내고, 내재적 위험성을 제거하면서 순환을 관리하고, 그 안에서 어떤 요소들을 계속 이동하게 만드는 일이 중요해진 것이다. 푸코가 보기에, 이러한 안전장치에는 주권이나 규율권력에서와 같은 수직적인 복종이나 귀속 관계가 뒤따르지 않는다. 그보다는 현실의 요소들이나 자연적·물리적 과정들이 상호 접속하고 작용해, 어떤 현상이 수용 가능한 정도로 조절되게끔 만드는 데 안전장치의 고유성이 있다. 이는 그것이 근대적 의미의 자유와의 관련 속에서만 제대로 작동할 수 있다는 뜻이기도 하다. 이로부터 "운동과 이동의 가능성, 사람이나 사물의 순환 과정으로 이해된 자유"가 "당대에 전개된 안전장치의 상관물"이라는 푸코의 주장이 나온다.[72]

71   같은 책, p. 102.
72   같은 책, p. 87.

주권, 규율, 안전이 각각 어떠한 방식으로 도시 문제를 다루는지 대비해 보면, 안전 메커니즘의 특징이 좀더 명확해진다. 우선 17세기 중반의 주권 메커니즘을 보여주는 르 메트르의 『수도론』은 주권의 소재지인 수도를 중심으로 국가를 어떻게 잘 조직할 것인지를 논한다. "주권의 정치적 효율성을 공간의 분배와 연결시키는 것"이 쟁점이었던 셈이다.[73] 한편 17세기 북유럽 지역이나 프랑스에 세워진 일련의 인공적인 도시는 규율 메커니즘을 드러낸다. 예를 들어, 리슐리외 같은 소도시는 고대 로마의 진영 형식을 본떠, 기능에 따라 분할된 다양한 크기와 모양의 공간들로 구성되었다. 이때 규율은 여러 요소의 위계적·기능적 분배를 핵심 원리로 삼고 공간을 건축화한다. 안전장치의 구체적인 특징은 18세기 낭트의 도시정비 사업 계획이 잘 보여준다. 우선 안전은 규율처럼 비어 있는 인공적인 공간이 아니라, 부지, 배수, 섬, 대기 등 자연적·물질적 소여에 관여하며, 질병, 절도 같은 부정적 요소를 최소화하고 긍정적 요소를 최대화하기 위해 확률을 동원한다. 그것은 또 도시를 구성하는 요소들의 다양한 기능을 고려하고 체계화해야 하며, 확률을 계측함으로써만 통제 가능한 무수한 유동적 요소들(배, 마차, 통행자, 도둑, 병원균 등)을 관리해야 한다.

---

73   같은 책, p. 37.

낭트 정비 계획의 사례를 통해 푸코는 안전장치가 환경 milieu을 대상으로 삼는다고 설명한다. 환경은 언덕, 하천, 습지 등 자연적인 것과 사람이나 주택의 군집 같은 인위적인 것의 총체로서, 거주자 모두에게 영향을 미치는 일군의 효과를 의미한다. 안전장치는 일련의 우연적 요소와 사건이 펼쳐지는 공간인 환경을 조절함으로써 인구를 확보하기 위해 개입한다. 이때 문제가 되는 것은 순환과 인과성이다.[74] 예컨대,

74   같은 책, pp. 48~50. 이처럼 푸코는 18세기 도시계획가와 건축가
       들이 안전을 확보하기 위해 도시 공간을 변형하고 공동체 내의
       이동성을 관리, 통제하는 문제를 논하기 위해 환경 개념을
       도입한다. 그에게 환경은 사람들의 행동에 영향을 미치기 위해
       개입할 수 있는 대상 공간으로서의 성격을 띤다. 이때 통치성은
       개별 신체를 직접 상대하기보다, 그 신체가 놓여 있는 더 넓은
       맥락인 환경을 상대한다. 그리하여 권력은 인구라는 집합체에
       속해 있으면서 지리적·기후적·물리적 거주 공간의 물질성에
       생물학적으로 구속당하는 존재인 인간 주체들에게 가해지는
       것이다. 덧붙여 과학사가 조르주 캉길렘이 1940~70년대에 걸쳐
       쓴 몇몇 텍스트에서 '환경' 그리고 '조절' 개념의 근대적 계보를
       탐구하고, 그 정치사회학적 함의를 논한 바 있다는 사실을
       지적해두자. 캉길렘과 푸코가 두 개념을 반드시 동일한 방식으로
       다루고 있지는 않다 하더라도, 푸코가 스승인 캉길렘에게
       그것들의 활용을 빚지고 있다는 점만은 부인할 수 없다. 한편
       캉길렘의 환경 개념은 기술철학자 질베르 시몽동Gilbert
       Simondon이 기술의 존재론적 분석을 위해 전유하기도 했다.
       푸코의 환경 개념 역시 도시의 물리적 공간은 물론, 스마트
       공간에까지 그 적용 범위가 확장 가능한 것으로 여겨진다. 조르주
       캉길렘, 『조르주 캉길렘의 의학론』, 여인석 옮김, 그린비, 2022 ;
       G. Canguilhem, *La connaissance de la vie*, Paris, Vrin, 1992 ; S.

인구가 밀집되면 더 많은 질병이 발생하고 그로 인해 사망자 또한 증가할 것이다. 사망자의 시신은 다시 더 많은 질병과 환자의 원인이 될 것이다. 이처럼 환경을 통해 주민들은 각 개인이나 도시 일부, 혹은 전체 주민이 만드는 사건들의 연쇄 속에서 상호작용을 하게 된다. 이런 상황에서 18세기 도시계획가들이 순환과 인과성을 중요하게 여기는 안전장치를 구성했다고 해서 놀랄 일이 아니다. 그들은 위생, 교역, 감시에 좋은 순환을 극대화하고 나쁜 순환을 감소시키기 위해 환기 시설이나 외부와 연결되는 도로 개설, 운하와 부두 활용 등의 사안을 고민했던 것이다.

한편 푸코는 전염병에 대한 도시의 대처 방식이 규율권력과 안전장치를 대비시킬 수 있는 중요한 사례라고 본다. 중세 때의 나환자 추방과 달리, 16~17세기의 페스트 퇴치를 위한 도시의 격자화된 감시 및 통제는 규율기술의 작동을 드러낸 바 있다. 그런데 18세기 이후 널리 퍼져 엄청난 치사율을 보인 전염병인 천연두의 경우는 또 다른 차원에 놓인다. 그것은 18세기 말 우두법의 발견 덕분에 거의 확실하고 전면적인 퇴치가 가능해졌다. 적은 비용으로 인구 전체에 적용할 수 있

<hr>

DeCaroli, "Foucault's *Milieu*," *Ex-position*, n. 45, 2021, pp. 117~40; 질베르 시몽동, 『기술적 대상들의 존재 양식에 대하여』, 김재희 옮김, 그린비, 2011, 2장; 마크 안드레예비치, 『미디어 알고리즘의 욕망』, 이희은 옮김, 컬처룩, 2021, 특히 2장과 5장 참조.

는 경험적인 기술인 예방접종은 병자와 일반인을 분리하지 않고 인구로서 총체적으로 고려한다. 이제 중심 과제는 물리적인 배제와 격리가 아니라, 수학과 통계학에 기반한 확률 계측으로 인구 차원의 개연적 발병률과 사망률, 접종 위험도를 추정하고 의료캠페인을 통해 접종률을 높이는 일이 된다.

이렇게 볼 때, 규율권력과 안전장치는 여러 면에서 대조적인 속성을 지닌다. 첫째, 규율이 구심적이라면, 안전은 원심적이다. 즉 규율은 폐쇄적인 공간을 중심으로 사람들을 집결시키고 분리한다. 반면 안전은 시장이 그렇듯, 점점 거대해지는 회로를 조직하거나 자연스럽게 발전하도록 내버려둠으로써 온갖 행위자들을 통합하고 외부를 향해 계속 확장한다. 둘째, 규율이 규제한다면, 안전은 방임한다. 안전장치는 자연적 적응을 가능하게 하고 또 촉진하는 조절 형태로서 '자유방임'을 적극적으로 구현하는 것이다. 이처럼 안전은 통제 메커니즘 안에 자유를 통합시키는 통치 전략이다. 셋째, 규율이 허용과 금지, 의무화의 질서에 기대는 데 반해, 안전은 있는 그대로의 현실에 근거한 기능과 조절에 달려 있다. 즉, 안전은 외부로부터 부과되는 규정과 명령에 의해서가 아니라, 어떤 문제나 사태의 내적 조건들에 대한 관리와 제어를 통해 얻어진다. 그것은 시간의 흐름에 따라 체계가 항상성을 회복하고 균형 상태로 되돌아가도록 작용하는 과정이다. 넷째, 규율이 규범화 권력이라면, 안전은 정상화 권력이다.[75] 규율 체계는 특정한 규범에서 출발하며, 그에 따라 행해진 훈육의 결과를 비교한 뒤에 정상과 비정상의 분할에 도달한다. 반면 안전장치에서는 다양한 현상의 상이한 정상 곡선들에 대한 파악, 정상과 비정상의 포착이 먼저 이루어지고, 이러한 분포가 규범으로 이용된다. 정상성에 대한 지식이 구성되고 나서야, 그로부터 조작적인 기능을 수행할 규범이 연역되는 셈이다.[76]

푸코 권력론의 진화라는 측면에서 볼 때, 〈안전, 영토, 인구〉 강의는 생명권력의 확장적 재정식화의 과정을 드러낸다고 말할 수 있을 것이다. 푸코는 권력에 대한 법적·주권적 개념이 갖는 한계를 주시하면서, 이를 보완하기 위해 17~18세기에 걸쳐 발전한 규율권력 개념을 덧대어 놓은 바 있다. 자본주의적 생산력 발달에 조응하는 이 미시권력은 일차적으로 개인에 작용하는 것이었다. 그런데 18세기 서구 사회는 단지 규율권력의 성장만 경험했던 것이 아니다. 그 당시에 출현한 인구 현상과 이를 대상으로 한 새로운 권력 메커니즘을 간파한 푸코는 생명정치, 조절 같은 용어로 그것을 기술하다가 1978년 강의에 이르러서는 안전장치라는 개념으로 분석한다. 즉 생명권력은 개인을 상대하는 규율-개별화의 메커니즘

---

75   프랑스어로는 모두 'normalisation'으로 표기하는 '규범화'와 '정상화'의 뉘앙스를 구분하기 위해 푸코는 이전까지의 용례에서 벗어나, 'normation'이라는 신조어로 '규범화'를, 'normalisation'으로는 '정상화'만을 지칭한다. 같은 책, pp. 91~92.

76   같은 책, pp. 81~85, 93~101.

       옮긴이의 말

과 인구에 대응하는 안전-전체화의 메커니즘을 양대 축으로
삼는다는 것이다. 하나 유의해야 할 것은 생명권력을 이루는
규율과 안전의 메커니즘이 영토를 대상으로 하는 주권-사법
권력과 결코 상호 배타적이지 않다는 점이다.

　　주권, 규율, 안전은 그 역사적 태동 시기와 기술 발달의
계보상 분명한 차이를 지니지만, 그렇다고 각각의 유형이 특
정한 시대에 귀속된 것도, 한 유형에서 다른 유형으로 이행하
거나 대체된 것도 아니다. 그것들은 18세기 이후 유럽 사회에
서 작동하기 시작한 근대적 권력 관계망의 복합적·다층적 양
태에 대한 이념형적 구분에 가깝다. 당연히 특정한 역사적 맥
락이나 국지적 상황 속에서 하나의 권력 유형이 우세하게 기
능하는 양상이 펼쳐질 수 있겠지만, 원칙적으로 주권, 규율,
안전의 상이한 원리와 실천 들은 다양한 통치 지형 위에서 상
호 결합해 중첩적으로 작용한다고 보아야 할 것이다. 규율-
안전의 병립 체제로 생명권력 개념을 다시 정의하면서 푸코
는 인구통계학, (정치)경제학 등의 형성과 발전이 안전장치
를 어떻게 구성하고 지원하는지 논한다. 권력-지식에 대한
이 같은 그의 변함없는 관심은 권력-공간에 대해서도 동일
하게 나타난다. 다만 푸코가 개인을 겨냥하는 규율권력을 분
석할 때는 특정한 제도 내 개별 신체가 위치하는 건축물 또는
단위 공간(감옥, 병원, 공장, 학교, 수도원, 병영 등)을 주로
문제시하는 데 비해, 인구를 겨냥하는 안전장치를 논의할 때

는 도시 전체를 주된 고려대상으로 부각한다는 사실은 특기해둘 만하다.

통치성 이후

〈안전, 영토, 인구〉 강의 초반 인구 문제의 중심적 지위를 재확인한 푸코는 곧 '통치성gouvermentalité의 역사'야말로 자신이 진정으로 연구하고 싶은 것이라고 말하면서, 강의 주제를 생명권력에서 통치성으로 조정한다. 다소 급작스러웠던 이 방향 전환은 푸코 철학에서 새로운 국면의 전개를 알리는 일종의 신호탄이기도 했다. 처음에 그는 핵심 표적은 인구이고 정치경제학적 지식에 의존하며 안전장치를 기술적 도구로 활용하는, 18세기에 정비된 권력 체제로 통치성을 정의하였다. 그가 보기에, 중세의 사법국가는 15~16세기에 행정국가로 변모하여 차츰 통치의 권력 형식을 구축하는 과정을 밟아왔으며, 일련의 고유한 장치와 지식을 발전시킨 통치성은 결과적으로 서구 사회 전역에서 주권이나 규율보다 우위를 차지하게 되었다는 것이다.[77] 통치성에 대한 이러한 정의는 그가 인구를 대상으로 한 생명권력의 분석을 심화하기 위해 국

77   같은 책, p. 163.

가에 관한 탐구를 피해 갈 수 없었고, 그 과정에서 통치(술) 개념을 매개로 권력의 일반 경제를 재구성하게 되었음을 암시한다.

이는 푸코 권력론의 전체적인 구도 안에서 이중적인 의의를 지닌다. 우선 푸코가 국가 문제를 본격적으로 공략하게 되었다는 점은 그 자체로 매우 의미심장한데, 그것이 오랫동안 '권력의 미시물리학'이라는 기획의 맹점 내지는 약한 고리로 여겨져왔기 때문이다. 나아가 통치(술)가 권력 분석에서 지니는 역사적인 동시에 철학적인 핵심 개념으로서의 가치 역시 간과할 수 없다. 그것은 개개인의 관계 수준에서 행사되는 규율 메커니즘으로부터 정치적 주권의 수준에서 사회 전체의 인구를 관장하는 안전장치에 이르기까지 다양한 층위의 권력기술과 실천 들을 일관된 용어와 논리에 따라 분석할 수 있게 해준다. 달리 말하자면, 통치를 개념적 사다리 삼아 권력의 미시물리학에서 거시물리학으로의 단절 없는 이행이 가능해진 것이다.

강의에서 푸코는 자신이 규율권력을 연구했을 때와 마찬가지 방식으로, 근대 국가에 대한 계보학을 수행하겠다고 천명한다. 그러한 작업은 무엇보다도 '제도' '기능' '대상'의 외부로 나아가는 운동으로 특징지어진다. 규율권력의 계보를 추적하면서 그는 정신병원이나 감옥의 구조와 제도 자체에서 출발하지도, 실제적이거나 이상화된 기능들에 근거하지도, 또 광기, 비행 같은 정형화된 행동 유형을 대상으로 삼지도 않았다. 오히려 그는 제도에서 권력 관계를 추출해 이를 총체적인 테크놀로지라는 각도에서 접근하고, 기능이 아닌 전략적 분석 안에서 검토하고, 고정된 대상에서 탈피해 지식 영역의 유동적인 구성을 주시하고자 했다. 이제 푸코는 동일한 방법에 의거해 국가를 교류, 간섭, 지지, 중개, 동맹, 충돌 등으로 이루어진 일반적인 권력 관계망 속에서 분석하려는 의도 아래 통치와 통치성 개념을 소환한다. 이는 국가를 어떤 실체로 상정하지 않고, 권력의 효과이자 역사적 사건으로서 파악하기 위한 것이다.[78]

우선 그는 서구에서 국가의 통치화 현상이 발생할 수 있었던 출발점을 추적하기 위해 그리스도교의 교회 제도를 통해 들어온 사목권력pouvoir pastoral에 주목한다. 역사적으로 사목은 개별적인 동시에 집단적인 차원에서 인간을 일생에 걸쳐 특정한 방향으로 인도하는 기술이었다. 그것은 구원, 법, 진실과 관련해 고유한 절차를 발달시킴으로써 특수한 주체 구성의 양식으로 작동했다. 이러한 사목을 특징짓는 일련의 기술과 절차는 그리스어로 오이코노미아 프수콘oikonomia psuchôn, 즉 영혼 관리술이라고 불렸다. 이에 대응하는 프랑스식 번역어를 활용해 푸코는 사목을 "품행의 인도conduite de la

---

78   같은 책, pp. 168~73.

conduite"로 간단히 정의하고, 그것을 "인간의 품행을 목표로 삼는 권력" "인간을 인도할 수 있게 하는 방법을 도구로 삼고, 인간이 스스로를 이끄는 방식과 행동하는 방식을 표적으로 삼는 권력"이라고 설명한다.[79]

사목이 교회 내에서 인간의 통치를 겨냥해 발전한 제도였다면, 16세기 이후로는 교회 외부에서도 그러한 통치의 기술과 실천이 발전하기 시작하고, 이 현상은 사적 영역—어떻게 자신을, 아이를, 가족을 인도할 것인가—뿐만이 아닌, 공적 영역—주권자의 권력 행사가 어떻게 인도의 임무를 이어받을 수 있는가, 어떻게 신민을 인도할 것인가—까지 포괄하기에 이른다. 세속적 삶에서 품행에 대한 관심과 통치술이 증식하는 한편, 주권자의 새롭고 특수한 임무로서 통치가 발전하게 되었던 것이다. 푸코는 "다층적이고 다양한 절차에 입각해 차츰차츰 형성되어가고, 마찬가지로 점차 응결되어 특정한 효과를 만들어내는 이 모든 권력 관계, 이런 통치의 실천에 입각해 국가가 구축"된다고 주장하며, "국가는 통치의

---

79   같은 책, p. 269. 푸코는 '품행/인도conduite'라는 용어가 여러 겹의 의미를 지닌 덕분에 권력 관계에 내재하는 특수성을 잘 포착할 수 있게 해준다고 주장한다. 푸코에 의하면, 그것은 "타인들을 (어느 정도 엄격한 강제의 메커니즘에 따라) '지도하는' 행동인 동시에, 어느 정도 열린 가능성의 장 안에서 행동하는 방식"이다. 따라서 "권력 행사는 품행을 인도하고 개연성을 조정하는 데 있다." M. Foucault, "Le sujet et le pouvoir(1982)," *Dits et écrits*, IV, Paris, Gallimard, 1994, p. 237.

돌발 사건에 불과"하다고 단언한다.[80] 근대 국가의 출현은 중세, 르네상스의 전통에서 거대한 우주론적 신학의 틀 안에 새겨진 자연적 질서였던 통치에 거대한 단절을 가져왔다.

〈안전, 영토, 인구〉와 다음 해 후속 강의인 〈생명정치의 탄생〉에서 푸코는 통치, 통치성, 통치술, 통치 합리성과 같은 용어들을 활용하며 근대 국가의 계보학을 실행하고 '통치성의 역사'를 탐구해나간다. 주의할 점은 그 용어들이 엄밀하게 구분되어 쓰이지는 않았다는 것, 그리고 원래 역사적으로 명확히 규정된 의미를 지녔던 통치성 개념이 강의가 진행되어가면서 점차 일반적이고 추상적인 의미로 변화했다는 것이다. 푸코에게 통치는 '개인의 품행을 형성, 지도하거나 그에 영향을 끼치려는 활동 유형'을, 통치술은 '통치의 방식과 기술, 절차'를 뜻하는 한편, 통치성(또는 통치 합리성)은 대체로 '통치 실천의 성격에 관한 사유 체계'이자 '미시권력에 내재하는 특유의 합리성'으로서, '근대 국가의 형성을 기층에서 지원하는 통치기술'을 가리키는 것으로 보인다. 이러한 개념들은 무엇보다도 국가 문제와의 연관성 아래 권력 관계의 전략적 장을 획정할 수 있게 해주는 기능을 지닌다. 그리하여 푸코는 16세기 후반 17세기 초의 국가이성 원리와 18세기의 자유주의가 단순히 정치경제에 관한 교리 체계로서가 아니

---

80   미셸 푸코, 『안전, 영토, 인구』, p. 346; M. Foucault, "Le sujet et le pouvoir(1982)," pp. 229~30도 참조.

라, 통치술과 연관된 특수한 사유 양식으로서 근대적 통치성의 역사에 가져온 근본적인 전환을 상세히 분석한다.[81] 이러한 논의는 18~19세기 초의 고전적 자유주의, 19세기의 신고전적 자유주의(또는 질서자유주의), 제2차 세계대전 이후의 독일, 프랑스, 미국의 신자유주의를 다루는 1979년 〈생명정치의 탄생〉 강의에서도 계속 이어진다. 여기에서도 자유주의는 시장을 통치의 공간이자 모델로 설정하는 통치기술이자, 시장 기능의 역사적 변화와 더불어 그 유형 또한 변모하는 통치 합리성으로 나타난다.[82]

1970년대 말 생명권력에서 통치성으로의 중심 이동은 궁극적으로 푸코가 권력이라는 철학적 주제를, 통치의 개념과 문제 틀을 통해 재정식화하는 계기를 마련했다고 해도 과언이 아닐 것이다. 일단 푸코는 통치성의 역사가 "타인들을 인도하기 위해 작동하는 절차에 저항하는 투쟁"인 대항품행 contre-conduite의 역사와 떼려야 뗄 수 없이 얽혀 있다는 사실

---

81   미셸 세넬라르, 「강의 정황」, 『안전, 영토, 인구』, pp. 526~29; 콜린 고든, 「통치합리성에 관한 소개」, 콜린 고든 외 엮음, 『푸코 효과—통치성에 관한 연구』, 이승철 외 옮김, 난장, 2014, pp. 13~84.

82   미셸 푸코, 『생명관리권력의 탄생』, 오트르망 옮김, 난장, 2012. 잘 알려져 있듯, 『안전, 영토, 인구』와 『생명정치의 탄생』에서 푸코가 제시한 탐구 방향은 1990년대 이후 신자유주의 통치성 연구의 광대한 영역을 열었다.

을 확인한다.[83] 이는 그가 "권력이 있는 곳에 저항이 있다"는 『지식의 의지』에서의 유명한 테제를 역사적으로나 논리적으로 좀더 정련하게끔 이끌었던 것으로 보인다. 〈안전, 영토, 인구〉에서 푸코는 대항품행의 역사적 사례로 사목의 제도화 과정에서 출현한 수덕주의, 대안적 공동체, 신비주의, 성서로의 회귀, 종말론적 신앙이라든지, 근대적 통치성 체계에 대한 도전으로 등장한 종말론, 반란과 혁명, 지식의 국가 독점에 대한 거부 등을 든다. 통치성과 대항품행의 거의 상호 구성적이라 해도 좋을 긴밀한 관계는 통치성에 대한 저항에서 "정치의 다층적 기원"을 발견할 수 있게 해줄 뿐만 아니라, 권력을 '주체의 자유'와의 관계 속에서 새롭게 정의하도록 해준다.[84]

통치라는 행위가 그 대상이 타자를 향할 때는 '권력의 행사'이지만, 자기 자신에게 향해질 때는 '윤리의 실천'이 된다는 점 역시 주목을 요한다. 그것은 권력의 분석학과 주체의 윤리학을 관통하고 또 연결하는 중개 개념으로 기능할 수 있다. 그러니 통치성에 대한 관심을 매개로 푸코가 타인의 통치에 관련된 정치의 문제에서 자기의 통치와 관련된 윤리의 문제로 나아간 것이 그리 이상한 일은 아니다. 〈안전, 영토, 인구〉와 〈생명정치의 탄생〉에서 그가 타자를 겨냥하는 권

83   미셸 푸코, 『안전, 영토, 인구』, p. 285.
84   콜린 고든, 「통치성과 정치의 계보학」, 『푸코 효과―통치성에 관한 연구』, pp. 432~36.

력 테크놀로지로서의 통치성에 대해 연구했다면, 1980년 이후의 모든 콜레주드프랑스 강의―〈생명체들에 대한 통치〉(1980), 〈주체성과 진실〉(1981), 〈주체의 해석학〉(1982), 〈자기와 타자들에 대한 통치〉(1983), 〈진실의 용기―자기와 타자들에 대한 통치 Ⅱ〉(1984)―와 저서『성의 역사 2―쾌락의 활용』(1984),『성의 역사 3―자기에의 배려』(1984)에서는 스스로 자신을 인도하고 구성하는 테크놀로지로서의 통치성을 탐구하기에 이른다. 푸코의 철학적 삶에서 흔히 '고대로의 회귀'로 일컬어지는 이 시기에 그는 자기의 통치로서 윤리 문제를, 아마도 그것이 권력에 대한 비판과 투쟁의 원천이라는 문제의식 속에서 몰두했던 것으로 보인다.

푸코가 1982년에 발표한「주체와 권력」은 그의 권력 개념이 통치성 연구와 함께 새로운 정교화 단계에 들어섰다는 점을 뚜렷이 확인시켜주는 논문이다. 이 글에서 그는 자신이 말하는 권력이 통치의 질서에 속한다고 단언한다. 이때 통치는 16세기에 지녔던 아주 넓은 의미, 곧 "개인이나 집단의 품행을 지도하는 방식" "다른 개인들의 행위 가능성에 작용하려는 목표를 지닌 다소간 숙고되고 계산된 행위 양식"을 가리킨다. 이처럼 정의된 권력 관계를 구성하는 필수요인은, 푸코에 의하면, '행위 주체로서의 타자,' 그리고 '가능한 대응과 반작용의 장'이다. 한마디로, "권력은 '자유로운 주체들'에 대해서만, 그들이 '자유로운' 한에서만 행사된다"는 것이다. 그가 보기에, 사회 관계 속에 편재하는 권력은 행위자로서 주체의 역량과 자유를 전제하며, 불확정적인 실천들의 가능성을 바탕으로 작동하는 전략적 게임이다.[85] 이것이 바로 1984년 세상을 떠난 그가 생애 마지막 단계에서 다다른 권력의 개념화 방식이었다.

자유의 실천과 공간의 전유

그렇다면 통치로서의 권력 이해는 권력-공간에 대한 논의에 어떤 변화를 가져왔을까? 이와 관련해 먼저 지적해두어야 할 것은 푸코에게서 '자기의 통치'라는 윤리학적 문제설정이 사유의 중심을 차지하고, 『성의 역사』 프로젝트의 변경과 함께 역사 연구의 초점이 근대에서 고대로 이동하면서 권력-공간에 대한 논의 또한 잦아들게 된다는 사실이다. 1980년대의 저작은 물론 강의에서도 공간에 대한 명시적인 언급 자체가 거의 나타나지 않는다. 푸코가 언제나 권력과의 연계 속에서 공간을 논해왔던 점을 고려한다면, 이는 어느 정도 자연스러운 일이기도 하다. 하지만 윤리학으로의 전환(혹은 확장)과 더불어 권력-공간의 분석이 실질적으로 자취를 감춘다고 해서,

---

85   M. Foucault, "Le sujet et le pouvoir(1982)," p. 237.

그가 공간을 둘러싼 사유의 시도를 완전히 내팽개쳤다고 섣사리 단정 지을 수는 없다. 이러한 관점을 뒷받침해주는 몇가지 근거가 있다.

먼저 1978년 4월 〈안전, 영토, 인구〉의 마지막 강의를 남겨놓고 영국 연구자들과 가진 인터뷰에서 푸코는 자신이 대문자 권력에 관해 말하거나 권력 그 자체를 정의하는 대신, 구체적인 권력 실천과 메커니즘을 분석한다고 설명한다. 즉 그가 "건축, 공간적 배치, 규율기술, 훈련 양태, 감시 형식"과 같이 "항상 정확히 의사, 의학 지식, 의료 기관 등의 형태 속에 구현되고, 광기, 질병, 비이성 등에 대해 행사되는 이성을 연구"한다는 것이다. 이는 범박하게 말하자면, "사람들을 통치하기 위해 투입되는 실천들, 즉 그들에게서 특정한 품행의 방식을 끌어내기 위해 이용되는 실천들은 무엇인지를 연구"하는 일이다."[86] 이처럼 푸코는 권력 혹은 통치성과의 관계 속에서 건축과 공간을 자신이 설정한 구체적인 연구 대상의 일부로 확고히 통합하려는 의지를 내비친다.

이 인터뷰 직후 일본을 방문한 푸코는 거의 한 달 가까이 체류하면서 여러 차례 강연과 대담을 갖고, 정신병원과 감옥을 방문하는 등 다양한 활동을 벌인다. 그는 이때 가진 한 대

---

86   C. Gordon & P. Patton, "Considerations on Marxism, Phenomenology and Power—Interview with Michel Foucault, Recorded on April 3rd, 1978," *Foucault Studies*, n. 14, 2012, p. 105.

담에서 공간을 둘러싼 그간의 관심을 다음과 같이 정리한다. 그러니까 "'공간'이 어떻게 '역사'의 일부를 이루고 있었는가를 이해하는 것," "어떻게 하나의 사회가 자신의 공간을 정리하고 거기에 힘의 관계를 써 넣었는가 하는 문제," 구체적으로는 "16세기 이래로 발전해온 자본주의 사회에서 어떻게 새로운 사회적 공간 질서가, 즉 사회적·경제적으로 공간을 배분하는 방법이 어떻게 성립했는가를 보는 것"이 자신에게 중요했다는 것이다.[87] 나아가 푸코는 복수의 역사, 복수의 지속, 복수의 시간이 중첩하고 교차하면서 사건이 발생하듯이, 결코 유럽이 공간의 전부가 아니며, 우리는 다형적 공간들 속에서 살고 있다는 자각을 새삼스레 토로한다. 일본 방문이라는 발화의 맥락과도 무관하지 않을 이러한 언급은 그가 겨냥하는 역사 분석의 대상이 "유럽 공간 내부에서의 제국주의적인 식민화"라는 표현으로 이어진다.[88] 이때의 '제국주의'는 물론 자본주의의 역사적 발전 형태를 지칭한다기보다는 일종의 은유로 사용된 것이다. 즉 푸코 자신의 관심은 (특정한 범주의) 개인들에 대한 다양한 지배 형태가 어떤 식으로 구축되었는지, 그것이 특히 근대 서구 사회에서 어떻게 작동할 수 있었는지 탐구하는 데 있다는 말이다. 같은 대담에서 그는 근대 사회로의 이행을, '추방'과 연계된 외부 공간이 사라지고

87   미셸 푸코·와타나베 모리아키, 「철학의 무대」, p. 27.
88   같은 글, p. 34.

모든 공간이 내부화, 안정화, 조직화, 분화되며 '감금'이 표상하는 신체적 규율의 강화를 초래하는 과정으로 묘사한다.[89] 이러한 맥락에서 특히 군대는 그 자체 고유한 규율 공간으로서뿐만 아니라, 도시나 사회 공간의 조직 모델로서 주목할 만한 가치를 지닌 것으로 언급된다.[90]

89 푸코에 따르면, 고대 그리스 로마 사회에서는 배제를 위해 '추방'의 메커니즘이 작동했고, 이는 주위에 '외부'와 '부정한 것'이 존재하고 있었기 때문에 가능했다. 자립적인 도시국가들의 바깥에는 늘 야만인이 있었고, 삶과 공간의 다형성과 다의성이 살아 있었다. 중세에 이르기까지 공간은 활발한 이동과 불안정성으로 특징지어졌다. 그런데 16세기 말 17세기 초에 걸쳐 국가, 그리고 유럽이 하나의 정치경제적 실체로 나타나고 인구가 증가하면서, 공간의 조직 또한 이루어진다. 도시의 편성, 사유제 확립, 감시 방식의 발달, 도로망의 확충과 정비가 일어나면서 각 국가와 유럽의 내부 공간은 점차 안정되고 분화되기 시작한다. 또한 병자, 빈민, 광인이 들어가야 할 공간이 정해지고, 부자와 빈민의 거주지, 위험하고 불결한 구역이 구분되는 등, 다양한 공간이 고정되고 제도로서 확립된다. 그 결과, 중세까지 계속되었던 추방 대신에 이제 '감금'이 배제 공간으로 자리 잡는다는 것이다. 공간의 역사에서 이러한 변화는 시대와 사회에 따라 공간이 다르게 배분되고 그 가치가 다르게 결정되는 예를 보여준다. 미셸 푸코·와타나베 모리아키, 「철학의 무대」, pp. 28~29. 배제 공간이라는 렌즈를 통한 '추방'과 '감금'의 대비는 〈비정상인들〉과 『감시와 처벌』에 나타난 나병 모델과 페스트 모델의 대조와 연속선상에 놓인다.

90 푸코에 의하면, 근대 이전 유럽은 군사 국가로서 성립한 적이 없었고, 사회가 군대를 모델로 조직되지도 않았다. 그런데 17세기가 되면 상비군이 생겨나고, 이중적인 공간화의 요구가 대두한다. 즉 주둔지 설정이 필요해지는 한편, 각종 무기의 조작과

1978년의 이 두 인터뷰는 사실 푸코가 통치성 개념이나 주체의 자유 문제를 본격적으로 심화시키기 이전의 권력-공간에 대한 이해를 정리한 수준에 머물러 있는 듯 보인다. 예외적인 텍스트가 1982년 인류학자 폴 래비나우와 가진 대담이다.[91] 여기서 푸코는 사회적 삶과 권력 행사에서 공간이 근본적이라고 주장하면서, 규율과 고백의 권력기술이 건축과 맺는 밀접한 관계를 재확인한다. 그는 또 18세기 유럽에서 건축과 도시가 새롭게 지니게 된 중요성을 일깨운다. 푸코가 보기에, 이는 내치police라는 통치 합리성의 형성에 수반해 일어난 현상이었다. 내치는 원래 도시의 평안을 보장하기 위한 조절 일체를 가리켰다. 17~18세기 정치이론가들은 종종 도시를 모델로 삼아 왕국의 영토를 인식했는데, 그에 따라 내치

그에 맞는 진영의 구성, 대열의 배치와 이동 등이 중요해지는 것이다. 이에 따라 영토 내의 군대 배치와 작전상의 공간 배치가 엄밀한 고찰 대상이 되고, 군대식 규율 또한 출현한다. 푸코가 보기에, 군대는 이렇게 해서 하나의 공간적 모델로서 부상했다. 그 결과, 르네상스 이탈리아, 17세기의 독일과 스웨덴에서는 진영의 격자형 분할이 도시의 모델을 제공했다. 또 18세기에는 나폴레옹 제국이나 프로이센 국가에서 보듯, 군대를 모델로 사회 전체를 구성하려는 시도 또한 나타났다. 미셸 푸코·와타나베 모리아키, 「철학의 무대」, pp. 34~35.

91 이 대담은 원래 푸코의 공간론을 개괄하는 래비나우의 공저 논문과 함께 건축 저널 『스카이라인』에 실린 바 있다. G. Wright & P. Rabinow, "Spatialization of Power—A Discussion of the Work of Michel Foucault," *Skyline*, mars 1982, pp. 14~15.

의 관념은 영토 전역에 적용 가능한 원리로 자리 잡을 수 있었다. 도시가 국가 전체에 일반화할 수 있는 문제들을 개관하고, 합리적 해결책을 제공하는 모델로 부상했던 셈이다. 이러한 관점에서 효율적인 국가 통치의 관건은 도시에서 작동하는 엄격한 내치 체계를 전 영토에 확장하는 일이었다. 18세기 이후 인간의 통치술로서 정치를 다루는 모든 담론은 도시계획, 집합시설, 위생, 건축에 관한 내용을 포함하게 되었고, 공간 문제는 '영토의 도시화'라는 차원에서 각별한 중요성을 확보하였다.[92]

그런데 푸코에 의하면, 18세기 후반 정치 사상이 '사회'라는 관념을 발견하면서 통치성 또한 변화한다. 국가는 더 이상 물리적인 영토에 의해서가 아니라, 사회적 지리, 인구, 경제와의 관계 속에서 정의되었다. 통치는 영토, 영지와 신민들뿐만 아니라, 특유의 법칙과 작용-반작용 메커니즘을 갖는 복잡한 독립적 실재로서 사회를 상대하게 되었다. 이후 발전하는 통치 합리성의 중심에는 도시나 영토가 아닌, 사회가 자리 잡는다. 문제는 그 자체 자율성을 갖는 실재로서의 사회가 내치에 의거해 효과적으로 조직하고 통제할 수 있는 대상이 아니라는 점이다. 그 결과, 푸코에 따르면 내치의 발상은 포기되고, 자유주의의 합리성이 대두한다. 과도한 통치가 때

---

92   미셸 푸코, 「공간, 지식, 권력—폴 래비나우와의 인터뷰」,
      『헤테로토피아』, pp. 65~66. [개정판: pp. 70~71].

로 기대와 정반대의 결과를 초래할 수 있는 상황에서 최대한 개입 없이 사태를 유리하게 끌고 가려면, 통치 행위를 어떻게 제한해야 하는가 하는 질문이 솟아났던 것이다. 같은 맥락에서 사회의 고유한 특성, 그 항수와 변인들에 관한 지식 또한 중요해졌다. 이는 도시를 모델로 한 내치의 통치성이 자유주의 통치성에 자리를 내주게 되었다는 의미인 동시에, 공간의 문제에서 건축이 갖는 중요성은 상대적으로 약화했다는 의미이기도 하다. 그와 함께 19세기 이래 철도와 전기 같은 신기술과 새로운 경제 과정이 발달하면서 도시공학과 건축의 한계를 훨씬 넘어서는 공간에 관한 사유가 나타난다. 또 다리, 도로, 고가, 철도 등의 인프라를 구축하는 엔지니어들, 공간 개발의 기술자들이 건축가들에 비해 훨씬 강력한 위상을 차지하게 된다.[93]

래비나우와의 대담에서 푸코는 이처럼 국가이성과 내치에 근거한 근대 초기의 통치성으로부터 자유주의 통치성으로의 이행이라는 〈안전, 영토, 인구〉의 논지를 간략히 되풀이하면서, 공간 문제와의 관련 속에서 그 대강의 함의를 살핀다.[94] 그는 공간 문제가 대체로 18세기까지는 도시와 건축

93　　같은 글, pp. 68~78. 〔개정판: pp. 73~83〕.
94　　래비나우와의 대담에서 푸코가 제시한 통치성의 시대구분이 1978년 강의에서의 논의와 다소 편차가 있다는 점을 간단히 지적해두자. 이는 통치성의 성격 전환과 그것이 공간 문제에 미치는 영향 사이에 시간적인 간격이 있기 때문일 수도 있고,

　　　　　　　　　　　옮긴이의 말

의 차원에서 중요하게 제기되었다면, 19세기에 들어서는 지역 및 국가들 사이를 연결하고 사회의 하부구조를 형성하는 테크놀로지나 커뮤니케이션 망에 연동하는 공간의 차원에서 강하게 제기된다고 주장한다. 이제 공간의 구조화에 건축가보다는 엔지니어 집단이 더 큰 권력을 행사하게 되었다는 언급 또한 이러한 맥락에서 이해할 수 있다.

이 대담에서 특히 주의를 끄는 대목은 푸코가 공간을 이용하는 주체의 자유와 실천을 역설하는 부분이다. 그는 동일한 건축물이라 하더라도 사람들이 어떻게 쓰느냐에 따라 완전히 상이한 목적에 봉사할 수 있다고 지적하면서, 19세기 후반에 세워진 파밀리스테르Familistère를 예로 든다. 대표적인

아니면 대담 장르의 성격상 푸코가 때때로 시대에 관한 명확한 언급을 생략해 생겨나는 혼란 때문일 수도 있다. 어쨌거나 강의에서 푸코는 17세기 초에 출현한 내치 국가가 18세기 전반에 비판을 받고 해체되기 시작한다고 주장한다. '정치-국가이성-내치학(관방학)과 중상주의'를 계열로 하는 통치성 체제가 '(시민)사회-자유주의-경제학과 중농주의'를 계열로 하는 체제로 대체된다는 것이다. 새로운 체제에서 국가의 통치 목표는 사회와 인구의 자연성을 존중하면서 자연적 과정이 안전하게 유지, 조절되게 하는 것이 된다. 국가의 상관물로서 등장한 시민 사회는 사람들 간의 공존은 물론 노동, 생산, 교환 관계에 존재하는 특수한 자연성을 지니는데, 이는 가격이 오를 때 그냥 내버려두면 저절로 멈춘다는 메커니즘의 자연성으로도 받아들여졌다. 푸코에 따르면, 이러한 통치 영역은 과학적 분석과 지식의 대상으로 떠오르고, 나중에 경제학으로 확립된다. 미셸 푸코, 『안전, 영토, 인구』, pp. 449~80 참조.

노동자 주거단지로 꼽히는 파밀리스테르는 유토피아적 사회주의 사상에 깊이 영향을 받은 기업가 고댕이 구축한 것이다. 푸코는 이상적인 공동체로 기획된 이 단지가 노동자들의 자유와 역량 강화를 의도한 데 반해, 그 가시성의 구조로 인해 억압적인 면모 또한 지녔다고 지적한다. 그런데 푸코가 보기에, 무엇보다 결정적인 것은 "사람들에 의한 실질적인 자유의 실천," 그리고 그러한 실천이 사회 관계, 공간, 기술 등 다양한 요인들과 맺는 관계이다.[95] 즉 특정한 공간의 의미는 건축가의 의도나 건축물의 구조 그 자체보다는, 사람들이 그 공간을 전유하는 방식에 달려 있다는 것이다. 물론 그는 이 말이 사람들을 슬럼에 내버려둔 채 알아서 자기 권리를 행사하게 하라는 식의 주장은 아니라는 단서를 단다. 자유의 실천을 가능하게 만드는 사회적 조건들이 있을 테니 말이다.

그럼에도 푸코는 "자유의 행사를 보장하는 것이 결코 사물의 구조에 내재할 수는 없다"면서 "자유의 보장책은 자유"라고 역설한다.[96] 이를테면, 노동자의 자율성을 강화하려는 목적으로 지어진 파밀리스테르는 사실 감시와 억압을 위해서도 쓰일 수 있다. 그것이 실제로 어떻게 쓰일지는 무엇보다도 공간을 이용하는 사람들, 즉 자유를 행사하는 사람들의 실천에 좌우되는 것이다. 그러므로 우리는 "건축가의 해방적

---

95   미셸 푸코, 「공간, 지식, 권력」, p. 75. 〔개정판: p. 80〕.
96   같은 글, p. 73. 〔개정판: p. 79〕.

의도가 자유의 행사 속에서 사람들의 실제 실천과 겹쳐질 때 건축이 긍정적인 효과를 생산할 수 있고 또 생산한다"고 말할 수밖에 없다.[97] 이는 건축가의 권력을 상대화하는 언명이기도 하다. 건축을 통해 나타나는 건축가의 권력은 다시 건축을 전유하는 사람들의 자유에 의해 언제나 그 효과가 매개되고 중재될 수밖에 없기 때문이다. 이러한 맥락에서 푸코는 권력 관계의 장에서 건축가가 의사나 간수, 성직자와 다른 범주에 속하며, 사람들에게 직접적인 지배를 행사하지 않는다고 덧붙인다.

이 모든 주장은 그가 자본주의 비판의 관점에서, 혹은 생명권력 분석의 관점에서 노동자 주거단지를 논했을 때와는 미묘하게 달라진 시각을 드러낸다. 이는 그가 권력을 통치로 다시 개념화하면서, 타자의 자유와 행위 능력을 적극적으로 사유하게 된 데서 비롯했을 것이다. 그리하여 푸코는 이전에 자신이 건축을 "사람들을 공간 안에 일정하게 할당하고 그들의 이동에 특정한 경로를 부여하며 사람들 간 상호 관계를 코드화하도록 보장"하는 "하나의 보조 요인"으로만 간주하면서 "아주 막연한 분석"밖에 수행하지 못했다는 반성을 내놓는다.[98] 이는 (건축과 같은) 권력기술이 인간관계에 일방적인 영향을 미친다는 결정론적 관점에 대한 자기비판이자, 특

97   같은 글, p. 74. 〔개정판: p. 79〕.
98   같은 글, p. 88. 〔개정판: p. 92〕.

정한 단일 요인의 우월성보다는 다양한 요인들 간의 연계성과 상호작용을 강조하는 입장 표명이었던 것으로 보인다.

권력-공간을 넘어서

이제 처음의 질문으로 되돌아가보자. 헤테로토피아 개념을 구체화한 1966년 라디오 강연과 1967년의 파리건축연구회 발표 이후 1984년 마침내 「다른 공간들」을 공식 출판하기까지 무슨 일이 있었나? 20년에 가까운 그 시간 동안 푸코는 권력에 대한 독자적인 개념화를 시도했고, 그와 함께 물리적·사회적 공간에 대한 자신의 시각을 계속 정련해나갔다. 개념의 다양한 변주와 방점의 이동에도 불구하고, 푸코의 권력 논의는 전체적으로 행위자들의 미시적 실천에 확대경을 들이대면서, 불평등한 권력의 작동을 관계 중심적인 시각에서 조명한다는 특징을 지닌다.[99] 이를 위해 푸코는 억압하고 금지하고 명령하는 부정적·중앙집중적 권력을 형상화하는 '법 모델'을 가차 없이 비판했다. 근대 권력의 작동 방식을 제대로 이해하려면 신체에 작용하고 지식과 쾌락을 낳는 생산적인 권력, 사회체 곳곳에 모세혈관처럼 퍼져 있는 국지적인 권

---

99   폴 벤느, 「역사학을 혁신한 푸코」, 『역사를 어떻게 쓰는가』,
      이상길·김현경 옮김, 새물결, 2004, pp. 453~507 참조.

력을 포착하는 '전쟁 모델'이 한층 적절하다는 것이다. 전자가 법, 주권 등의 개념에 기초한다면, 후자는 규범, 규율, 조절 등의 개념을 토대로 삼는다. 이처럼 권력 분석의 틀을 과감히 전환한 푸코는 이후 전쟁 모델과도 일정한 거리를 둔 통치성 개념을 새롭게 내놓는다.[100] '근대 국가의 계보학'이라는 구상과 만나는 통치성 개념은 푸코에게 그동안 전쟁 모델의 난점으로 지적받았던 국가 문제를 일관성 있게 접근할 수 있는 활로를 열어준 동시에, 권력 분석에서 주체의 윤리학으로 철학적 주제의 전환을 가져온다. 이와 함께 권력의 다양한 개념화와 나란히 펼쳐진 푸코의 공간 분석은 더 이상 명시적으로 나

100   푸코의 통치성 논의가 전쟁 모델과 완전히 단절한 채
       이루어졌다기보다, 오히려 '전쟁으로서의 정치'라는 인식이 한층
       밀도 있는 도식으로 발전한 결과라고 보는 시각에도 일리가
       있다. 김상운, 「옮긴이 해제」, 미셸 푸코, 『"사회를 보호해야
       한다"』, pp. 347~401. 이는 통치성론에 내재하는 복잡한 이론적
       결들을 환기하는데, 이러한 관점에서 전쟁 모델의 존속 못지않게,
       생명권력(정치)으로 표상되는 생물학과 정치학의 결합이 통치성
       논의에 용해되는 방식 또한 흥미로운 문제가 아닐 수 없다. 이와
       관련해서는 '통치기술'이라는 어원적 의미를 갖는 사이버네틱스가
       푸코의 통치성론과 갖는 접점에 주목한 연구가 나온 바 있다.
       S. DeCaroli, "Foucault's *Milieu*," pp. 131~34. 같은 맥락에서 우리는
       오스트리아의 생물학자 베르탈란피Ludwig von Bertalanffy가
       1960년대에 본격적으로 발전시킨 일반체계이론General System
       Theory이 통치성론에 미친 지성사적 영향에 대해서도 심문해볼
       수 있을 것이다. 이러한 탐구들은 권력 분석의 틀로서 통치성론이
       지니는 장점과 한계를 비판적으로 이해할 수 있게 해준다는
       의미를 띤다.

타나지 않는다.

1970년대 동안 푸코는 권력 문제와 씨름하는 한편, 감옥, 병원, 수도원 같은 구체적인 건축 형태로부터 군대와 같은 조직의 공간 활용, 나아가 도시계획에 이르기까지 다양한 수준의 공간 문제를 논의했다. 이 과정에서 공간을 바라보는 그만의 관점이 지닌 몇 가지 특징 또한 드러냈는데, 그것들은 대략 다음과 같이 정리해볼 수 있다. 첫째, 푸코는 권력-공간이라는 가상적 개념을 쓰기에 충분할 만큼, 공간을 미시적인 권력 관계 속에서, 권력의 작용 방식과 연결지어 파악한다. 권력은 공간을 주형하고 정의하며 또 그 내외부를 언제나 관통한다. 그러므로 공간을 연구한다는 것은 그것을 권력의 일반적인 효과와 연결하는 것이다. 둘째, 푸코에게 권력-공간은 무엇보다도 신체와의 긴밀한 연관 속에 존재한다. 공간의 정치는 신체를 특정한 장소에 분류하고 배치하거나 고정하는 문제, 나아가 공간을 일정한 방식으로 조직함으로써 거의 자동적이고 즉각적으로 신체에 통제를 가하며 그 생산성과 유용성을 향상하는 문제로 나타난다. 푸코는 특히 자본의 축적에 병행해 일어난 인간과 노동력의 축적 과정에서 권력-공간이 작동하는 양상에 각별한 주의를 기울였다. 셋째, 권력-공간은 지식 생산의 모태로 기능한다. 푸코가 분석한 권력-지식은 사실 그 안에 공간과 신체를 괄호 친 상태로 포함한다고 바꿔 말할 수도 있을 것이다. 권력은 명확한 목적에 따라

옮긴이의 말

한정된 공간 안에 신체를 기입하고, 그것을 바탕으로 정보를 생산, 수집함으로써 지식을 생산하기 때문이다. 푸코는 수용소, 병원, 감옥, 공장, 군대, 학교 등이 그 내부에 배치, 고정된 신체들로부터 정보와 지식을 추출하는 토대 역할을 하면서, 역사적으로 인문사회과학의 형성에 이바지했다는 점을 보여 준다. 넷째, 권력-공간은 고정성, 부동성을 지닌 단위 공간으로서의 속성이 두드러진다. 이는 푸코가 17~19세기에 이루어진 공간적 질서화에 주로 관심을 기울였다는 사실과도 무관하지 않을 것이다. 다만 그는 통치성 연구 과정에서 환경 개념과 18세기의 도시 순환 문제에 주목함으로써 공간 이동성 논의를 위한 영감을 제공했다.[101] 다섯째, 푸코가 권력-공간을 통해 행사되는 지배 효과를 주시했다고 해서, 공간 속 행위자들이 실천하는 자유에 아예 무심했던 것은 아니다. 권력을 통치로서 파악하는 그의 후기 관점은 권력-공간의 전유 문제에까지 분석의 시야를 확장할 수 있는 계기를 마련한다.

이 대목에서 놓치지 말아야 할 것은 푸코에게 권력-공간의 형상만 있지는 않았다는 점이다. 그의 헤테로토피아 개념은 제도화된 공간의 작동 원리와 규범, 권력 관계 너머를

---

101   카타리나 만더사이트·팀 슈바넨·데이비드 타이필드 엮음,
       『모빌리티와 푸코』, 김나현 옮김, 앨피, 2022 ; 하가르 코테프,
       『이동과 자유 ─자유주의적 통치와 모빌리티의 계보학』, 장용준
       옮김, 앨피, 2022 참조.

일깨우는 '가두어지지 않는 바깥'의 존재를 표상한다. 그런데 권력에 대한 푸코의 시각 변화를 고려하면, 한 해 간격으로 나온「헤테로토피아」와「다른 공간들」에 나타나는 내용상의 미묘한 변주는 새삼 음미할 필요가 있다.「헤테로토피아」에서 푸코는 우리가 살고 있는 다양한 장소들 가운데 "**절대적으로 다른 것**" "자기 이외의 모든 장소들에 맞서서, 어떤 의미로는 그것들을 지우고 중화시키고 혹은 정화시키기 위해 마련된 장소들" "일종의 **反**공간"[102]으로 헤테로토피아를 정의했다. 말하자면, 그것은 절대적인 타자성과 불연속성의 공간이자, 모종의 인류학적 일반성을 띠는 공간인 양 제시되었다. 그런데「다른 공간들」에서 헤테로토피아는 좀더 분명한 역사적 맥락 속에 위치 지어진다. "우리는 공간이 배치 관계의 형식 아래 주어진 시대에 살고 있다"는 전제 위에 푸코는 우리의 공간 인식이 아직도 공/사, 사회/가족, 여가/노동 등의 이분법적 대립쌍들에 의해 지배받고 있다고 지적한다. 그런데 그가 보기에, "서로 환원될 수 없으며 절대로 중첩될 수 없는 배치들을 규정하는 관계들의 총체"로서 공간은 균질적이거나 텅 비어 있지 않고, 온갖 다양한 성질로 가득 차 있다. 나아가 푸코는 다른 배치들과 모종의 관계를 맺지만 동시에 그것들에 어긋나는 "바깥의 공간espace du dehors"으로 헤테로토

---

102   미셸 푸코,「헤테로토피아」,『헤테로토피아』, p. 13.〔개정판: p. 13〕.

피아를 규정한다. "실제로 위치를 한정할 수 있지만 모든 장소의 바깥에 있는 장소들"인 이 헤테로토피아 안에서 "우리 문화 내부에 있는 온갖 다른 실제 배치들은 재현되는 동시에 이의제기 당하고 또 전도된다."[103]

역사적으로 변화하는 인류학적 공간으로서 헤테로토피아는 특정한 시대의 문화에 내재하는 경계/한계를 폭로하고 문제시한다. 그것은 기존의 제도화된 공간들 속에 각인된 위계를 교란하고 권력 관계를 불안정하게 만드는 공간이다. 규율권력과 생명권력이 지배하는 시대에 그것은 내부 아닌 외부, 정상 아닌 예외, 고착 아닌 방황, 필요 아닌 잉여, 생산성 아닌 무용성, 질서 아닌 무질서 또는 과잉질서를 시위하며 실재하는 공간이다. 유토피아와 달리 현실적인 물질성과 장소성으로 특징지어지는 헤테로토피아는 묘지, 모텔, 사창가, 휴양지, 요양원 또는 배처럼 고유한 시간, 고유한 행동 규칙과 문화적 의미를 지니는 장소이자 다소 자기폐쇄적인 공간이다. 유토피아와 권력-공간의 사이에서 그것은 사람들에게 장소의 새로운 범주, 절대적으로 다른 공간을 상상하도록 이끈다. 헤테로토피아 역시 제도화되어 현존하며 권력에서 완전히 자유로울 수는 없지만, 그 존재 자체가 발휘하는 이의제기의 기능만으로도 사람들에게 자유의 실천을 자극할 수 있다.

---

103 미셸 푸코, 「다른 공간들」, 『헤테로토피아』, pp. 44~47 〔개정판: pp. 55~57〕 곳곳.

그것은 '지금 여기'의 삶이 어떤 '구성적 외부'(노동, 생산, 젊음, 건강, 현재성, 정주성定住性, 정숙성貞淑性, 심지어 삶 그 자체의 타자)에 둘러싸여 있는지 암시하며, 그럼으로써 지금의 우리 모습이 장차 얼마나 낯선 것이 될 수 있는지, 또 우리가 우리 자신을 얼마나 변형시킬 수 있는지 일깨운다. 헤테로토피아의 착상에 힘입어 지배적 규범 바깥의 (현실) 공간을 탐색하고 그 의의를 타진했던 푸코는 오랫동안 권력-공간의 먼 길을 돌아, 새롭게 헤테로토피아 개념에 다다른 셈이다. 이는 그가 긴 시간 출판하지 않고 묵혀두었던 건축연구회 강연문을 마침내 공간할 수 있었던 이유일 것이다.[104]

104 헤테로토피아 개념의 다의성과 자유분방한 활용은 「헤테로토피아」와 「다른 공간들」의 비공식적 성격과도 결코 무관하지 않을 것이다. 이는 또 푸코의 '저작'을 어떻게 획정할 것인가 하는 훨씬 더 어려운 문제와도 연관된다. 푸코 자신이 생전에 직접 출간한 텍스트, 그가 쓰거나 말했지만 다른 저작권자(이를테면, 미국 대학)가 출판한 텍스트, 그가 (때로는 검토나 수정을 거친 후) 출판을 단순히 승인한 텍스트, 그리고 그가 공적으로 말한 내용의 텍스트(예컨대, 강의록)가 모두 푸코의 '저작'으로 여겨질 수 있을까? 이질적 텍스트들의 위상과 특성의 차이(자의에 따른 출판, 타자에 의한 출판, 출판의 단순한 승인, 공개성)를 어떻게 '저작'의 질서에 적절히 편입하고 푸코 사유의 이해와 연구에 반영할 것인지 하는 쟁점은 여전히 까다로운 것으로 남아 있다. 이러한 난점에서 (공개 강연의 구술 녹취, 두 가지 판본의 텍스트, 발췌본의 출간과 유통, 여러 차례의 무단 번역과 출판, 푸코 타계 직전의 출간 허락 등이 뒤얽힌) 헤테로토피아 관련 텍스트들 역시 예외일 수 없다. W. Parkhurst, "Does Foucault Have a Published *Œuvre*?" *Le foucaldien*, v. 6, n. 1,

마지막으로 헤테로토피아 이후 푸코가 사회 공간의 분석에 많은 관심을 쏟았지만, 권력-지식의 분석에 공간적 은유를 활용하는 그만의 스타일 역시 계속 유지했다는 점을 기억해두자. 이는 그가 줄기차게 수행한 '지식의 고고학,' 곧 '권력-지식의 관점에서 인간과학의 역사 쓰기,' 다시 말해 서양 사회에서 '인간'이 어떻게 과학의 대상이 되었는지 탐구하는 작업에서 공간이 이중적인 차원의 핵심 문제로 여겨졌다는 사실과 관련이 있다. 즉 심리학, 사회학, 범죄학, 인구통계학 등 근대 인간과학은, 한편으로는 17세기 이래 개인의 행동을 감시하고 조련하기 위한 일련의 공간기술을, 다른 한편으로는 분류법과 도표, 일람표의 작성 같은 지식의 시각화와 공간화를 역사적 기반으로 발전했다는 것이다.[105] 푸코가 『임상의학의 탄생』 이후에도 여러 저작에서 다양한 공간적 은유를 적극적으로 끌어 쓴 이유를 이로부터 이해할 수 있다. 이때 푸코의 용어들이 통상적인 수준의 지리학적인 의미만이 아닌, 정치경제학적이고 전략적인 함의를 지닌다는 점을 강조할 필요가 있을 것이다. 이러한 인식에는 그 자신이 구성하는 담론과 지식 또한 예외가 아니었다. 푸코는 자신을 담론의 전

2020, pp. 1~38.

105   미셸 푸코·와타나베 모리아키, 「철학의 무대」, p. 41과 미셸 푸코,
「공간, 지식, 권력」, pp. 90~91〔개정판: pp. 94~95〕; 미셸 푸코,
「지리학에 관해 푸코에게 보내는 질문」, pp. 121~25 참조.

장에서 장애물들을 폭파시키고 전진할 수 있게 해주는 폭약 전문가에 비유한 바 있다. 한데 그에 따르면, "폭약 전문가는 우선 지질학자이다."[106] 적절한 공격을 위해서라도 지식의 지형과 습곡과 단층을 들여다보아야 하기 때문이다. 푸코는 요새가 어떻게 구축되어 있는지, 매복이나 공격에 유리한 지세와 기복은 어디인지 면밀하게 조사하며, 어느 곳이 파 들어가기에 좋은지, 어느 부분이 견고하게 버틸지 암중모색한다. 고고학이나 계보학 같은 방법은 바로 어떤 공격이 파괴에 효과적일지를 판단하기 위한 전략의 다른 이름이다. 이처럼 그는 지식을 끊임없이 공간, 지형에 비유하며 분석하고, 자신의 작업이 수행해야 할 역할 역시 그러한 은유들을 통해 이해했다. 결국 푸코에게 권력-지식은 역사적 분석의 대상이자 정치적 저항의 대상으로서, 또 다른 의미의 권력-공간이었던 셈이다.

---

106   M. Foucault, "Je suis un artificier"(1975), R. Pol-Droit, *Michel Foucault, Entretiens*, Paris, Odile Jacob, 2004, p. 92.

이 책의 구성에 관하여

어떤 책을 번역할 때는 나름대로 이유가 있게 마련이다. 내가 푸코의 텍스트들 가운데 몇 편을 추려 『권력과 공간』이라는 편역서를 내야겠다고 마음먹었던 이유는 크게 두 가지였다. 하나는 『헤테로토피아』를 보완해줄 만한 텍스트 선집이 필요하다는 것이다. 푸코가 공간 연구에 중요한 영감을 주는 저자라면, 그것은 '반反공간' 내지 '대안 공간'으로서 헤테로토피아라는 개념을 통해서 못지않게 공간과 권력의 복잡한 관계에 대한 독창적 분석을 통해서라고 할 수 있다. 이는 『헤테로토피아』가 그 자체로 흥미로운 공간론을 담고 있지만, 공간에 대한 푸코의 시각과 접근 방식을 전체적으로 균형 있게 드러내는 책이라고 보기는 어렵다는 의미다. '그렇다면 일종의 자매서 노릇을 할 푸코의 공간 관련 텍스트 선집을 별도로 내야 하지 않을까?' 『권력과 공간』은 2014년 『헤테로토피아』 출간 이후 오랫동안 내 마음 한구석에 남아 있던 이 부담감 내지 책임감의 산물이다.

그런데 이 책을 내게 된 데는 약간 결이 다른, 또 하나의 중요한 동기가 깔려 있다. 푸코의 저작 『말과 글』에 실린 텍스트들을 활용해 특정한 주제에 맞춘 편역서를 만들어보고

싫었던 마음이 그것이다. 사후에야 비로소 전모를 드러낸 푸코의 저작은 삼층의 구조물에 비유해볼 수 있다. 그가 생전에 출판한『광기의 역사』『말과 사물』『감시와 처벌』같은 주저들—단 그 가운데『성의 역사』4권만은 예외적인 사후 출판물이다—이 꼭대기 층이라면, 푸코가 생전에 공식적으로 발표했으나 흩어져 있던 수많은 논문, 인터뷰, 기고문 등을 사후에 한데 편집한『말과 글』이 중간층, 그리고 콜레주드프랑스를 비롯한 여러 교육 기관에서 했던 강의를 푸코 연구자 집단이 정리해 계속 출간 중인 다양한 강의록이 맨 아래층을 이룬다. 이 가운데『말과 글』은 1994년 갈리마르 출판사에서 네 권짜리 초판본—이후 두 권짜리 콰르토Quarto 판본으로 재편집되었다—이 나온 지 거의 30년이 다 되어가는 현재 시점에서도 우리말 번역이 요원한 실정이다. 약 300편에 달하는 수록 텍스트의 방대한 분량, 마땅한 번역자(집단)의 부재, 그리고 다소 복잡한 저작권 사정 등이 주된 원인인 것으로 보인다. 이 번역 공백의 상황은 당연히 이해할 만하지만, 개인적으로는 못내 아쉽게 느껴진다. 푸코의 저작 전체에서『말과 글』이 차지하는 독특한 위상과 비중 때문이다.

　푸코의 주저를 한두 권이라도 접해본 사람이라면 누구나 알겠지만, 그것은 대개 전문 역사서의 외양을 띠고 있다. 이는 저서의 철학적인 논의 맥락과 함의, 비판 대상과 그 사정거리 등을 명확히 알기가 어렵다는 뜻이기도 하다. 예컨대

　옮긴이의 말

18세기 감옥 제도에 관한 『감시와 처벌』의 세밀한 역사 쓰기가 어떤 현재적 의미를 띠는지에 대해 지금의 외국 독자들은 물론이거니와, 푸코와 동시대를 산 프랑스 독자들조차 파악하기 결코 쉽지 않았다는 것이다. 이러한 사정에 대한 자의식 때문이었는지, 푸코는 주저를 출판하고 나면 그것에 관한 각종 대담, 토론, 인터뷰 등을 마다하지 않았고, 이러한 '말하기'는 그의 철학 활동을 특징짓는 하나의 독자적 장르처럼 자리 잡았다 해도 과언이 아니다. 들뢰즈가 적절히 지적한 바 있듯, 푸코의 말은 "각 저서의 역사적 문제화를 현재적인 문제의 구성으로까지 확장"하는 기능을 수행하며 전체 저작의 "불가결한 부분"을 구성했던 것이다.[1] 영미권에서 푸코 주저들의 번역 소개를 전후로 인터뷰 중심의 텍스트 선집 출판 또한 이루어지고, 그러한 선집이 종종 주저 못지않은 반향을 불러일으킨 데(대표적인 예가 1977년 『감시와 처벌』, 1978년 『지식의 의지』가 각각 영역된 이후 1980년에 출간되어 인기를 끈 선집 『권력/지식*Power/Knowledge*』일 것이다)는 그와 같은 요인들이 작용한 것으로 보인다.

이러한 시각에서 푸코가 여러 기회에 '쓴 것'들과 특히나 적지 않은 양의 '말한 것'들을 거의 집대성한 『말과 글』은 주저들이 담고 있는 현재적 문제의식과 그 확장 가능성, 논의의

---

1   질 들뢰즈, 『들뢰즈의 푸코』, 허경 옮김, 그린비, 2019, p. 194.

현실적 맥락과 개념화 노력을 선명하게 보여주는 저서로서 그 위치가 각별하다. 거기 실린 텍스트들 대부분이 상대적으로 길이가 짧고, 내용이 명료하며, 읽기 쉬운 구어체로 씌어 있다는 점 또한 주목할 만하다. 『말과 글』의 이러한 특징들은 이론을 종종 연장통에 빗대었던 푸코의 관점에도 잘 부합하기 때문이다. 그는 이론의 쓸모가 현실의 복잡한 권력 관계 안에서 그 지형을 탐색하고 공격 지점을 포착하며 모종의 저항 효과를 발휘하는 데 있다고 주장했다. 만일 그렇다면 『말과 글』의 텍스트들은 푸코가 다양한 문제 영역을 대상으로 감행한 비판적 분석과 현재적 논평, 나아가 그 이면의 이론적 시도를 명확히 드러낸다는 점에서 외국의 일반 독자에게는 특히 활용 가능성이 큰 것으로 여겨진다. 그러니까 『말과 글』에 실린 공간 관련 텍스트들을 편역하려는 기획에는 공간 이해에 유용한 푸코 식 도구상자를 국내 독자들에게 제공하려는 내 나름의 의지가 담겨 있는 셈이다.

『권력과 공간』에 실린 푸코의 텍스트는 모두 여덟 편이다. 나는 물리적·사회적 공간에 대한 푸코의 관심과 논의에 무게중심을 두고서 이 책을 크게 두 부분으로 구성했다. 먼저 '권력이란 무엇인가'라는 제목의 1부에는 푸코가 자신의 권력 개념을 이론적으로 설명하는 텍스트 세 편을 연대기 순으로 담았다. '권력의 공간화'라는 제목의 2부에는 푸코가 공간과 자기 작업 사이의 관련성을 언급하거나 직접적으로 공간

옮긴이의 말

을 분석한 텍스트 다섯 편을 역시 연대기 순으로 실었다. 당연한 말이겠지만, 공간 문제와의 일정한 연관성은 1부의 권력에 관한 글들을 선정할 때도 하나의 중요한 기준으로 작용했다.

1부의 첫번째 텍스트 「권력의 그물코」는 1976년 푸코가 리우데자네이루에서 했던 강연을 옮긴 것이다. 그는 1974년부터 1976년까지 매년 브라질을 방문해 여러 대학에서 일련의 중요한 강연을 했다. 그 가운데 「근대적 테크놀로지 내 병원의 통합」 「사회 의학의 탄생」 「의학의 위기인가, 반의학의 위기인가?」 등이 '근대 의학과 병원의 역사'를 살핀다면, 「권력의 그물코」는 「진리와 법적 형태」와 함께 '권력론'을 다룬다. 이 강연에서 푸코는 우리가 주권, 규칙, 금지 등에 기초한 권력의 법적 개념화에서 벗어나야 한다고 주장하면서, 권력을 긍정적인 메커니즘 속에서 분석하기 위한 참조점으로 『자본론』을 소환한다. 그는 또 개인-신체-규율과 인구-생명-조절을 양대 축으로 삼는 근대 권력의 작용이 군대나 작업장, 학교 같은 공간을 매개로 어떻게 현현하는지 논한다.

두번째 텍스트 「권력과 전략」은 1977년 푸코가 철학자 자크 랑시에르와 가진 서면 인터뷰의 전문이다.[2] 이 글은 권

---

2 자크 랑시에르가 주도하던 극좌파 지향의 잡지 『논리적 반란Les
  révoltes logiques』에 실린 이 서면 인터뷰는 원래 여덟 개의
  질문을 담고 있었다. 랑시에르에 따르면, 푸코는 그 가운데

력 개념과 더불어 구舊소련의 강제수용소인 이른바 '굴라크' 문제를 본격적으로 다룬다는 점에서 특징적이다. 「헤테로토피아」에 관한 해제에서 다니엘 드페르는 푸코가 병원, 학교, 병영, 공장 같은 건축 형식을 관통하는 권력기술에 대해 수행한 분석이 특정한 정치 체제나 생산양식을 넘어서 "시베리아에 있는 광범한 수용소 군도"에도 유효할 가능성을 암시한 바 있다.[3] 작가 알렉산드르 솔제니친이 굴라크의 참혹한 실태를 고발한 기록문학 작품 『수용소 군도』는 1974년 6월 번역본 출간과 함께 프랑스 지성계에 큰 충격과 반향을 불러일으켰다. 솔제니친에게 '군도'는 감옥으로부터 뻗어 나온 소비에트 굴라크의 감금 네트워크를 가리키는 표현이었는데, 푸코는 이를 의식해 『감시와 처벌』 초판에서 4부 3장에 "감옥 군도L'archipel carceral"라는 제목을 달았다가 이후 "감옥 체계Le carceral"로 수정했다. 내용상 그것은 사법적 형벌 체계의 규

네 개의 질문에만 답변했고, 당시 논란거리였던 신철학 관련 질문들—쟁점은 반공주의적 성향의 신철학자들이 푸코 철학을 활용해 자신들의 입장을 정당화하는 방식이 과연 적절한지에 있었다—에 대해서는 모두 답하지 않았다. 랑시에르는 이 인터뷰 이후 푸코와 지적으로나 정치적으로 거리를 두게 되었다고 회고한 바 있다. J. Rancière, *La méthode de l'égalité*, Paris, Bayard, 2012, pp. 74~75.

3   다니엘 드페르, 「「헤테로토피아」—베니스, 베를린, 로스앤젤레스 사이, 어떤 개념의 행로」 미셸 푸코, 『헤테로토피아』, 이상길 옮김, 문학과지성사, 2014, p. 112. 〔개정판: 2023, p. 117〕.

율기술이 학교, 가족, 작업장 등 다른 제도들에 전이, 증식되어 사회생활의 여러 영역에서 작동하고 있는 상태를 은유했다. 규범화 권력을 행사하는 이러한 일종의 '감금 연속체'는 자본주의와 사회주의의 구분 너머 근대성을 특징짓는 요소처럼 나타난다. 한편 이 인터뷰는 푸코가 권력에 저항하는 이른바 '민중적인 것de la plèbe'의 문제를 언급한 드문 텍스트라는 점에서도 눈여겨볼 만하다.

세번째 텍스트 「권력에 관한 해명—몇 가지 비판에 대한 답변」은 1978년 푸코가 이탈리아 공산주의 철학자 마시모 카치아리의 비판에 대해 내놓은 반비판이다. 자신의 권력 개념에 대한 잘못된 이해에 맞서, 그는 『광기의 역사』 『감시와 처벌』 『지식의 의지』 같은 주저들에서 자신이 수행한 권력 분석이 어떤 원리에 따라 이루어졌으며, 어떤 개념적 특징들을 갖는지 설명한다. 권력 관계와 투쟁을 강조하는 그의 관점은 수용소나 감옥 같은 특수한 공간을, 단순히 판옵티콘으로 환원하지 않으면서 복잡한 권력의 테크놀로지 속에 다시 기입하려는 시도라는 것이다.

이상 1부를 구성하는 텍스트 세 편이 1976~78년 사이에 이루어진 강연과 대담의 기록이라는 점에 유의해야 한다. 푸코가 1978년부터 통치성 개념을 본격적으로 발전시켰다는 사실을 고려할 때, 여기 실린 글들은 『감시와 처벌』에서의 규율권력과 『지식의 의지』에서의 생명정치 개념을 통해 그 진면목을 드러낸 '권력의 미시물리학'이라는 기획이 공간에 대해 어떤 식으로 접근하고자 했는지 파악할 수 있게 해준다. 덧붙여 몇 가지 지적해두자면, 먼저 이 글들은 푸코가 교조적 마르크스주의, 혹은 주류 공산당 세력과 얼마나 격렬한 이론적 투쟁을 벌였는지 알려준다. 그러한 투쟁은 푸코가 마르크스(주의)와 맺고 있었던 '실용적' 관계, 그리고 당시 지식장에서 취한 전략적 입장이 현실의 공산당 노선과 팽팽한 긴장, 갈등, 불화를 야기했던 데 기인한다. 세 편의 텍스트가 모두 정치적이고 비생산적인 논전polémique에 대한 푸코의 비판, 그리고 이론이나 지식인에 대한 성찰적인 언급을 담고 있다는 사실도 같은 맥락에서 이해할 수 있을 것이다. 마지막으로 자신의 이론이 필요한 곳에서 자유롭게 쓰이기를 바란 푸코지만, 그렇다고 해서 오독과 오용에 결코 너그럽지는 않았다는 점 또한 유념할 만하다. 우리가 연장들의 성격과 특징을 명확히 파악하고 적절히 다룰 줄 모른다면, 그것들을 마음대로 이용한들 제대로 된 결과물을 내놓을 수 없을 터이다. 숱한 강연과 대담을 통해 푸코는 자기 작업의 의미를 정확히 이해시키고자 노력했고, 독자들에게도 합당한 인식과 해석을 요구했다. 그러한 학문적 소통에 실패할 경우, '비판'과 '활용'이 허울만 그럴듯한 '불모의 논전' '수준 미달의 노동'으로 전락하기 쉽다는 판단에서 그런 것이 아니었을까?

2부의 첫번째 텍스트는 「애티카 감옥에 관하여」이다. 이 인터뷰는 1972년 4월 뉴욕에 체류 중이던 푸코가 애티카 감옥을 방문한 직후 가진 것이다. 진행은 당시 뉴욕주립대 버팔로 캠퍼스 프랑스학학과장이었던 비교문학 연구자 존 사이먼John K. Simon이 맡았다. 이 인터뷰 몇 달 전에 애티카 감옥에서 수감자들의 봉기가 있었고, 미 정부 당국에서 이를 잔혹하게 진압하는 사건이 일어났다는 사실에 주의할 필요가 있다. 1971년 9월 9일부터 12일까지 애티카의 수감자들이 봉기를 일으켜 약 40명의 간수를 인질로 잡고서, 수감 환경의 개선과 교육 및 직업 기회 확대를 요구했다. 이 사건이 흑인 인권 등 사회운동에 미칠 파급 효과를 우려한 닉슨 대통령과 록펠러 뉴욕 주지사는 무력 진압을 시도했고, 결국 감옥을 탈환하는 과정에서 재소자와 간수 수십 명이 사망하는 참극이 벌어졌다. 1971년 감옥정보그룹을 결성해 프랑스 감옥 체제에 대한 비판과 개혁 제안을 마련하는 활동에 열심이었던 푸코에게 애티카 감옥의 방문은 남다른 의미를 띠지 않을 수 없었을 것이다. 이 인터뷰에서 푸코는 감옥의 공간적 특성과 자본주의 사회의 노동력 생산을 위한 정치경제학적 기능을 지적하는 한편, 계급투쟁의 중요성을 강조한다. 이러한 논의의 흐름은 1973년 콜레주드프랑스에서의 〈처벌 사회〉 강의와 『나, 피에르 리비에르』의 편집으로 이어지며, 1975년 감옥의 역사에 관한 『감시와 처벌』의 출판으로 정점을 찍는다.

두번째 텍스트인 「지리학에 관해 푸코에게 보내는 질

문」은 학술지 『헤로도토스』의 첫 호에 실린, 지리학자들과의 대담이다. 『헤로토도스』는 지리학자 이브 라코스트Yves Lacoste가 1976년 창간한 저널로, 주류 학풍에 맞서 지식의 참여적 성격을 역설하는 비판적·마르크스주의적 지리학을 표방했다. 푸코의 저작이 당대 지리학에 가한 지적 충격의 흔적을 잘 보여주는 이 대담은 담론과 지식 개념에 방점을 찍으면서 공간과 지리학에 대한 푸코의 인식을 집중적으로 탐문한다.[4]

이 대담이 있고 나서 얼마 뒤 푸코는 같은 저널 3호에 글을 한 편 기고했는데, 세번째 텍스트인 「『헤로도토스』에 보내는 푸코의 질문」이 바로 그것이다. 질문들로만 이루어진 이 짧은 글은 이전 대담의 내용과도 맥을 같이하며, 권력과

---

4 지리학자 팀 크레스웰에 따르면, 푸코가 후대의 지리학에 남긴 족적은 에드워드 소자 같은 유명한 연구자에 대한 지적인 영향력을 통해서뿐만 아니라, 무엇보다도 담론의 개념과 분석을 통해서 잘 드러난다. 푸코 철학은 첫째, 담론적 사실이 특정한 시공간 조합의 결과물이며, 그렇기에 공간적 특징을 지닌다는 것, 둘째, 담론은 그것이 생산된 구체적 지점을 포함하며, 그로부터 권위를 얻는다는 것, 셋째, 지리적 지식과 구성물이 모두 담론 분석의 대상일 수 있다는 것, 넷째, 담론이 공간과 장소의 생산에 깊이 관여한다는 것 등을 일깨워주었다는 것이다. 또 크레스웰이 보기에, 푸코(주의)적 지리관은 공간이 수동적인 대상이 아니라, 그 자체로 능동적인 행위 주체라는 점을 강조함으로써 공간 연구에서 중요한 역할을 했다. 팀 크레스웰, 『지리 사상사』, 박경환 외 옮김, 시그마프레스, 2015, pp. 300~301.

옮긴이의 말

공간 이론을 둘러싼 흥미로운 논점들을 제시한다. 그것은 권력 행사와 전략, 과학으로서 지리학의 구성, 의료 지리학의 가능성 등에 관해 묻는다. 특히 푸코는 (프랑스의 과학사적 인식론 전통이 정초한) 과학과 이데올로기의 확고한 구분에 의구심을 표하는데, 그것이 학문의 제도화와 연계된 권력 효과를 생산함으로써 특정한 지식 형태들을 평가절하하고 있지 않은지 자문하는 것이다. 이는 "인식의 과학적 서열화와 그 고유의 권력 효과에 대항하여 국지적 지식들을 다시 활성화"하려는 계보학의 지향을 환기한다.[5]

네번째 텍스트 「권력의 눈」은 푸코가 역사학자 미셸 페로, 언론인 장-피에르 바루와 가진 대담으로, 벤담의 『판옵티콘』 재간행본에 일종의 서문으로 수록되었다.[6] 18세기 말 벤

---

[5] 미셸 푸코, 『"사회를 보호해야 한다"』, 김상운 옮김, 난장, 2015, p. 28. 한편 푸코의 이 텍스트에 대한 몇몇 지리학자의 답변은 1977년 『헤로도토스』 6호에 게재되었다. 지리학자들은 자신의 관심과 푸코의 작업 사이에 있는 접점을 국가 전략, 인구 관리, 의학권력, 분리 정책 등의 주제에서 발견한다. 이들의 논문은 다음의 책에 영역되어 실려있다. J. W. Crampton & S. Elden (eds.), *Space, Knowledge and Power—Foucault and Geography*, Farnham/Burlington, Ashgate, 2007, 2부.

[6] 푸코는 역사 방법론 문제를 놓고 아날학파와 오랫동안 불편한 관계를 유지했다. 19세기 여성사 전문가인 페로는 폴 벤느, 조르주 뒤비, 필리프 아리에스, 아를레트 파르주 등과 함께 푸코의 작업에 매우 우호적이었던 역사가들 가운데 한 명이다. 폴 벤느, 『푸코—그의 사유, 그의 인격』, 이상길 옮김, 리시올, 2023, pp. 37~45.

담이 구상한 판옵티콘은 일정한 목적에 따라 주어진 공간에 개인을 배치하고 감시하며 신체를 조련하는 장치이다. 그것은 가시성의 원리에 따라 작동하는 규율권력의 테크놀로지로, 감옥은 물론 군대, 공장, 병원, 학교 등 어느 공간에나 적용되고 절충적으로 활용될 수 있다. 푸코는『감시와 처벌』에서 판옵티콘을 규율권력의 범례로서 다룬 바 있는데, 이 대담에서 벤담의 기획이 갖는 역사적 의의를 자세하게 설명한다. 그는 18세기 이후 권력의 성격 변화와 더불어 공간이 첨예한 정치경제적 문제로 떠올랐다고 지적하면서, 공간의 역사는 곧 권력의 역사와 다르지 않다고 주장한다.

2부의 마지막 텍스트인「18세기의 건강정치」는『치료 기계—근대 병원의 기원』이라는 책의 서문이다. 푸코는 1974년 콜레주드프랑스 세미나에서 '18세기의 병원 제도와 병원의 건축에 관한 역사'를 다루었는데,[7]「18세기의 건강정치」는 그 최종 결과물이라 할 수 있다. 유의할 것은 이 텍스트에 두 판본이 있다는 점이다. 1976년 파리에서 초판이 나온『치료 기계』는 1979년 브뤼셀에서 다시 개정판이 나왔는데, 푸코는 원래 쓴 글에 상당한 손질을 가해 개정판에 실었다. 여기 우리말로 옮긴 것은 바로 이 수정본이다.[8] 수정본에서 가

---

7   미셸 푸코,『정신의학의 권력』, 오트르망 옮김, 난장, 2014, p. 492.

8   사실「18세기의 건강정치」의 원본은『치료 기계』의 초판에 실리기 이전에 펠릭스 가타리가 이끈 연구단체 CERFI(제도교육

옮긴이의 말

장 눈에 띄는 부분은 원본에서 썼던 '질병정치noso-politique' 개념의 삭제일 것이다. 푸코는 18세기에 사회체 곳곳에서 질병과 건강이 집합적인 부양과 책임을 요구하는 문제로서 부상했으며, 이러한 '질병정치'의 핵심에는 "만인을 위한 긴급한 과제로서 만인의 건강, 일반적인 목표로서 인구의 건강 상태"가 있었다고 주장한다.[9] 그는 수정본에서 이러한 전체적 문제의식과 논의 구조를 유지하면서도, 아마도 질병정치라는 표현이 불러올 의미의 혼선을 염려했는지 그 용어를 '건강정치'

및 연구센터)가 간행한 보고서에 게재된 바 있다. CERFI는 "집합시설의 계보학"이라는 제목 아래 세 편의 보고서 시리즈를 간행했는데, 푸코는 들뢰즈와 가타리의 부탁으로 그 연구계획서가 정부의 재정 지원을 받을 수 있도록 도왔다. 그는 또 1976년에 나온 두번째 권『규범화 시설의 계보학 — 보건시설Généalogie des équipements de normalisation—Les équipements sanitaires』에서 병원 기관을 다룬 1부의 책임 편집을 맡았으며, 논문「18세기의 건강정치」를 실었다. 하지만 CERFI의 보고서와『치료 기계』초판본이 동일한 논문들을 수록하고 있는 것은 아니다. 또『치료 기계』초판본과 개정본의 경우에도, 수록 논문들은 한 편만 빼고 같지만, 각 논문의 내용은 (푸코의 텍스트를 포함해) 상당한 수정이 이루어졌다. 이는 푸코가 이 주제를 그만큼 중요하게 여겼으며, 다양한 연구자들과 지속적인 협업의 노력을 기울였음을 알려주는 정황 증거라 할 수 있다. L. Mozère, "Foucault et le CERFI—instantanés et actualité," *Le Portique[En ligne]*, n. 13/14, http://leportique.revues.org/642; S. Elden, "Foucault's Collaborative Projects," https://progressivegeographies.com/resources/foucault-resources/foucaults-collaborative-projects/

9   M. Foucault, "La politique de la santé au XVIIIe siècle(1976)," *Dits et écrits*, III, Paris, Gallimard, 1994, p. 15.

라는 개념으로 대체한다. 이 텍스트는 건강, 인구, 내치를 연결하는 18세기의 정치 과정 속에 병원의 공간적·제도적·기술적 재조직을 맥락화함으로써 건축의 역사를 확장한다.

2부의 텍스트들은 모두 1970년대의 정치적 급진주의와 긴밀한 영향을 주고받으며 활동했던 푸코가 권력-공간을 어떻게 접근하고 사유했는지 명료하게 보여준다. 그는 공간에 대한 자신의 관점을 책이나 논문에서 못지않게, 다양한 상대들—문학가, 지리학자, 역사학자, 철학자 등—과 나눈 대담을 통해 드러냈다(혹은 정련했다). 랑시에르의 말을 빌리자면, 사유의 고유한 장소는 없다. 언제든 어디서든 작업 중인 사유들만이 있을 따름이다. 물론 대담이 연구 작업과 혼동된다면 안 될 것이다. 하지만 그렇지 않다는 전제 위에서라면 대담은 무엇보다도 "평등성의 방법"이 될 수 있다.[10] 자료를 읽을 때, 현장에 있을 때 우리가 사유하려 애쓰듯이, 사람들과 이야기하면서도 사유의 노력은 이어진다. 대화는 우리가 상대와 평등한 위치에서 의견을 주고받으며 자기 사유를 펼쳐나가도록 이끈다. 그것이 종종 단순화와 즉흥성으로 주름져 있다고, 때로는 주제가 옮겨 가고 초점이 달라지거나 뉘앙스가 변화한다고 쓸모없다고 말할 수 있을까? 그 모든 말의 굴곡이 실은 끊임없는 사유의 노력이 남긴 어떤 불가피한 자

---

10   Rancière, 같은 책, p. 7.

옮긴이의 말

취들에 가깝다면 말이다. 푸코가 바랐던 것처럼, 저자를 물신화하지 않고 이론을 연장통으로 쓰고자 한다면 우리가 먼저 해야 할 일은 그 자취들을 무시하는 것이 아니라, 그것들로부터 새로운 사유의 노력을 시작하는 것일 테다. 모쪼록 『권력과 공간』이 그러한 시도의 자극제가 될 수 있길 희망한다.

＊

마지막 몇 마디. 편집자 김현주 선생님은 이 책의 기획 단계에서부터 출판에까지 이르는 오랜 시간 동안 필요한 지원을 아끼지 않았다. 동료 연구자 배세진은 전체 초고를 검토한 뒤 번역 용어를 비롯한 여러 문제에 관해 소중한 조언을 해주었다. 이 자리를 빌려 두 분께 감사드린다. 푸코의 공간론에 대한 독자들의 이해를 돕기 위해 별도의 해제를 덧붙였다. 원래 의도와 달리 한참 길어진 원고를 읽고 유용한 논평을 해준 최혁규, 이승빈, 구승우에게도 고마움을 전한다.